JUNIOR CYCLE FRENCH

GWYNNE DENNEHY ⚜ MARIA FENTON

The Educational Company of Ireland

First published 2017

The Educational Company of Ireland
Ballymount Road
Walkinstown
Dublin 12
www.edco.ie

A member of the Smurfit Kappa Group plc

ISBN: 978-1-84536-736-7

Development Editor: Una Murray
Editorial Assistant: Shauna Kenneally
Design and Layout: Design Image
Cover Design: Design Image
Proofreaders: Lucie Delplanque and Diane Kennedy
Illustrators: Antony Evans and Laura McAuliffe
Studio: Sonic Recording Studios, Dublin
Video Interviewer: Diane Kennedy
Students: Enora Aspirot and Mikel Aspirot
Cameraman and Editor: Diarmuid O'Brien
Adult Speakers: Diane Kennedy and Renaud Puyou
Student Speakers: Enora Aspirot, Mikel Aspirot, Vincent Gerbelot and Liadan Subtil
Sound Engineer and Editor: Al Cowan
Images, Text and Songs: Acknowledgements and thanks to Alamy, Cosmopolitan Staragora, David Guetta, Equipe de France, Getty, Ilona Mitrecey/Scorpio Music/Universal Music, iStock, Lagency/Taste (Paris)/Le Mépris, l'Institut National du Sport de l'Expertise et de la Performance, Le Ministère de la Culture et de la Communication (Fête de la Musique), Les Patapons, loiclegars.com, NRJ Radio, Ohio State University, Shutterstock, StudioCanal, TF1Pro, Twitter.

The paper used in this book comes from Managed Forests in Northern Europe For every tree felled, at least one new tree is planted

05M20

Table de matières

Unité 4 : Où habites-tu ? *Our students find out about exchanges programmes.* 83

4.1 Élodie fait un échange 85
4.2 Les pays européens 88
4.3 Habiter et les verbes en –ER 92
4.4 Les adjectifs 95
4.5 Les portraits de célébrités français 98
4.6 Mon Portrait 100
4.7 Les métiers 102
4.8 Les entreprises françaises 105
4.9 Tu es prêt à pratiquer ? Allons-y ! 109
Classe tes connaissances 114

La culture française	Le vocabulaire	La grammaire	Les tâches langagières
• Discover some famous French people • ID cards • Find out about some French companies	• Les pays européens • Les métiers	• Les prépositions et les pays • Les verbes en –ER • Les adjectifs	• Ask someone where they live • Tell someone where you live • Fill in your own *carte d'identité* • Complete your profile

Unité 5 : Voici ma famille *Meet Nicole's family and the pets our trio have.* 115

5.1 La famille de Nicole 117
5.2 Il y a combien de personnes dans ta famille ? 120
5.3 À qui est-ce ? 123
5.4 Quel âge ont-ils ? 126
5.5 Les animaux domestiques 131
5.6 Les descriptions 136
5.7 Écrire des méls 143
5.8 Tu es prêt à pratiquer ? Allons-y ! 145
Classe tes connaissances 150

La culture française	Le vocabulaire	La grammaire	Les tâches langagières
• How numbers are written in French • Animals in French life	• Les membres de la famille • Les nombres de 31 à 70 • Les nombres de 71 à 100 • Les descriptions physiques	• Il y a • La possession avec de • Les adjectifs possessifs • Les animaux domestiques • Les pluriels • Les adjectifs	• Interview a classmate • Write about your own family • Write a dialogue about your pets • Expressing your opinion • Writing emails

Unité 6 : À l'école *We learn what school is like for French students.* 151

6.1 Quelle est ta matière préférée ? 153
6.2 Quelle heure est-il ? 158
6.3 Une journée typique 164
6.4 Les verbes en –IR 166
6.5 Voici mon école 169
6.6 Dans la salle de classe 173
6.7 Les couleurs 176
6.8 Dans la bibliothèque 180
6.9 Tu es prêt à pratiquer ? Allons-y ! 183
Classe tes connaissances 190

La culture française	Le vocabulaire	La grammaire	Les tâches langagières
• School in France • French authors and their works	• Les matières • L'heure • Les temps du jour • Dans l'école • La salle de classe • Les couleurs	• Les verbes en –IR • Les adjectifs démonstratifs • Les verbes irreguliers : LIRE et ÉCRIRE	• Express opinion about subjects • Interview a classmate about their subjects • Listen to and read a timetable in French • Write about your Mondays and Saturdays • Ask someone about their school life and tell someone about yours

Les symboles dans *Ça Roule !* 1

	LIRE	*Reading*		APPRENDRE	*Learning*
	ÉCRIRE	*Writing*		CIVILISATION	*Culture*
	ÉCOUTER	*Listening*		JOURNAL DE BORD	*Learning Diary*
	L'INTERACTION ORALE	*Spoken Interaction*		INFORMATIQUE	*ICT*
	L'EXPRESSION ORALE	*Spoken Production*		DÉFI	*Challenging Exercise*

Digital Resources

The ***Ça Roule !*** digital resources will enhance classroom learning by encouraging student participation and engagement. They support the New Junior Cycle Specification's emphasis on the use of modern technology in the classroom and are designed to cater for different learning styles.

To provide guidance for the integration of digital resources in the classroom and to aid lesson planning, they are **referenced throughout the textbook** using the following icons:

- **Student website** – **www.edco.ie/caroule1** – with interactive grammar and language activities and quizzes
- A series of unique interview **videos** for each unit to support oral communication
- Easy-to-use, ready-made editable PowerPoints for the classroom.

Teachers can access the ***Ça Roule ! 1*** digital resources – which also include worksheets based on the interview videos – and the audio CD tracks in digital format via the ***Ça Roule ! 1*** interactive e-book, accessible at **www.edcolearning.ie.**

Please note that any links to external websites should not be construed as an endorsement by EDCO of the content or view of the linked material.

Preface

Welcome to ***Ça Roule! 1***, a first year course for new Junior Cycle French. The ***Ça Roule*** series takes a thematic approach to language learning with a variety of communicative activities and tasks including role-plays, games, puzzles, pair-work and group-work which integrate the five skills of language: listening, speech (spoken production), conversation (spoken interaction), reading and writing. ***Ça Roule! 1*** provides the foundation for you to communicate through French with confidence and independence.

Ça Roule 1 is accompanied by a learning diary (*Journal de bord*), which provides space for you to collect and categorise new words, phrases and your own written pieces. The *Journal de bord* also provides key word lists to keep track of new vocabulary. With its focus on recording and reflection and an end-of-Unit test with each Unit, the *Journal de bord* allows you to monitor your progress and actively assess your language learning journey.

Each unit of ***Ça Roule 1*** has a strong cultural focus which introduces you to facts, traditions, customs and behaviours of the French-speaking world. You are given a realistic insight to life and culture in France through comic-strips featuring the characters Nicole, Christophe and Élodie. These characters talk you through different features of daily life. You will recognise maps of France and the French-speaking world and will learn about French celebrations, food and meal habits, the education system, homes, music and sport.

While gaining a solid foundation in the wonderfully rich culture of France and the French-speaking world, the engaging tasks in ***Ça Roule 1*** will equip you with the linguistic skills to communicate confidently in French. We hope you enjoy the experience!

Acknowledgements

The authors would like to thank all the staff at Edco, in particular Emer Ryan, Declan Dempsey, Angela Coraccio, and Ruth Hallinan for all their support and advice throughout the process of ***Ca Roule ! 1***. We would also like to thank Una Murray for her constant support and encouragement, Melanie Henry for her unwavering advice, as well as the wide circle of family and friends without whose patience and listening ears this project might never have come to fruition.

Coucou!

By the end of this Unit you will be able to...

- Understand the importance of French as a world language
- Identify the countries where French is spoken
- Locate the largest cities in France
- Say the French alphabet
- Name the items you need for class
- Greet someone in French
- Say your name and ask someone what his/her name is
- Say how you feel and ask someone how he/she is feeling
- Use essential classroom language
- Use the indefinite article (*un, une, des*), personal pronouns and the verb ÊTRE
- Form negative sentences

Student website

Visit www.edco.ie/caroule1 for interactive activities and quizzes based on this unit.

Le football

La tour Eiffel

Le fromage

Les Alpes

Le château

1.1 On parle français !

1.1 A Les mots français qu'on utilise en anglais

You may be a beginner with French, but you already know lots of French words! There are many words of French origin that have become part of our everyday vocabulary in English. Take a look at these examples:

ballet	chef	encore	menu
boutique	crèche	entrepreneur	rendez-vous
café	cul-de-sac	fiancé	souvenir

1.1 B Connais-tu d'autres mots français ? Travaillez en groupes et écrivez les mots dans votre Journal de bord.

Do you know any other French words? Work in groups and write them in your learning diaries.

1.1 C Lis le texte. Le français : une langue mondiale importante.

Read the text. French: an important world language.

French is an important world language with a long history of use in fashion, art, literature, science, business and diplomacy.

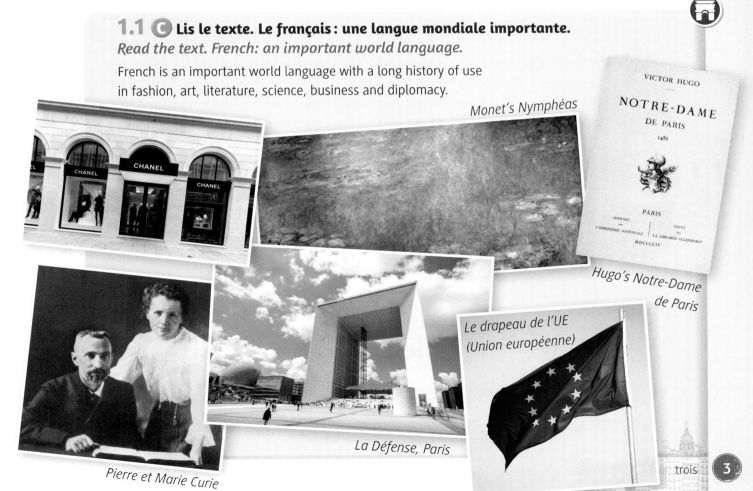

Monet's Nymphéas

Hugo's Notre-Dame de Paris

Le drapeau de l'UE (Union européenne)

La Défense, Paris

Pierre et Marie Curie

French (le français) is the fourth most widely spoken mother tongue in the European Union and is also spoken in parts of Africa, Asia and the Americas as a result of French and Belgian colonialism. French is the third most widely used language on the internet. Apart from English (*l'anglais*), it is the only language taught in every country in the world! The community of French speaking countries is known as *la Francophonie* and a French speaker is known as *un francophone.* France's overseas territories are known as *les DOM-TOM* (*départements et territoires d'outre-mer*). By learning French, you will gain insights to the culture of *la France*, *les DOM-TOM*, and other members of *la Francophonie*.

Recherche sur internet pour trouver des informations au sujet de l'importance du français.

Use the internet to find the following information about the importance of French.

	Le français dans le monde	
(a)	Estimated number of native French speakers in the world	80 million
(b)	Number of countries where French is an official language	29
(c)	Name 5 countries where French is an official language	France, Canada, Haiti, Tunisia, Algeria
(d)	Name the language that French evolved from	Latin
(e)	Name 2 international organisations where French is an official language	United Nations WHO

1.1 D Cherchez sur internet des informations sur un pays francophone.

In groups of 3 or 4 students, research a French speaking country. Find out about the food, climate, tourist attractions etc. Make a poster, slideshow, booklet, or webpage and present it to the class.

La Francophonie

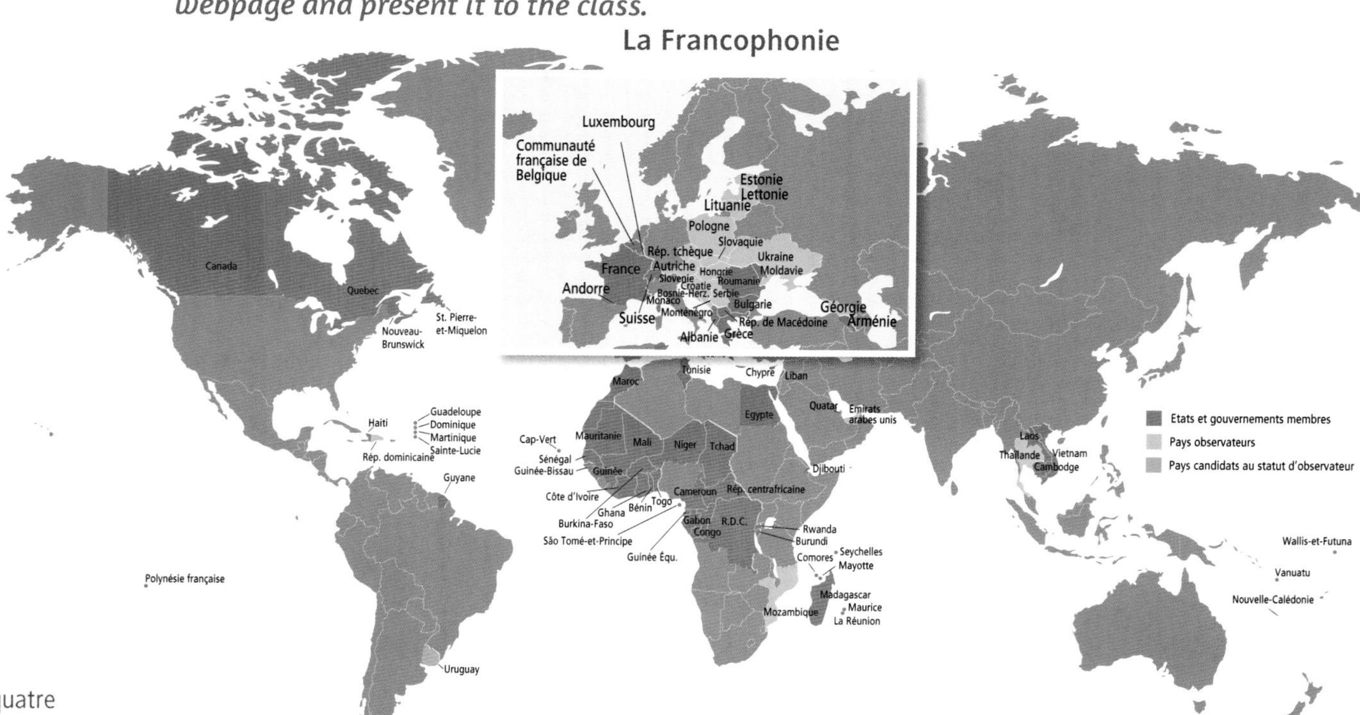

1.1 E Pourquoi veux-tu apprendre le français ? Écris tes idées dans ton Journal de bord.
Why do you want to learn French? Write your ideas in your learning diary.

1.1 F Pourquoi apprendre le français ? Regarde la vidéo et écris cinq raisons dans ton Journal de bord.
Why learn French? Watch the video and note five reasons in your learning diary.

Video

1.2 Vive la France !

Our nearest member of *la Francophonie* is, of course, *la France* ! Take a look at the map below. Can you figure out why the French often refer to France as *l'Hexagone*?

1.2 A Où sont les grandes villes de France ? Cherche sur internet pour compléter la carte.
Where are the big cities in France? Search online to fill in the cities on the map below.

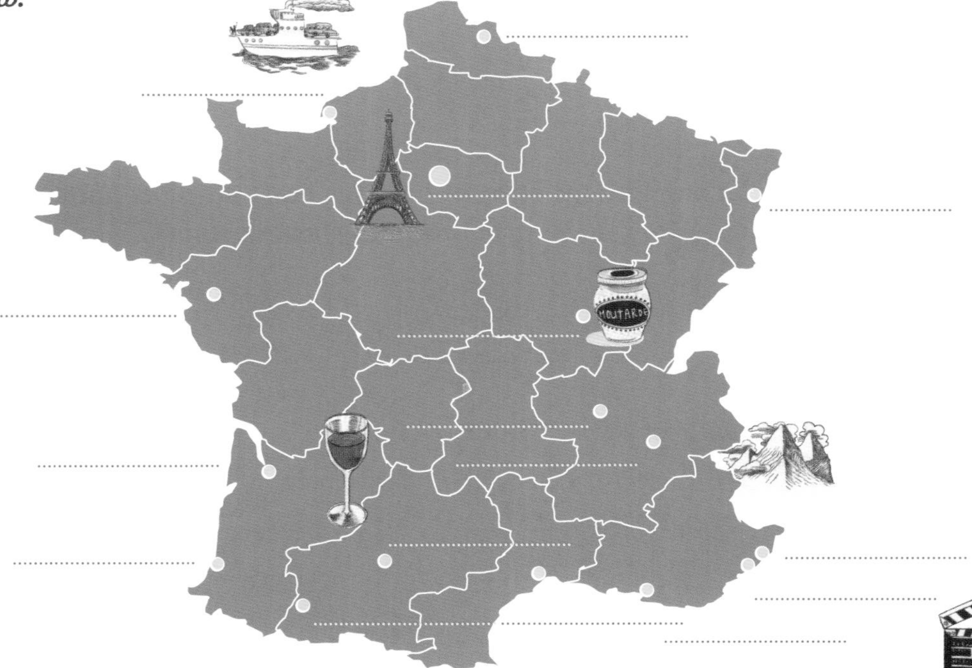

Biarritz, Bordeaux, Cannes, Dijon, Grenoble, Le Havre, Lille, Lourdes, Lyon, Marseille, Montpellier, Nantes, Nice, Paris, Strasbourg, Toulouse

1.2 B Écoute le nom des villes et répète la prononciation.

Listen to the cities and repeat the pronunciation in the pauses.

1.2 C Où habitent-ils ? Écoute et écris le nom de la ville.

Where do they live? Listen and write the name of the city.

	Nom	Ville
(a)	Christelle	Biarritz
(b)	Thomas	
(c)	Mathilde	
(d)	David	
(e)	Sophie	
(f)	Vincent	
(g)	Françoise	
(h)	Paul	
(i)	Marie	
(j)	Jérôme	

Je m'appelle Christelle.
J'habite à Biarritz.

Et toi ? Complète les phrases :

Je m'appelle .... J'habite à ....

1.2 D Complète les phrases avec les mots dans les boîtes ci-dessous.

Fill in the blanks with the words in the boxes below.

ouest	*est*	*nord*	*Biarritz*
Marseille	*Strasbourg*	*sud*	

Exemple: Nice est dans le sud de la France.

(a) Lille est dans le .... de la France.

(b) Bordeaux est dans l' .... de la France.

(c) Cannes est dans le .... de la France.

(d) Dijon est dans l' .... de la France.

(e) .... est dans le sud de la France.

(f) .... est dans l'est de la France.

(g) .... est dans le sud-ouest de la France.

le nord

l'ouest

l'est

le sud

1.3 Salut ! Je m'appelle Nicole.

1.3 Ⓐ Travaillez à deux. Trouvez les phrases suivantes en français dans la bande dessinée.

Work with a partner. Find the following phrases in French in the comic strip.

- Two ways of saying *hello*
- How to ask *what is your name?*
- How to say *my name is...*
- Read the comic strip again. Can you figure out the meaning of *Comment ça s'écrit?*

Complète les mots-clés 1-6 dans ton Journal de bord.
Fill in the key words 1-6 in your learning diary.

1.3 B Écoute les salutations dans les dialogues.

Listen to more greetings in the following dialogues.

Bonjour, Océane.

Bonjour, monsieur Dubois.

Au revoir, Lucas.

À bientôt.

Bonsoir, Noah.

Bonsoir, madame.

Bonne nuit, Louis.

Bonne nuit, maman.

1.3 C Vocabulaire : Les salutations

Note the use of *Monsieur* and *Madame* (Mr and Mrs). You can use these to address your teacher.

It is very common in France for people to kiss each other on the cheek when they greet each other. This is known as *faire la bise*. The number of times the French kiss each other on the cheek varies from one to five depending on the region. In parts of the south, for example in Montpellier, it is common to greet with three kisses, but in parts of the north it is more common to greet with four kisses! Men and boys often prefer to shake hands (*serrer la main*) when they greet each other.

1.3 B et C Lis les sections et complète les mots-clés 7-13 dans ton Journal de bord.

Fill in the key words 7-13 in your learning diary.

1.3 D Écoute et complète les phrases avec les salutations en français.

Listen and fill in the blanks with the greetings in French.

Exemple: Bonjour, *Élodie.*

(a)	.... Jules.	(e)	.... Inès.
(b)	.... Gabriel.	(f)	.... Clément.
(c)	.... Zoé.	(g)	.... Léa.
(d)	.... Théo.	(h)	.... Thomas.

1.3 E Complète les dialogues.

Fill in the blanks in the following dialogues.

1

2

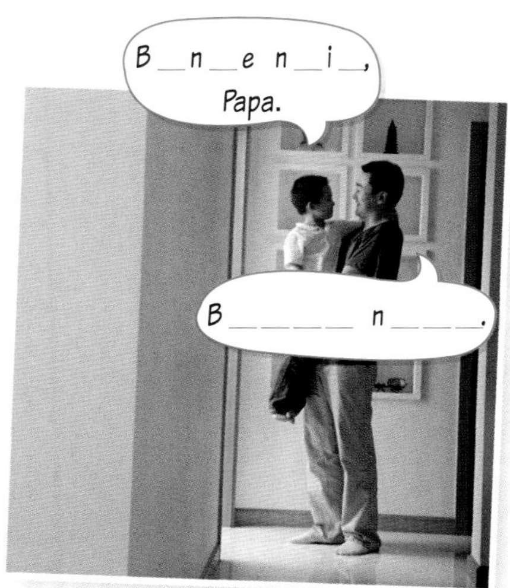

3 4

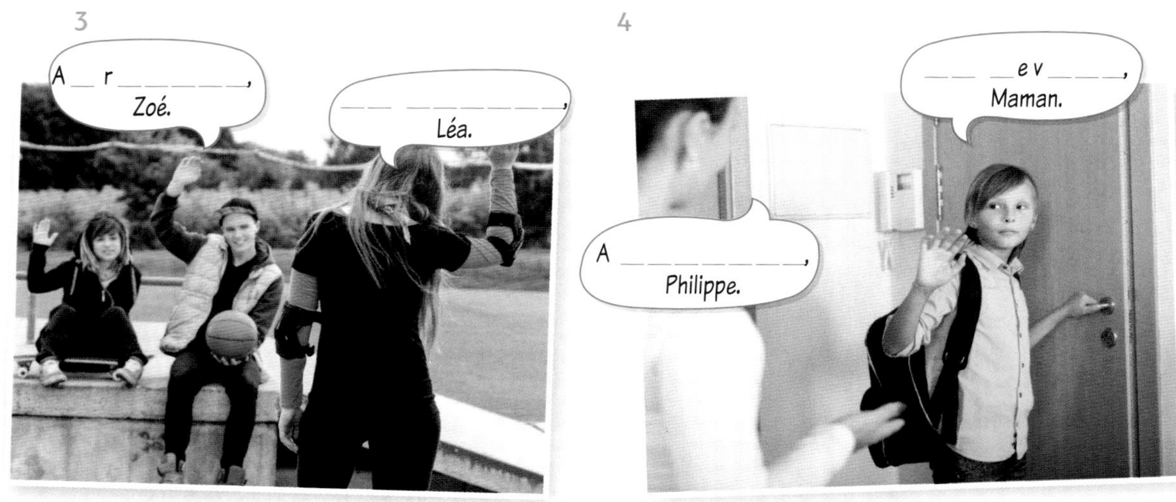

1.4 Les prénoms français

Think back to the comic strip in section 1.3. Can you remember how to ask someone for his/her name? Can you remember how to tell someone your name?

1.4 A Écoute et lis les conversations.

Listen and read the dialogues.

Bonjour, comment tu t'appelles ?
Bonjour, je m'appelle Bernard.
Bonjour, comment tu t'appelles ?
Bonjour, je m'appelle Valentine.
Salut ! Comment tu t'appelles ?
Je m'appelle Manon.

1.4 B Travaillez à deux. Pose la question « Comment tu t'appelles » à ton/ta camarade de classe.

Work in pairs. Ask the person beside you for their name and tell them your name.

Manon is a typical French name. What other French names have you already come across?

1.4 C Écoute les prénoms et répète la prononciation. Est-ce qu'il y a des prénoms qui ressemblent aux prénoms anglais ?

Listen to the names and repeat the pronunciation in the pauses. Are there any names that are similar to English names?

Antoine	Jules
Bernard	Lucas
Clément	Noah
David	Paul
Enzo	Philippe
Gabriel	Théo
Hugo	Thomas
Jérôme	Vincent

Christelle	Marie
Claire	Mathilde
Élodie	Nicole
Françoise	Océane
Inès	Séverine
Léa	Sophie
Louise	Zoé
Manon	Valentine

Look back at the comic strip in section 1.3. When Nicole gives her name she is asked *Comment ça s'écrit?* To answer the question *Comment ça s'écrit?* we need to know the French alphabet.

1.5 Comment ça s'écrit ?

L'alphabet français

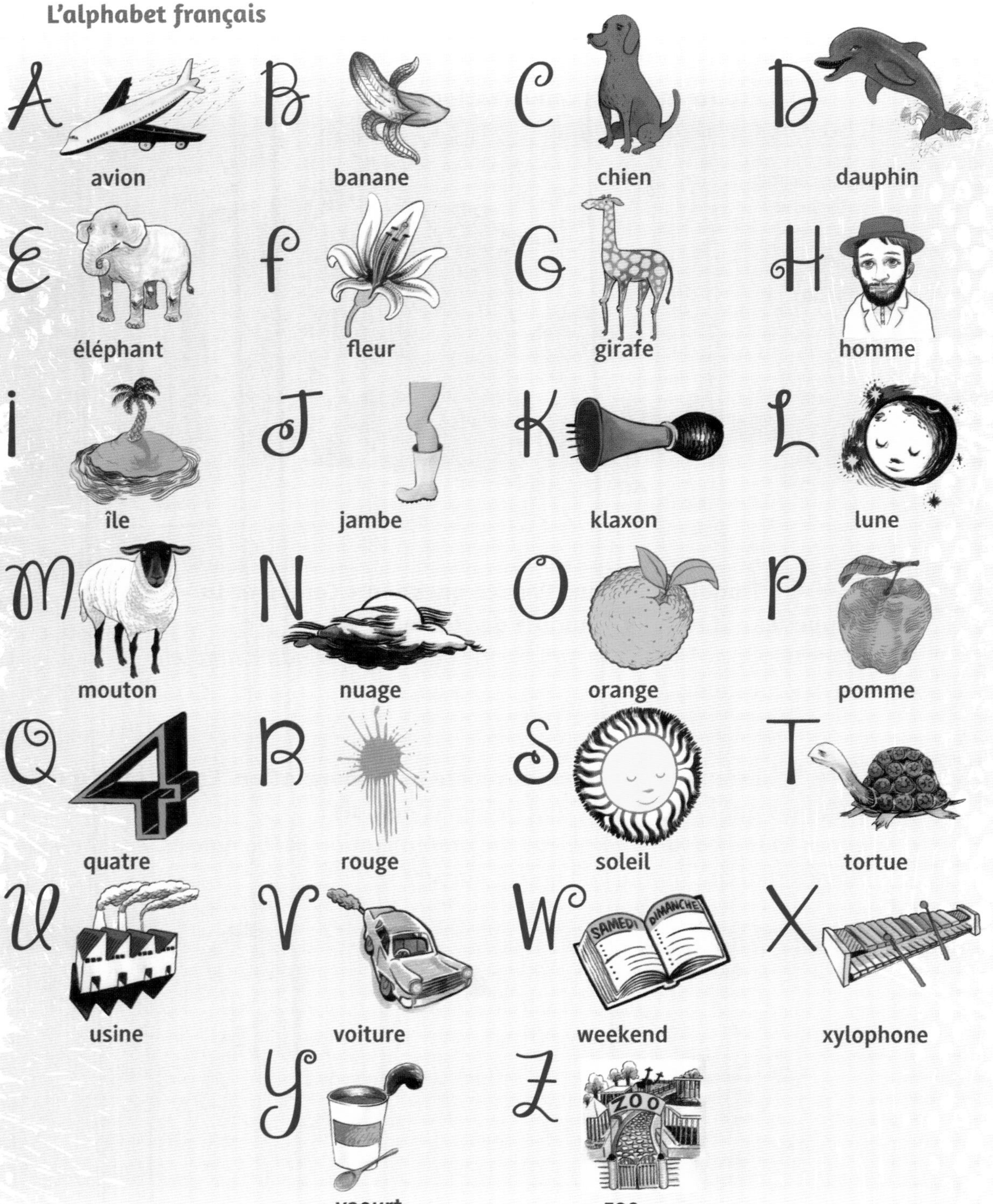

A avion
B banane
C chien
D dauphin
E éléphant
F fleur
G girafe
H homme
I île
J jambe
K klaxon
L lune
M mouton
N nuage
O orange
P pomme
Q quatre
R rouge
S soleil
T tortue
U usine
V voiture
W weekend
X xylophone
Y yaourt
Z zoo

In what situations might you need to know how to spell something in French?

1.5 A Écoute l'alphabet et imite la prononciation des lettres.
Listen to the alphabet and pronounce the letters aloud.

1.5 B Dans ton Journal de bord, écris le son de chaque lettre.
In your learning diary, write down the sound of each letter (for example: d – day).

1.5 C Écoute les mots de l'alphabet et imite la prononciation des mots.
Listen to the words of the alphabet and pronounce them aloud.

French uses different accents, a bit like the fada in Irish. These accents change the sound and the meaning of a word, so pay careful attention to them when you are learning new words.
Look at the different accents on these words
là (there), *où* (where), éléphant (elephant), ça va? (how are you?), *Noël* (Christmas)

- ***Là*** and ***où*** are spelled with an *accent grave*.
- ***É****léphant* is spelled with an *accent aigu*.
- ***Ç****a va?* is spelled with a *cédille*.
- *No****ë****l* is spelled with a *tréma*.

1.5 D Jeux: faire l'appel avec l'alphabet.
Practise the alphabet with your roll call. The teacher or a student calls the roll. The first student answers with the first letter of the alphabet, the second with the next letter and so on.

1.5 E Comment ça s'écrit...? Écoute et complète les prénoms.
How do you spell ...?
Listen and fill in the names.

Exemple:
– Comment tu t'appelles?
– Je m'appelle Marie.
– Comment ça s'écrit?
– M-A-R-I-E.

(a) M *a r i e*
(b) T _ _ _ _ _
(c) C _ _ _ s _ _ l l _
(d) _ _ _ r r _
(e) _ l _ _ _ _
(f) A _ _ _ _ n _
(g) _ _ _ _ _ _ _
(h) _ _ _ ô m _
(i) _ n _ _

1.5 F C'est ton premier jour à l'école. Écris un jeu de rôle avec ton/ta camarade de classe.
It's your first day at school. Write a role-play with a classmate. Use the key words in your learning diary to help you.

Mets le jeu de rôle en scène avec ton/ta camarade de classe.
Perform your role-play with your classmate.

1.6 On parle français en classe !

Comment ça s'écrit... ? *How do you spell... ?* is a question you might often ask in French class as you learn new vocabulary. Study the phrases below to help you to speak more French in class.

1.6 A On parle français en classe !
Comment dit-on ... en français/anglais ?
How do you say ... in French/English?

Je ne comprends pas.	*I don't understand.*
J'ai oublié mes devoirs.	*I forgot my homework.*
J'ai oublié mon livre.	*I forgot my book.*
Puis-je aller aux toilettes, s'il vous plaît ?	*Can I go to the toilet please?*
Puis-je aller à mon casier, s'il vous plaît ?	*Can I go to my locker please?*
J'ai fini l'exercice.	*I've finished the exercise.*
Tu as un stylo ?	*Have you got a pen?*
C'est quelle page ?	*What page are we on?*

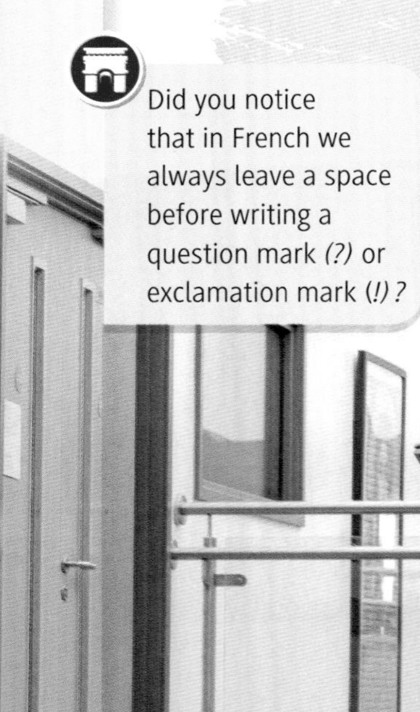

Did you notice that in French we always leave a space before writing a question mark *(?)* or exclamation mark *(!)* ?

1.6 B Relie les phrases avec les images.

Match the phrases and the pictures.

1. Je ne comprends pas.
2. J'ai oublié mon livre.
3. Puis-je aller aux toilettes, s'il vous plaît ?
4. Tu as un stylo ?
5. J'ai fini l'exercice.
6. C'est quelle page ?

(a)

(b)

~~(c)~~

(e)

(d)

(f)

1	2	3	4	5	6
(c)					

1.6 C Le prof parle !

Regardez le tableau.

Écoutez le CD.

Écrivez les devoirs.

Lisez le texte.

Asseyez-vous.

Silence, s'il vous plaît !

Travaillez à deux.

1.6 D Qui parle ? Le prof ou l'élève ?

*Who is speaking? Teacher or pupil? For each phrase indicate if it would be said by the **professeur** or the **élève**.*

		Le prof	L'élève
(a)	Je ne comprends pas		
(b)	Écrivez les devoirs		
(c)	J'ai oublié mon livre		
(d)	Lisez le texte		
(e)	Travaillez à deux		
(f)	Puis-je aller à mon casier, s'il vous plaît ?		
(g)	C'est quelle page ?		
(h)	Silence, s'il vous plaît !		
(i)	J'ai fini l'exercice		
(j)	Regardez le tableau		

1.6 E Fais une affiche dans ton Journal de bord avec une des expressions de la section 1.6.

Make a poster in your learning diary illustrating one of the phrases from section 1.6.

1.7 Tu as ... ?

You already know how to ask a classmate for a pen *(Tu as un stylo ?)*. But what if you need something else?

1.7 A Écoute et identifie les objets dans la salle de classe.

Listen and identify the items in the classroom (use the vocabulary below to label the images).

un stylo	un taille-crayon	un cahier	un crayon
un classeur	un livre	une tablette	une règle
un dictionnaire	un ordinateur	une gomme	

(a) un cahier

(b) ……………

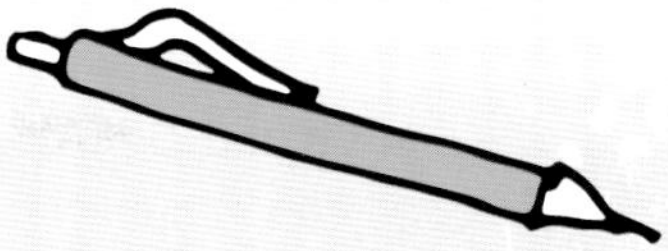

(c) ……………

(d) ……………

(e) ……………

(f) ……………

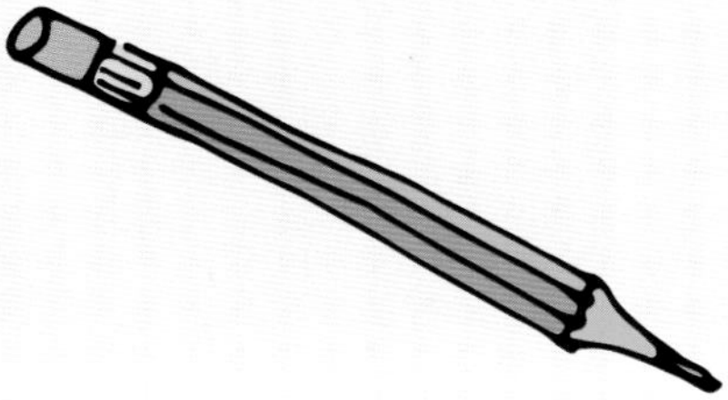

(g) ……………

(h) ……………

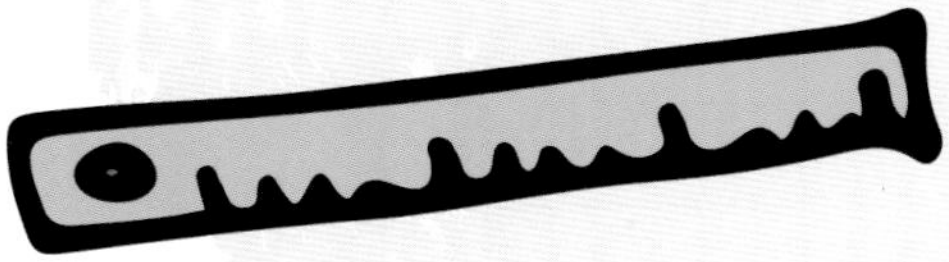

(i) ……………

(j) ……………

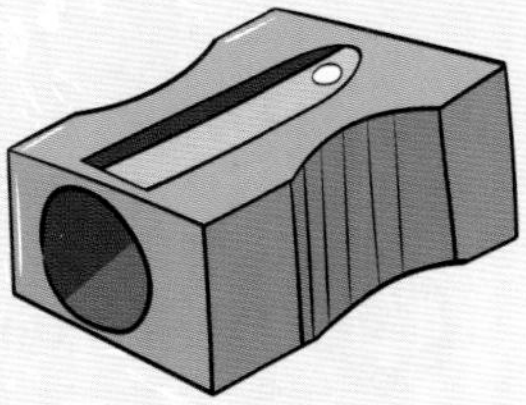

(k) ……………

Tu as…?

1.7 B Écoute le vocabulaire et répète la prononciation.

Listen to the vocabulary and repeat the pronunciation in the pauses.

1.7 C Les article indéfinis : un, une, des

- In section 1.7 (A), did you notice that there are two ways to say *'a'*?
  un livre *a book* *une* règle *a ruler*
  This is because in French all nouns are either masculine or feminine.
- We use *un* before masculine singular nouns and *une* before feminine singular nouns.
  Exemples : un cahier *un* ordinateur *une* gomme *une* tablette
- We use des with all plural nouns (masculine or feminine).
  des livres *some books* *des* règles *some rulers*

1.7 D Complète avec un/une/des.

PowerPoint

Fill in the blanks with un/une /des

(a) un taille-crayon
(b) .... gomme
(c) .... tablettes
(d) .... cahier
(e) .... ordinateurs
(f) .... règle
(g) .... livre
(h) .... classeurs
(i) .... stylo
(j) .... crayons
(k) .... dictionnaire

1.7 E Complète les mots croisés.

Fill in the crossword.

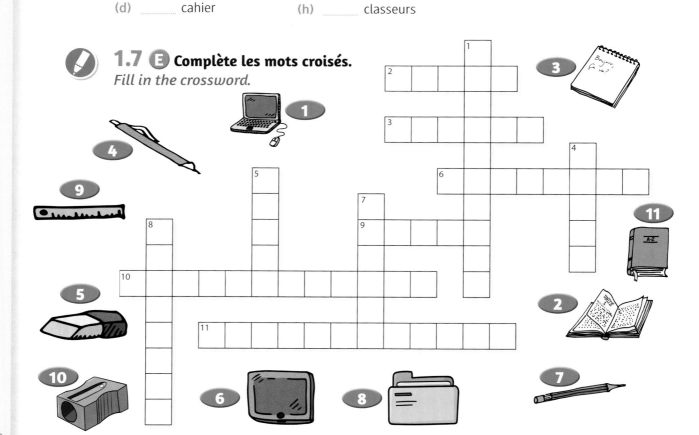

1 2 3 4 5 6 7 8 9 10 11

Complète les mots-clés 14-39 dans ton Journal de bord.
Fill in the key words 14-39 in your learning diary.

1.8 Ça va, Élodie ?

1.8 A Travaillez à deux. Trouvez les phrases suivantes en français dans la bande dessinée.
Work with a partner. Find the following phrases in French in the comic strip.

The phrase meaning *How are you?*
The phrase meaning *I'm fine, thanks*.
The phrase meaning *I'm not well*.

Read the comic strip again. Élodie is feeling sick and decides to go home. What phrase does she use to say *See you tomorrow*?

12 1.8 B Ça va ? Écoute les conversations.

How are you? Listen to the dialogues.

Ça va, Bernard ?
Ça va très bien ! Et toi ?

Salut, Pierre. Ça va ?
Ça va, merci.

Ça va, Océane ?
Pas très bien. Et toi ?

Ça va, Christelle ?
Ça va très mal.

1.8 C Vocabulaire : Ça va ?

Ça va très bien Ça va bien	Ça va	Pas très bien Mal Très mal

1.8 D Travaillez à deux. Pose la question *Ça va ?* à ton/ta camarade de classe.

Work in pairs. Ask the person beside you how they are feeling.

1.8 E Comment tu t'appelles ? Ça va ? Écoute les conversations et complète le tableau.

Listen to the conversations and fill in the table.

	Comment tu t'appelles ?	Ça va ?
(a)	Marie.	Très bien.
(b)		
(c)		
(d)		
(e)		
(f)		
(g)		
(h)		
(i)		
(j)		

Complète les mots-clés 14-20 dans ton Journal de bord.

Fill in the key words 14-20 in your learning diary.

1.8 F Complète le tableau avec les informations de tes camarades de classe: Comment tu t'appelles ? Ça va ?

Ask your classmates the questions Comment tu t'appelles ? and Ça va ? then fill in the table.

	Comment tu t'appelles ?	Ça va ?
(a)		
(b)		
(c)		
(d)		
(e)		

1.9 C'est qui ?

1.9 A Les pronoms personnels

In the comic strip on page 19, Nicole asks *Comment tu t'appelles ? Tu* is what is known as a personal pronoun. The table below lists the personal pronouns.

LES PRONOMS PERSONNELS	
I	je
you (talking to one person)	tu
he/she	il/elle
we	nous
you (plural – talking to a group of people, or polite)	vous
they	ils/elles

- ★ *Tu* (meaning you) is used to refer to one person, *vous* (meaning you) is used to refer to groups of people.
- ★ *Vous* is also used to refer to one person in a very polite way. For example, you would use *tu* to refer to your classmate or friend, but *vous* to refer to your teacher or a person you do not know, like a shop assistant or a receptionist.
- ★ *Ils* and *elles* both mean they, but *ils* is used to refer to a group of males or a mixed gender group, while *elles* refers to a group of females only.

1.9 B Tu ou vous ?

Choose the correct form of you for the following people.

(a) ....

(b) ....

(c) ....

(d) ....

(e) ....

1.10 Je suis malade

1.10 A ÊTRE

In the comic strip on page [on page 19], Christophe asks the question, *Ça va, Élodie?* and Élodie replies, *Ça ne va pas, Christophe. Je suis malade.* Élodie's response, *je suis,* is from the verb ÊTRE meaning to be.

ÊTRE *(to be)*		
je	suis	I am
tu	es	you are
il / elle	est	he/she is
nous	sommes	we are
vous	êtes	you (plural/polite) are
ils / elles	sont	they are

Sophie *est* triste.
Sophie is sad.

Nous *sommes* à Paris.
We are in Paris.

Je *suis* fatigué.
I am tired.

ÊTRE is an example of an irregular verb because it follows no particular pattern. As you continue to learn French you will come across many more irregular verbs. Note them down on page 6 of your learning diary.

1.10 B Écoute et répète le verbe ÊTRE.

Listen to the verb ÊTRE and repeat the pronunciation.

Complète le verbe ÊTRE dans ton Journal de bord.
Now fill in the verb ÊTRE in your learning diary.

1.10 C Complète les phrases avec la bonne forme du verbe ÊTRE.

Fill in the blanks with the correct form of the verb ÊTRE.

(a) Noah .... à Lille.
(b) Nous .... à Biarritz.
(c) Je .... très malade.
(d) Elles ne .... pas à Cannes.
(e) Vous .... malade ?
(f) Tu .... à Paris.
(g) Elle .... triste.
(h) Je ne .... pas très fatigué(e).
(i) Ils .... à Nantes.
(j) Tu .... triste ?

1.10 D Les phrases négatives

In section C, sentences (d) and (h) are examples of negative sentences.

Elles ne sont pas à Cannes.	They are not in Cannes.
Je ne suis pas très triste.	I'm not very sad.

Look at these further examples:

Je suis malade.	I am sick.
Je ne suis pas malade.	I am not sick.
Nous sommes à Nice.	We are in Nice.
Nous ne sommes pas à Nice.	We are not in Nice.

ÊTRE au négatif
je ne suis pas
tu n'es pas
il / elle n'est pas
nous ne sommes pas
vous n'êtes pas
ils / elles ne sont pas

! To make a sentence negative we place .... before the verb and .... after the verb.

! Ne is shortened to n' when it is immediately before a vowel.
For example:

Paul n'est pas triste.	Paul isn't sad.
Tu n'es pas à Paris ?	Are you not in Paris?

1.10 E Écris les phrases à la forme négative.

Rewrite the phrases in the negative form.

(a) David est à Lyon. ....
(b) Louise et Manon sont à Rennes. ....
(c) Vous êtes professeurs. ....
(d) Je suis très malade aujourd'hui. ....
(e) Tu es triste ? ....

Unité 1 Mets tes connaissances à l'épreuve !

Classe tes connaissances de l'Unité 1 et évalue-toi dans ton Journal de bord.
In your learning diary, assess your learning from Unit 1 and see what you have learned.

Que sais-je ?			

I know where French is spoken in the world			
I can identify the cities of France			
I can use the French alphabet to spell words I know			
I understand and can use basic classroom language			
I can name the items I need for class			
I can greet somebody and say goodbye			
I can ask someone their name and tell them my name			
I recognise a number of common French names			
I can write and perform a short role-play in French			
I can ask someone how they are feeling and say how I feel			
I can use personal pronouns and the verb ÊTRE			
I know how to make sentences negative			

Video

Notes

Appelle-moi!

Unité 2

By the end of this Unit you will be able to...

- Ask someone their age and tell them your age
- Ask for a phone number and give your number
- Write a blog
- Count to 30
- Present your blog to the class
- Recognise French area codes
- Recognise question words and ask questions
- Use the verb AVOIR

Student website

Visit www.edco.ie/caroule1 for interactive activities and quizzes based on this unit.

Le loto

Le rugby

Quel est ton numéro de téléphone ?

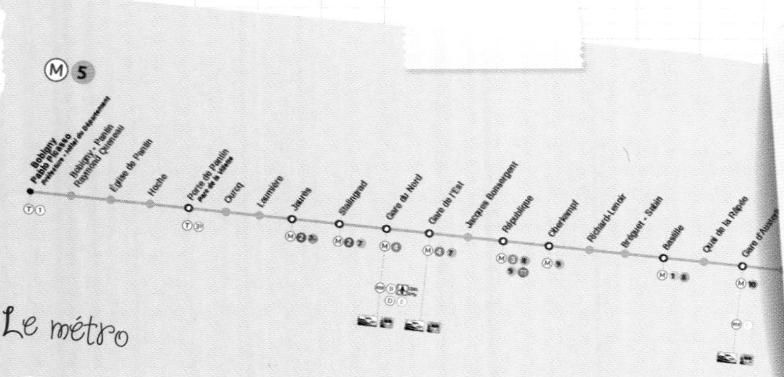

Le métro

Antoine Griezmann

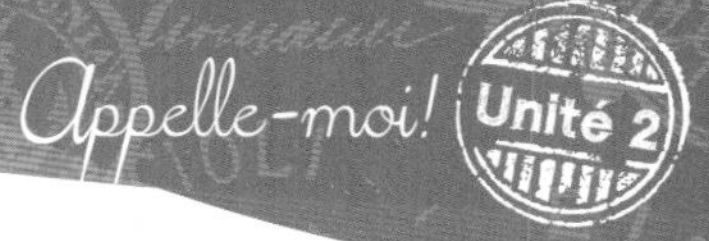

2.1 Quel âge as-tu ?

Can you think of situations when you might need to give your age in French?

Can you guess why Élodie gave Christophe a present?

2.1 A Travaillez à deux. Que veulent dire les phrases dans la bande dessinée ?

Work with a partner. Can you figure out the meaning of these phrases from the comic strip?

Joyeux anniversaire !	Quel âge as-tu ?	Merci !

Christophe says he is thirteen « *j'ai* ***treize*** *ans* ». *Et toi ? Quel âge as-tu ?* To answer the question *Quel âge as-tu ?* we must learn *les nombres !*

2.1 B Écoute les nombres et complète avec les mots ci-dessous.

Listen to the numbers and fill in the blanks with the words below.

vingt-quatre | zéro | dix-sept | neuf | vingt-neuf | six | dix-huit

Vocabulaire : les nombres

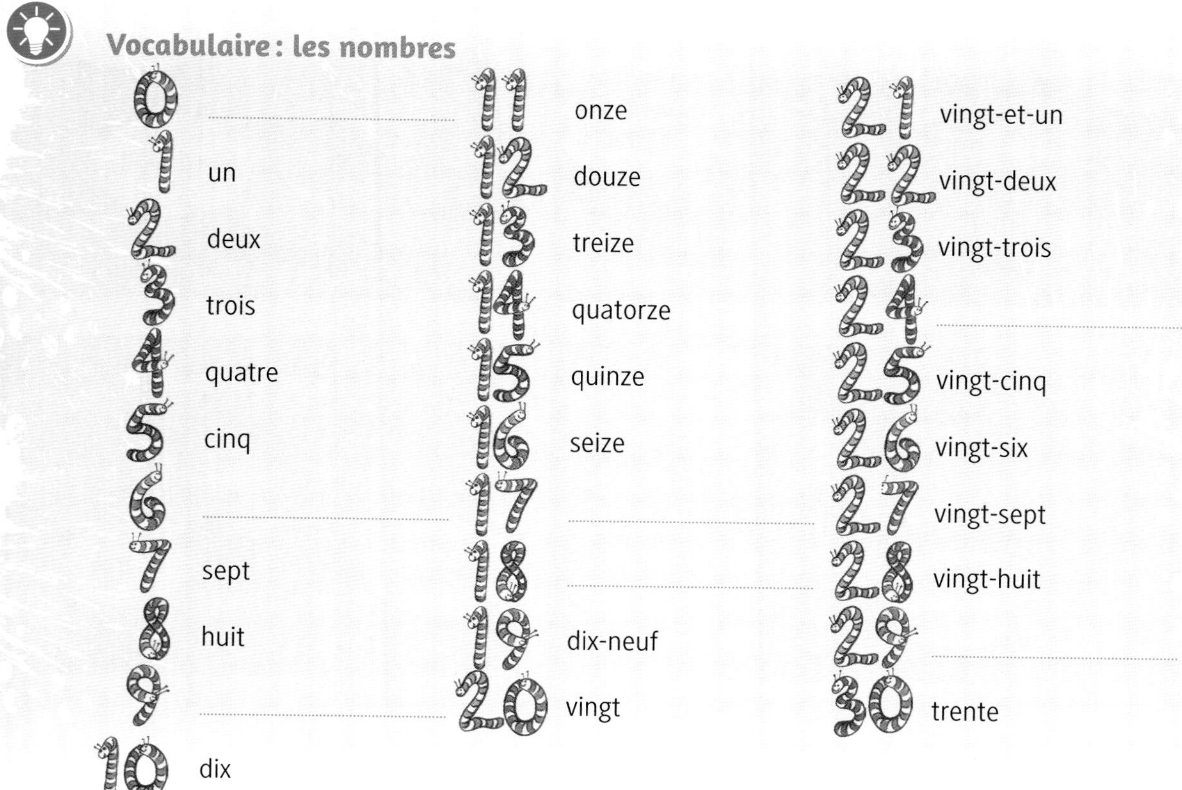

0 ....
1 un
2 deux
3 trois
4 quatre
5 cinq
6 ....
7 sept
8 huit
9 ....
10 dix
11 onze
12 douze
13 treize
14 quatorze
15 quinze
16 seize
17 ....
18 ....
19 dix-neuf
20 vingt
21 vingt-et-un
22 vingt-deux
23 vingt-trois
24 ....
25 vingt-cinq
26 vingt-six
27 vingt-sept
28 vingt-huit
29 ....
30 trente

2.1 C Écoute les nombres de nouveau et répète la prononciation.

Listen to the numbers again and repeat the pronunciation.

2.1 D Écris les nombres.

Write out the numbers.

(a) 15 *quinze* ....
(b) 16 ....
(c) 11 ....
(d) 5 ....
(e) 20 ....
(f) 4 ....
(g) 19 ....
(h) 30 ....
(i) 0 ....
(j) 26 ....
(k) 14 ....
(l) 2 ....

2.1 E Écoute et écris les nombres.

Listen and write the figures.

1	20								

2.1 F Lis et écoute les conversations.

Read and listen to the conversations.

Quel âge as-tu ?
J'ai treize ans. Et toi ?
J'ai douze ans.

Quel âge as-tu ?
J'ai quatorze ans. Et toi ?
J'ai treize ans.

Quel âge as-tu ?
J'ai dix-neuf ans. Et toi ?
J'ai dix-huit ans.

Quel âge as-tu ?
J'ai quinze ans. Et toi ?
J'ai vingt ans.

2.1 G Travaillez à deux. Pose la question *Quel âge as-tu ?* à ton/ta camarade de classe.

Work in pairs. Ask the person beside you how old they are.

2.1 H Écoute les conversations et complète le tableau.

Listen to the conversations and fill in the table.

	Prénom	Âge	Ville
(a)	Louise	13	Rennes
(b)			
(c)			
(d)			
(e)			
(f)			
(g)			

2.1 I Jeux : faire l'appel avec les nombres.

Practise the numbers with your roll call. The teacher or a student will call the roll. The first student answers with un, the second with deux and so on. Trop facile ? Try counting backwards from 30 or counting up in twos.

2.2 Le verbe AVOIR

2.2 A AVOIR

In section 2.1, we heard the question *Quel* âge *as-tu ?* and the response *J'ai treize ans.* Both question and response use the verb AVOIR meaning *to have.*

AVOIR *(to HAVE)*		
j'	ai	*I have*
tu	as	*you have*
il / elle	a	*he/she has*
nous	avons	*we have*
vous	avez	*you (plural) have*
ils / elles	ont	*they have*

AVOIR au négatif
je **n'**ai **pas**
tu **n'**as **pas**
il / elle **n'**a **pas**
nous **n'**avons **pas**
vous **n'**avez **pas**
ils / elles **n'**ont **pas**

★ AVOIR means to have and is also used to express age

Exemples: *Philippe **a** trois livres.* Philippe has three books.
J'ai douze ans. I am twelve years old.

★ *Je* becomes *j'* before vowels

★ Remember to make a sentence negative we must sandwich the verb with ne and pas.

J'ai	I have	*Je **n'**ai **pas***	I don't have
Elle a	She has	*Elle **n'**a **pas***	She doesn't have

2.2 B Écoute et répète le verbe AVOIR.

Listen to the verb AVOIR and repeat the pronunciation.

Complète le verbe AVOIR dans ton Journal de bord.
Now fill in the verb AVOIR in your learning diary.

2.2 C Complète les phrases avec la forme correcte du verbe AVOIR.

Fill in the blanks with the correct form of the verb AVOIR.

(a) Marie .... dix-sept ans.
(b) Tu .... un stylo ?
(c) Elle .... deux livres dans son cartable.
(d) Ils .... vingt-cinq ans.
(e) Inès et Hugo .... mes livres.
(f) J' .... un piano chez-moi.
(g) Vous .... les cahiers ?
(h) David et moi .... treize ans.
(i) Vincent .... quatorze ans.
(j) Nous .... beaucoup de livres.

2.2 D Complète avec la forme correcte du verbe entre parenthèses.

*Fill in the blanks with the correct form of the verb in brackets (Revise the verb **ÊTRE** on page 23).*

(a) Nous .... à Cherbourg. (ÊTRE)
(b) J' .... trente ans. (AVOIR)
(c) Christelle .... malade aujourd'hui. (ÊTRE)
(d) Ils .... cinq livres. (AVOIR)
(e) Tu .... fatigué ? (ÊTRE)
(f) Vous .... un stylo ? (AVOIR)
(g) Il .... quinze ans. (AVOIR)
(h) Clément et Noah .... à Nantes. (ÊTRE)
(i) Salut Océane ! Quel âge ....-tu ? (AVOIR)
(j) Je .... à Marseille. (ÊTRE)

2.3 Quel est ton numéro de téléphone ?

2.3 A Trouve les expressions suivantes dans la bande dessinée ci-dessus.

Find the following phrases in the comic strip above.

(a) a mobile phone
(b) what is your number?
(c) my number is …
(d) a text message
(e) talk to you later

Quelles expressions ressemblent beaucoup à l'anglais ? Lesquelles sont complètement différentes ?

Which phrases are similar to English? Which ones are totally different?

2.3 B Quel est ton numéro de téléphone ? Lis et écoute.

What is your phone number? Read and listen.

(a)

Quel est ton numéro de téléphone ?

Mon numéro de téléphone, c'est le zéro sept, vingt-neuf, seize, trente-deux, quatorze (07 29 16 32 14)

(b)

Quel est ton numéro de téléphone ?

Mon numéro de téléphone, c'est le zéro six, onze, vingt cinq, trente, vingt-neuf (06 11 25 30 29)

(c)

Quel est ton numéro de téléphone ?

Mon numéro de téléphone, c'est le zéro six, zéro neuf, dix-huit, vingt-sept, vingt (06 09 18 27 20)

(d)

Quel est ton numéro de téléphone ?

Mon numéro de téléphone, c'est le zéro sept, trente-deux, quinze, vingt-huit, dix (07 32 15 28 10)

Notice that when phone numbers are given in French, the digits are usually grouped in twos.

2.3 C Écoute et écris les numéros. Quel est ton numéro ?

Listen and write the numbers.

(a)	06 15 22 30 19	(e)	
(b)		(f)	
(c)		(g)	
(d)		(h)	

2.3 D Travaillez à deux. Pose la question *Quel est ton numéro de téléphone ?* à ton/ta camarade de classe.

Work in pairs. Ask the person beside you for his/her number.

To call a friend in France you need to dial +33.
33, c'est l'indicatif téléphonique pour la France.

2.3 E Révision : Écris les nombres.

Write the figures.

(a) vingt-quatre 24
(b) dix-sept ....
(c) quinze ....
(d) sept ....
(e) douze ....
(f) cinq ....
(g) vingt-deux ....
(h) dix-huit ....
(i) onze ....
(j) trente ....

2.3 F Révision : Écris les nombres.

Write out the numbers.

(a) 20 vingt
(b) 7 ....
(c) 19 ....
(d) 27 ....
(e) 10 ....
(f) 13 ....
(g) 30 ....
(h) 8 ....
(i) 14 ....
(j) 21 ....

2.3 G Recherche sur internet l'indicatif téléphonique de ces villes françaises et écris le numéro en français.

Go online to find the area codes for these French cities and write the numbers in French.

(a) Paris ....
(b) Toulouse ....
(c) Lille ....
(d) Nice ....
(e) Dijon ....
(f) Rennes ....

Complète les mots-clés 1-10 dans ton Journal de bord.

Fill in the key words 1-10 in your learning diary.

2.4 Le blog de Nicole

2.4 A Lis le blog de Nicole.

Read Nicole's blog.

www.monblog.fr/nicolex
Salut ! Je m'appelle Nicole.
J'ai douze ans. J'habite à Biarritz.
Je parle français et anglais.
J'aime la musique.
Mon groupe préféré, c'est Daft Punk.
J'aime le rugby aussi et J'ADORE le surf !
Encore
une
fois
daft punk

Comment dit-on...? Retrouve les expressions suivantes dans le blog de Nicole.
Find the following phrases in Nicole's blog.

(a) I live in... ....

(b) I speak... ....

(c) I like... ....

(d) My favourite group is... ....

(e) I love... ....

2.4 (B) Lis les blogs et réponds aux questions en anglais.
Read the blogs and answer the questions in English.

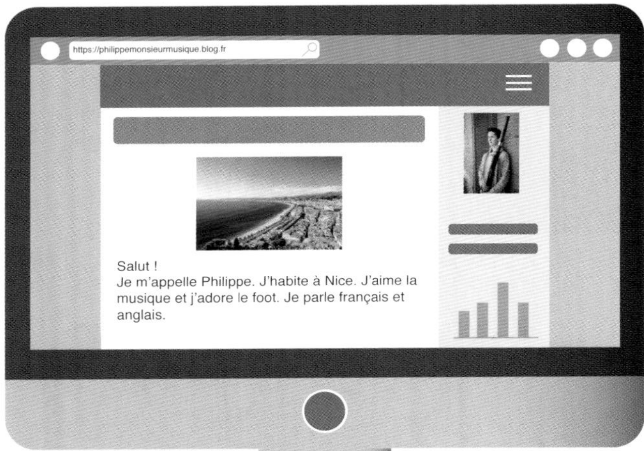

https://philippemonsieurmusique.blog.fr
Salut !
Je m'appelle Philippe. J'habite à Nice. J'aime la musique et j'adore le foot. Je parle français et anglais.

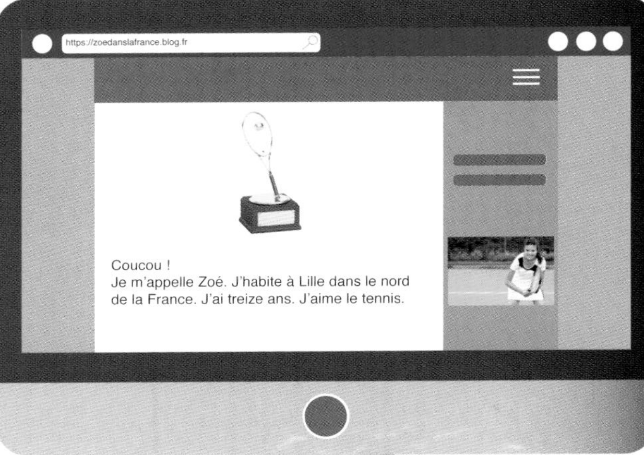

https://zoedanslafrance.blog.fr
Coucou !
Je m'appelle Zoé. J'habite à Lille dans le nord de la France. J'ai treize ans. J'aime le tennis.

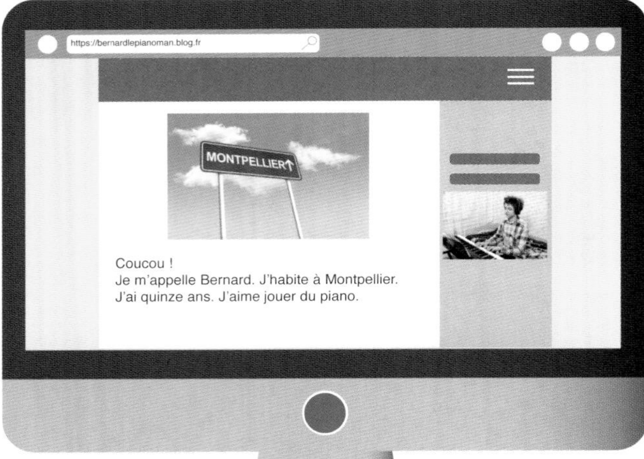

https://bernardlepianoman.blog.fr
MONTPELLIER
Coucou !
Je m'appelle Bernard. J'habite à Montpellier. J'ai quinze ans. J'aime jouer du piano.

https://severineetlatelevision.blog.fr
Coucou !
Je m'appelle Séverine. J'habite à Grenoble. Je parle français, anglais, et espagnol. J'aime regarder la télévision.

(a) Who lives in Nice? ....

(b) Who plays the piano? ....

(c) What are Philippe's pastimes? ....

(d) Where does Séverine live? ....

(e) Who likes to play tennis? ....

(f) Who lives in Montpellier? ....

(g) Who likes to watch TV? ....

(h) Where does Zoe live? ....

2.4 C Comment dit-on en français ? Complète ces phrases en t'aidant des blogs en français.

Write the sentences in French using phrases from the blogs.

(a) I live in Bordeaux ....

(b) I like music ....

(c) I speak English and French ....

(d) I like watching TV ....

(e) I love football ....

(f) I live in Lourdes ....

(g) I like playing the piano ....

2.4 D Écris ton blog et fais une page Web ou une affiche avec tous les blogs de la classe.

Write your own blog (Include your name, where you live and what you like to do). Make a class webpage or poster of your blogs.

2.4 E Présente ton blog à tes camarades de classe.

Present your blog to the class.

2.4 F Écoute et complète les phrases.

Listen and fill in the blanks.

(a) **Christelle :** Salut ! Comment tu .... ?
David : .... m'appelle David. Et toi ?
Christelle : Je .... Christelle.
.... va ?
David : Très .... Et toi ? Ça va ?
Christelle : .... J'habite à ....
Et toi ?
David : .... à Paris.

(b) **Océane :** ....
Hugo : Bonjour.
Océane : .... tu t'appelles ?
Hugo : Je .... Hugo.
Comment .... t'appelles ?
Océane : .... m'appelle Océane.
Ça .... ?
Hugo : .... toi ?
Océane : .... bien.
J'habite à .... Et toi ?
Hugo : .... à Rennes.

(c) .... Je m'appelle .... J'habite à .... J'aime la .... et j'aime .... la télévision.

(d) Coucou ! Je .... Pierre. .... à Lille. .... le foot.

(e) .... m'appelle .... J'habite .... Marseille. .... le .... et j'aime jouer du ....

2.4 G Lis les textes de nouveau et choisis la bonne réponse.
Read the above texts again and choose the correct answer.

(a) Où habite Christelle ? Christelle habite à *Paris / Grenoble / Marseille.*

(b) Quel est le loisir de Marie ? Marie aime *le tennis / le foot / la musique.*

(c) Où habite Océane ? Océane habite à *Nantes / Strasbourg / Rennes.*

(d) Ça va David ? Ça va *bien / très bien / mal.*

(e) Où habite Marie ? Marie habite à *Strasbourg / Marseille / Grenoble.*

(f) Qui habite à Marseille ? *David / Hugo / Françoise* habite à Marseille.

(g) Qui habite à Rennes ? *Hugo / Françoise / Pierre* habite à Rennes.

(h) Quel est le loisir de Pierre ? Pierre aime *le tennis / le foot / la musique.*

2.5 On pose les questions ?!?

2.5 A Les mots interrogatifs

Comment dit-on en anglais les mots interrogatifs suivants ?
What is the meaning of the following question words?
Look back to exercise 2.4G.

Où ? .... Quel ? .... Qui ? ....

Trouve les mots interrogatifs dans ton dictionnaire.
Locate these questions in your dictionary.

Pourquoi ? .... Comment ? ....

Quand ? .... Combien ? ....

2.5 B Complète avec un mot interrogatif.
Fill in the blanks with a question word.

(a) .... habites-tu ? J'habite à Dublin.

(b) .... âge as-tu ? J'ai quinze ans.

(c) .... dit-on *un cahier* en anglais ?

(d) .... de stylos as-tu ? J'ai trois stylos.

(e) .... habite à Nice ? Philippe habite à Nice.

(f) .... est Léa ? Elle est à Montpellier.

2.5 C Lis les textes et réponds en français avec des phrases complètes.

Read the text and answer in French with full sentences.

(a) Quel âge a Clément ? ....

(b) Où habite Clément ? ....

(c) Combien de livres a-t-il ? ....

(d) Combien de stylos a-t-il ? ....

Salut ! Je m'appelle Clément. J'ai quatorze ans. J'habite à Bordeaux. J'ai cinq livres et trois stylos dans mon cartable. J'ai quatre cahiers dans mon casier. J'aime la musique rock.

Coucou ! Je m'appelle Mathilde. J'ai dix-sept ans. J'habite à Lourdes. J'ai six cahiers dans mon cartable. J'ai huit livres dans mon casier. J'aime la musique pop. Mon groupe préféré, c'est Little Mix. J'aime le tennis aussi.

(a) Comment elle s'appelle ? ....

(b) Quel âge a-t-elle ? ....

(c) Où habite-elle ? ....

(d) Combien de cahiers a-t-elle dans son cartable ? ....

(e) Combien de livres a-t-elle dans son casier ? ....

2.5 D L'interrogatif

In French, there are three different ways to ask a question

Let's take the sentence *tu as un stylo* (you have a pen). We can ask the question *do you have a pen?* in any of the three following ways:

1. Simply use a questioning tone – raising your voice at the end. This is an informal way to ask a question and is mostly used in spoken French.
   Tu as un stylo ? (You may recall this question from section 1.6.)
2. Put *Est-ce que* in front of your statement.
   ***Est-ce que** tu as un stylo ?*
3. Swap the person and the verb of the statement. This is called inversion. When we use inversion we put a hyphen between the verb and the person.
   ***As-tu** un stylo ?*

Exemples:

Vous avez un dictionnaire ? *Est-ce que vous avez un dictionnaire ?* *Avez-vous un dictionnaire ?*	Do you have a dictionary?
Il a treize ans ? *A-t-il treize ans ?*	Is he thirteen?

Did you notice?

- When you are using inversion to make a question with the verb AVOIR, *il a* becomes *a-t-il*. The *t* is inserted to make it easier to pronounce. Similarly, *elle a* becomes *a-t-elle*.
- *Est-ce que* becomes *Est-ce qu'* before vowels.

AVOIR – L'interrogatif
ai-je ?
as-tu ?
a-t-il ?
a-t-elle ?
avons-nous ?
avez-vous ?
ont-ils ?
ont-elles ?

ÊTRE – L'interrogatif
suis-je ?
es-tu ?
est-il ?
est-elle ?
sommes-nous ?
êtes-vous ?
sont-ils ?
sont-elles ?

2.5 E **Fais deux questions avec chaque phrase suivante.**

Make two questions from each of these statements.

(a) Il est français. Est-ce qu'il est français? Est-il français?
(b) Vous avez un cahier. ....
(c) Elle est malade. ....
(d) Ils ont des livres. ....
(e) Tu as un agenda. ....
(f) Il a un téléphone portable. ....
(g) Tu as des posters. ....
(h) Vous êtes fatigué. ....
(i) Elle a des stylos. ....
(j) Tu es malade. ....

Work with a partner. Look at the comic strip above and pick out an example of each of the three ways to ask a question in French.

You may have noticed that when Christophe asks *Tu as un crayon ?* Nicole replies *je n'ai pas de crayon.*

Consider the following sentences…

J'ai un livre	➜	Je n'ai pas **de** livre
David a une règle	➜	David n'a pas **de** règle
Elle a des stylos	➜	Elle n'a pas **de** stylo

What do you notice about all the sentences where *de* is used? ***Un, une* and *des* all change to *de* in .... sentences.**

2.5 F Lis les blogs et réponds aux questions en français.

Read the blogs and answer in French.

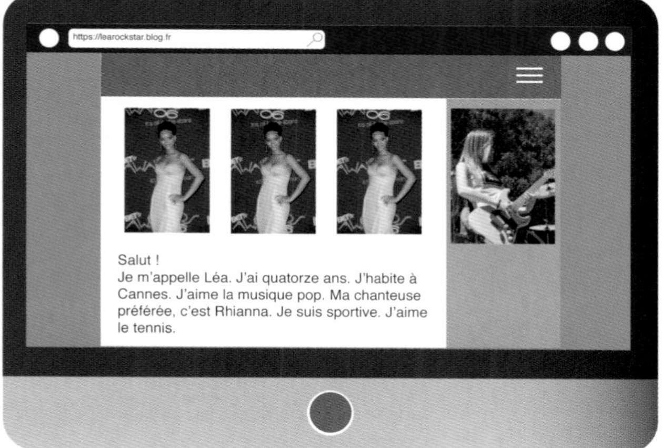

https://learockstar.blog.fr
Salut !
Je m'appelle Léa. J'ai quatorze ans. J'habite à Cannes. J'aime la musique pop. Ma chanteuse préférée, c'est Rhianna. Je suis sportive. J'aime le tennis.

https://theoleleo.blog.fr
Coucou !
Je m'appelle Théo. J'ai seize ans. J'habite à Toulouse. J'aime le foot et la musique rock. Mon groupe préférée, c'est Coldplay.

https://lucasalyon.blog.fr
Salut !
Je m'appelle Lucas. J'ai quinze ans. J'habite à Lyon. J'aime le rugby et regarder la télévision.

https://valentinestgermain.blog.fr
Coucou !
Je m'appelle Valentine. J'ai treize ans. J'habite à Paris. J'aime lire et j'adore les jeux vidéo. J'aime le foot aussi. Mon équipe préférée, c'est Paris St-Germain.

(a) Quel âge a Léa ?
Léa a .... ans.

(b) Quels sont les loisirs de Théo ?
Théo aime ....

(c) Où habite Lucas ?
Lucas habite à ....

(d) Quel âge a Valentine ?
Valentine a .... ans.

(e) Qui habite à Toulouse ?
.... habite à Toulouse.

(f) Quels sont les loisirs de Valentine ?
Valentine aime ....

(g) Quel âge a Lucas ?
Lucas a .... ans.

(h) Qui est la chanteuse préférée de Léa ?
La chanteuse préférée de Léa, c'est ....

2.5 G Comment dit-on en français ? Écris les expressions en français en t'aidant des blogs.

Write the phrases in French with the help of the blogs.

(a) I like tennis.

(b) I like rock music.

(c) I also like football.

(d) I like reading books.

(e) My favourite group is One Republic.

(f) My favourite team is Manchester United.

(g) My favourite singer is Beyoncé.

Maintenant, écris cinq phrases sur les activités que tu aimes.

Now write five sentences about your likes Use the examples in 2.5G to help you.

2.6 Christophe a faim !

2.6 A Les expressions avec AVOIR

AVOIR faim	*to be hungry*
AVOIR soif	*to be thirsty*
AVOIR chaud	*to be warm*
AVOIR froid	*to be cold*
AVOIR raison	*to be right*
AVOIR tort	*to be wrong*
AVOIR peur	*to be afraid*

2.6 B Écris les phrases.

Write sentences for each illustration.

(a) Il a faim.

(b) ....

(c) ....

(d) ....

(e) ....

(f) ....

(g) ....

Complète les mots-clés 11-41 dans ton Journal de bord.
Fill in the key words 11-41 in your learning diary.

2.7 Tu es prêt à pratiquer ? Allons-y !

2.7 A Écris des calculs en lettres.

Write the sums in French.

+ et
– moins
x fois
÷ divisé par
= font

Exemple: 4 + 10 = 14 quatre et dix font quatorze

(a) 3 + 2 = ...

(b) 10 – 8 = ...

(c) 9 ÷ 3 = ...

(d) 9 + 9 = ...

(e) 5 x 3 = ...

(f) 12 ÷ 4 = ...

(g) 15 ÷ 5 = ...

(h) 1 + 1 = ...

(i) 8 x 2 = ...

(j) 11 + 2 = ...

2.7 B Écris les réponses en lettres.

Write out the answers in French.

Exemple: un + trois = quatre

(a) trente – cinq = ...

(b) cinq + deux = ...

(c) deux - zéro = ...

(d) onze + huit = ...

(e) quatorze – quatre = ...

(f) huit + vingt-deux = ...

(g) vingt-sept – douze = ...

(h) dix-neuf – trois = ...

(i) douze + un = ...

(j) treize + six = ...

2.7 C Écoute et écris le score des matchs dans l'espace ci-dessous.

Listen and write the football match scores in the spaces below.

Le foot

Exemple: FC Metz *5* – AC Ajaccio *6*

1. AS Nancy .... – Paris St Germain ....
2. Olympique de Marseille .... – Olympique Lyonnais ....
3. AS Monaco .... – AS Saint Etienne ....
4. FC Lorient .... – Stade de Reims ....

Le rugby

Exemple: Biarritz Olympique *14* – Clermont Auvergne *15*

1. Bordeaux .... – Toulon ....
2. Castres .... – Clermont-Ferrand ....
3. Carcassone .... – Limoges ....
4. Nîmes .... – Stade français ....
5. Perpignan .... – Aix-en Provence ....

2.7 D Écris les phrases à la forme négative.

*Rewrite the phrases in the negative form.**

(a) J'ai un ordinateur. Je n'ai pas d'ordinateur.
(b) Elle est malade. ....
(c) Nous avons beaucoup de devoirs. ....
(d) Vous êtes français. ....
(e) Nous sommes à Grenoble. ....
(f) J'ai une gomme. ....
(g) Marie et Claude sont à Biarritz. ....
(h) Ils ont des cahiers. ....
(i) Philippe a un livre dans son cartable. ....
(j) Tu as une règle. ....

* Just like *je* and *que*, *de* becomes *d'* before a vowel.

2.7 E Lis les textes.

Read the texts.

VIVA NATION PRESENTE
EN ACCORD AVEC VIVA NATION GLOBAL TOURING

LADY GAGA
BORN THIS WAY BALL
MERCREDI 3 OCTOBRE 19H30
NIKAIA - NICE

CATEGORIE 3
ASSIS-PLACEMENT LIBRE
VIVA NATION 319303
INVITATION **0.00EURO**
APPAREILS PHOTOS ET CAMERAS INTERDITS
49509064 NIKAIA INVITATION CAT3
85996949 03/10/** 17:47 APL 8 58

8489604038886590003

JUSTIN BIEBER
PURPOSE WORLD TOUR
WITH SPECIAL GUESTS

COMPLET MARDI 20 SEPTEMBRE
CONCERT SUPPLÉMENTAIRE
MERCREDI 21 SEPTEMBRE

ALOR HOTELS ARENA
PARIS

ABKR ET GDP PRÉSENTENT

LES INSUS ?

TOURNÉE

27 AVRIL	**AMIENS**	ZÉNITH
29 AVRIL	**ROUEN**	ZÉNITH
2 MAI	**ORLÉANS**	ZÉNITH
3 MAI	**TRÉLAZÉ (ANGERS)**	ARENA LOIRE
5 MAI	**LE MANS**	ANTARÈS
7 MAI	**NANTES**	ZÉNITH MÉTROPOLE
9 MAI	**ANGOULÊME**	ESPACE CARAT
11 MAI	**LIMOGES**	ZÉNITH
12 MAI	**CLERMONT-FERRAND**	ZÉNITH D'AUVERGNE
17 MAI	**BORDEAUX**	PATINOIRE MÉRIADECK
19 MAI	**PAU**	ZÉNITH
21 MAI	**TOULOUSE**	ZÉNITH
22 MAI	**TOULON**	ZÉNITH OMEGA
24 MAI	**MARSEILLE**	LE DÔME
26 MAI	**LYON**	L'AMPHITHÉÂTRE
30 MAI	**SAINT-ÉTIENNE**	ZÉNITH
31 MAI	**DIJON**	ZÉNITH
2 JUIN	**NANCY**	ZÉNITH
6 JUIN	**ÉPERNAY**	MILLESIUM
8 JUIN	**PARIS**	ZÉNITH PARIS - LA VILLETTE
9 JUIN	**PARIS**	ZÉNITH PARIS - LA VILLETTE

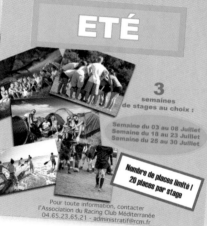

Si tu as entre 12 et 14 ans, rejoins nous vite pour vivre une semaine de SPORT

Stages Perfectionnement Rugby

Racing Club Méditerranée

ETÉ

3 semaines de stages au choix :

Semaine du 03 au 08 Juillet
Semaine du 18 au 23 Juillet
Semaine du 25 au 30 Juillet

Nombre de places limité ! 20 places par stage

Pour toute information, contacter l'Association du Racing Club Méditerranée
04.65.23.65.21 - administratif@rcm.fr

Réponds aux questions en anglais.

Answer the questions in English.

(a) On what date is the Lady Gaga concert taking place? ....

(b) Name one thing that is forbidden at the Lady Gaga concert (see the small print). ....

(c) What are the two dates of the Justin Bieber concerts? ....

(d) Where is the group Les Insus playing on the 31st of May? (What city?) ....

(e) On what date is the Les Insus concert in Marseille? ....

(f) At what age group is the rugby summer camp aimed? ....

(g) How many places are available on the rugby camp? ....

(h) What are the two ways you can get information about the camp? ....

Réponds aux questions en français.

Answer the questions in French.

(a) Où a lieu le concert de Lady Gaga ? (Quelle ville ?) ....

(b) Où sont les concerts de Justin Bieber ? (Quelle ville ?) ....

(c) Où a lieu le concert de Les Insus le 17 mai ? (Quelle ville ?) ....

(d) Quelle est la date du concert de Les Insus à Nantes? ....

(e) Comment s'appelle le club de rugby? ....

(f) Quel est le numéro de téléphone du club de rugby? ....

2.7 F Remets les phrases dans le bon ordre dans ton Journal de bord.

Unscramble the sentences and write them in your learning diary.

(a) est de quel téléphone ? numéro ton
(b) as-tu ? âge quel
(c) quinze j'ai ans
(d) livres j'ai dans casier trois mon
(e) préférée Rhianna chanteuse ma c'est,
(f) rock la j'aime musique
(g) Strasbourg elles à sont

2.7 G Écoute et écris la conversation dans le bon ordre dans ton Journal de bord.

Listen to the dialogue and write it in order in your learning diary.

J'habite à Nice. Quels sont tes loisirs?

J'ai vingt-et-un ans. Et toi?

Bonjour. Ça va?

J'ai dix-huit ans.

Où habites tu?

J'aime le foot et la musique.

Très bien. Et toi?

Bien. Comment tu t'appelles?

Merci. À bientôt!

Moi, j'adore le foot aussi.
Quel est ton numéro de téléphone?

Mon numéro, c'est le 06 35 18 07 29.

Enchantée! Quel âge as-tu?

Je m'appelle Noah.

Bonjour!

J'habite à Lyon. Et toi?
Où est-ce que tu habites?

Au revoir.

Je m'appelle Mathilde. Et toi?

2.7 H Dans ton Journal de bord, écris un dialogue avec les expressions que tu as apprises dans les Unités 1 et 2.

In your learning diary, write a dialogue with the phrases you have learned in Units 1 & 2.

Unité 2 Mets tes connaissances à l'épreuve !

Classe tes connaissances de l'Unité 2 et évalue-toi dans ton Journal de bord.
In your learning diary, assess your learning from Unit 1 and see what you have learned.

Que sais-je ?			
	🙂	😐	☹️
I can count up to 30.			
I can ask someone their age and say what my age is.			
I can ask someone for their phone number.			
I can use the verb AVOIR.			
I can write a short personal blog.			
I understand question words.			
I can form and ask questions.			

Notes

On y va!

Unité 3

By the end of this chapter you will be able to...

- Say the days of the week and months of the year
- Ask someone for the day or date or for his/her date of birth
- Tell someone the day or date and give your date of birth
- Talk about what you do on different days of the week
- Recognise the main tourist attractions of Paris
- Talk about well-known French festivals and feast days
- Identify famous works of art by French artists
- Use the definite article (*le, la, l', les*)
- Understand and use the irregular verbs ALLER, FAIRE, VENIR and VOIR

Student website

Visit www.edco.ie/caroule1 for interactive activities and quizzes based on this unit.

La tour Eiffel

Le musée du Louvre

Le Centre Pompidou

La cathédrale Notre-Dame de Paris

Le TGV

3.1 Le voyage scolaire !

3.1 A Lis la bande dessinée et fais les exercices avec un camarade de classe.

Read the above comic strip and complete the exercises with a classmate.

Christophe tells his friends Nicole and Élodie about an upcoming school trip. Can you and your partner figure out…

(a) When is the trip?

(b) Where is the tour going?

(c) How will they travel?

(d) Where are they departing from?

(e) What time will they depart?

(f) What attractions will they visit?

Look again at the comic strip and in pairs see can if you find the following phrases in French:

a school tour | *this weekend* | *are you coming?* | *yes of course!*

Did you notice *the* Eiffel tower is ***la*** *tour Eiffel* but *the* museum is ***le*** *musée?* Why do you think there are different words for *the*?

3.1 B L'article défini : le, la, les

★ There are four ways to say *the* depending on the gender of the noun (masculine or feminine) and whether it is singular or plural or starting with a vowel or silent *h*.

★ We use *le* before masculine singular nouns and *la* before feminine singular nouns

Exemples : *le* musée *le* train *la* télévision *la* cathédrale

★ *le* and *la* are shortened to *l'* before vowels and silent *h*

Exemples : *l'*école *l'*hôtel

★ We use *les* before all plural nouns

Exemples : *les* musées *les* trains *les* télévisions *les* cathédrales *les* écoles *les* hôtels

3.1 C Complète avec le/la/l'/les.

Fill in the blanks with le/la/l'/les.

(a)	le piano	(h)	.... hôtel
(b)	.... musique	(i)	.... cartables
(c)	.... tennis	(j)	.... foot
(d)	.... livres	(k)	.... crayons
(e)	.... gommes	(l)	.... tablette
(f)	.... règle	(m)	.... écoles
(g)	.... ordinateur	(n)	.... stylo

Look back to the comic strip. The trip occurs on *samedi.* What day of the week do you think *samedi* is?

3.1 D Les jours de la semaine

lundi *mardi* *mercredi* *jeudi* *vendredi* *samedi* *dimanche*

! We use small letters with days of the week.

! lundi = Monday / on Monday

! *le* lundi = on Mondays

3.1 E Écoute les jours et, pendant les pauses, répète leur nom.

Listen to the days and during the pauses repeat their names.

3.1 F **« Le petit prince ». Regarde une vidéo de cette chanson et complète avec les jours de la semaine.**

Video

Watch a video of this song and fill in the blanks with the days of the week.

Le roi, la reine et le petit prince

Lundi matin, le roi, la reine et le petit prince
Sont venus chez moi pour me serrer la pince.
Mais comme j'étais parti, le petit prince a dit :
« Puisque c'est ainsi nous reviendrons .... ! »

.... matin, le roi, la reine et le petit prince
Sont venus chez moi pour me serrer la pince.
Mais comme j'étais parti, le petit prince a dit :
« Puisque c'est ainsi nous reviendrons .... ! »

.... matin, le roi, la reine et le petit prince
Sont venus chez moi pour me serrer la pince.
Mais comme j'étais parti, le petit prince a dit :
« Puisque c'est ainsi nous reviendrons .... ! »

Le roi, la reine et le petit prince is a French folk song from the 19th century. Did you notice how quotation marks (" ") are not used in French? The French use *les guillemets* « »

.... matin, le roi, la reine et le petit prince
Sont venus chez moi pour me serrer la pince.
Mais comme j'étais parti, le petit prince a dit :
« Puisque c'est ainsi nous reviendrons .... ! »

.... matin, le roi, la reine et le petit prince
Sont venus chez moi pour me serrer la pince.
Mais comme i'étais parti, le petit prince a dit :
« Puisque c'est ainsi nous reviendrons .... ! »

.... matin, le roi, la reine et le petit prince
Sont venus chez moi pour me serrer la pince.
Mais comme j'étais parti, le petit prince a dit :
« Puisque c'est ainsi nous reviendrons .... ! »

.... matin, le roi, la reine et le petit prince
Sont venus chez moi pour me serrer la pince.
Mais comme j'étais parti, le petit prince a dit :
« Puisque c'est ainsi nous ne reviendrons plus ! »

3.1 G Quel jour sommes-nous aujourd'hui ? Complète les phrases.

What day is it? Fill in the in the blanks.

(a) Quel jour sommes-nous aujourd'hui ? Aujourd'hui, c'est samedi. Demain, c'est dimanche.

(b) Quel jour sommes-nous aujourd'hui ? Aujourd'hui, c'est lundi. Demain, c'est ....

(c) Quel jour sommes-nous aujourd'hui ? Aujourd'hui, c'est vendredi. Demain, c'est ....

(d) Quel jour sommes-nous aujourd'hui ? Aujourd'hui, c'est .... Demain, c'est jeudi.

(e) Quel jour sommes-nous aujourd'hui ? Aujourd'hui, c'est dimanche. Demain, c'est ....

(f) Quel jour sommes-nous aujourd'hui ? Aujourd'hui, c'est .... Demain, c'est vendredi.

(g) Quel jour sommes-nous aujourd'hui ? Aujourd'hui, c'est mercredi. Demain, c'est ....

(h) Quel jour sommes-nous aujourd'hui ? Aujourd'hui, c'est .... Demain c'est mardi.

(i) Quel jour sommes-nous aujourd'hui ? Aujourd'hui, c'est jeudi. Demain, c'est ....

(j) Quel jour sommes-nous aujourd'hui ? Aujourd'hui, c'est .... Demain, c'est lundi.

Photogramme

@nicoledubois

6min

#Paris #TGV #cestsamedi

Nicole posted #cestsamedi, or **c'est** samedi, ***it is*** *Saturday.*

3.1 H Qu'est-ce que c'est... ? Identifie les images et écris des phrases.

What is it...? Identify the images and write sentences.

(a) C'est un livre.

(e) ....

(b) ....

(f) ....

(c) ....

(g) ....

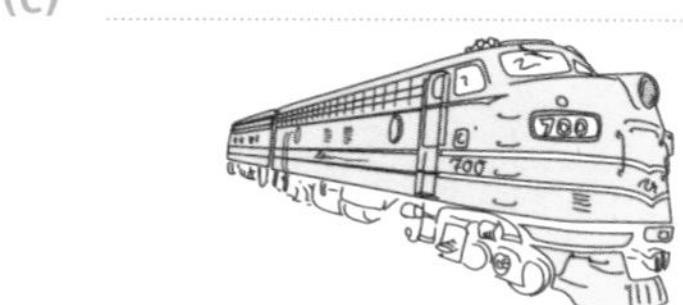

(d) ....

(h) ....

Complète les mots-clés 1–23 dans ton Journal de bord. Tous les mots se trouvent dans la section 3.1.
Fill in the key word 1–23 in your learning diary. All of the words can be found in section 3.1.

3.2 Tu viens à Paris ?

3.2 A Venir

In the comic strip in section 3.1, you picked out the question *Tu viens ? Tu viens* comes from the irregular verb VENIR.

VENIR *(to come)*			VENIR au négatif	VENIR à l'intérrogatif
je	viens	*I come / I am coming*	je ne viens pas	est-ce que je viens ?
tu	viens	*you come / you are coming*	tu ne viens pas	viens-tu ?
il / elle	vient	*he/she comes / he/she is coming*	il / elle ne vient pas	vient-il ? / vient-elle ?
nous	venons	*we come / we are coming*	nous ne venons pas	venons-nous ?
vous	venez	*you (plural / formal) come / are coming*	vous ne venez pas	venez-vous ?
ils / elles	viennent	*they come / they are coming*	ils / elles ne viennent pas	viennent-ils ? / viennent-elles?

Exemples : Patrick *vient* d'Irlande. — Patrick *comes* from Ireland.
Ils *viennent* à Paris. — They *are coming* to Paris.

★ You may have noticed that French has just one present tense where English has two, so *je viens* means *I come* or *I am coming.*

3.2 B Écoute et répète le verbe VENIR.

Listen to the verb VENIR and repeat the pronunciation.

Complète le verbe VENIR dans ton Journal de bord.
Fill in the verb VENIR on the irregular verb page in your learning diary.

3.2 C Complète avec le verbe VENIR.

Fill in the blanks with the correct form of the verb VENIR.

(a) Je **viens** de Lille.
(b) Nicole .... à Paris avec nous.
(c) Tu .... chez moi ?
(d) Mes parents .... d'Inde.
(e) Est-ce que vous .... au cinéma ?
(f) Nous .... d'un village dans le sud de la France.
(g) Il .... à 9h.
(h) Je .... d'Italie.
(i) Vous .... au concert de Zaz ce soir ?
(j) Nous .... de l'est de la France.

Paris is divided into twenty administrative districts, numbered one to twenty, known as *arrondisssements*. The lower numbers are closer to the city centre while the higher numbers make up the outskirts of the city.

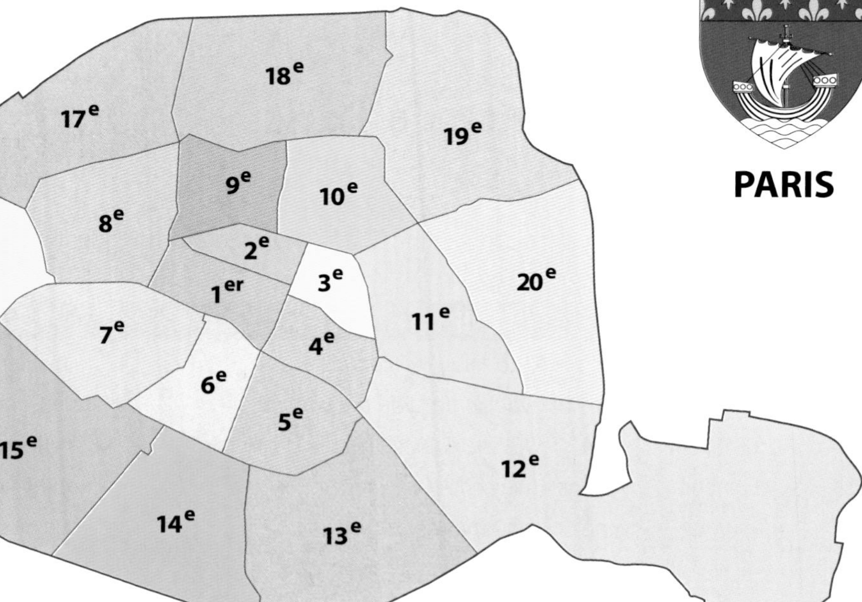

3.2 D Où sont les attractions touristiques ? Elles se trouvent dans quel arrondissement ? Trouve-les sur internet !

Where are these tourist attractions? In which arrondissement would you find them? Find out online!

(a) La tour Eiffel ....

(b) Le musée du Louvre ....

(c) Le Centre Pompidou ....

(d) La cathédrale Notre-Dame ....

(e) L'Arc de Triomphe ....

(f) La basilique du Sacré-Cœur ....

(g) Le jardin du Luxembourg ....

(h) La place de la Bastille ....

L'Arc de Triomphe

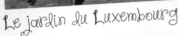

La basilique du Sacré-Cœur

Le jardin du Luxembourg

La place de la Bastille

3.2 E Recherche sur internet des renseignements sur une des attractions touristiques de l'exercice 3.2D.

Find out online about one of the tourist attractions mentioned in exercise 3.2D.

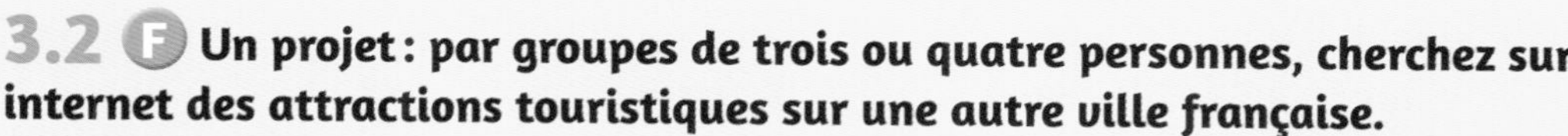

3.2 F Un projet : par groupes de trois ou quatre personnes, cherchez sur internet des attractions touristiques sur une autre ville française.

In groups of three or four, complete a project on the tourist attractions of any other French city of your choice. Present your project to the class as a booklet, poster, slideshow or webpage. Include images and any historical or cultural information you can find.

3.3 Nous allons à la tour Eiffel !

Nicole and her classmates are travelling from Biarritz to Paris on the TGV (*Train à Grande Vitesse*), which is the high speed train. Trains in France are operated by the French National Railway Company, the SNCF *(Société nationale des chemins de fer français)*. You can see the SNCF logo on the tickets. Trains from Biarritz arrive into Paris at Gare Montparnasse, one of six large train stations in Paris.

Gare Montparnasse

Dépêchez-vous ! Nous **allons** à la tour Eiffel.

Ouah ! C'est énorme !

La vue est magnifique. Je vois la basilique du Sacré-Cœur !
J'ai peur. J'ai le vertige.

Vous êtes prêts à **aller** au musée du Louvre ? On y **va** !

3.3 A Aller

The verbs in bold in the comic strip are all parts of the irregular verb ALLER. Can you figure out the meaning of the verb ALLER?

Nous allons à la tour Eiffel
...aller au musée du Louvre
On y va!

ALLER *(to go)*		
je	vais	*I go / I am going*
tu	vas	*you go / you are going*
il / elle	va	*he/she goes / he/she is going*
nous	allons	*we go / we are going*
vous	allez	*you (plural / formal) go / are going*
ils / elles	vont	*they go / they are going*

ALLER au négatif
je **ne** vais **pas**
tu **ne** vas **pas**
il / elle **ne** va **pas**
nous **n'**allons **pas**
vous **n'**allez **pas**
ils / elles **ne** vont **pas**

ALLER à l'intérrogatif
est-ce que je vais?
vas-tu?
va-t-il? / va-t-elle?
allons-nous?
allez-vous?
vont-ils? / vont-elles?

Exemples: Élodie **va** à la cathédrale. — Élodie is going to the cathedral.
Nous **allons** au musée. — We are going to the museum.
Ils **vont** à Rennes tous les lundis. — They go to Rennes on Mondays.

3.3 B Écoute et répète le verbe ALLER.

Listen to the verb ALLER and repeat the pronunciation.

Complète le verbe ALLER dans ton Journal de bord.
Fill in the verb ALLER on the irregular verb page in your learning diary.

3.3 C Complète avec le verbe ALLER.

Fill in the blanks with the correct form of the verb ALLER.

(a) Je vais en vacances.
(b) Tu .... au centre sportif.
(c) Ils .... à l'hôtel.
(d) Vous .... à la piscine?
(e) Nous .... à la banque.
(f) Elle .... au centre commercial.
(g) Colette et moi .... en ville.
(h) Elles .... à l'hôpital.
(i) Pierre .... au cinéma.
(j) Il .... chez Pierre.
(k) Claude et toi .... au collège.
(l) Élodie .... au café.
(m) Je .... au restaurant.
(n) Tu .... au supermarché.
(o) Nicole et Élodie .... à l'école.

3.3 D Où est-ce que tu vas ? Écoute et répète.

Where are you going? Listen and repeat.

l'école

le parc

le centre-ville

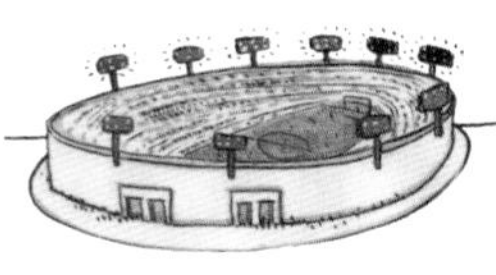
le centre sportif

l'hôtel

la piscine

la banque

le centre commercial

l'hôpital

le cinéma

le restaurant

le supermarché

3.3 E Où est-ce qu'ils vont ? Écoute et complète le tableau.

Where are they going? Listen and fill in the table below.

	Où ?	Quand ?
(a)	*cinéma*	*dimanche*
(b)		
(c)		
(d)		
(e)		
(f)		
(g)		
(h)		
(i)		
(j)		

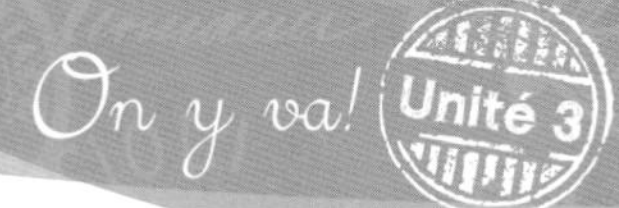

3.3 F au / à la / à l' / aux

We already know that *à* means *to*, for example, *nous allons **à** Paris* (*we are going **to** Paris*). But what happens when *à* is followed by a definite article *le / la / les*? Look back to the sentences in exercise 3.3C. What do you notice?

à + le = ☐ à + l' = ☐

à + la = ☐ à + les = ☐

Remember à means *to* but *au, à la, à l'* and *aux* all mean *to the*

Exemples:

Toulouse	Je vais *à* Toulouse.
le cinéma	Je vais *au* cinéma.
la piscine	Je vais *à* la piscine.
l'école	Je vais *à* l'école.
les toilettes	Je vais *aux* toilettes.

3.3 G Complète avec à / au / à la / à l' / aux.

Fill in the blanks with à / au / à la / à l' / aux.

(a) Je vais à la banque.

(b) Nous allons .... restaurant.

(c) Tu vas .... Nice.

(d) Je vais .... centre sportif.

(e) Jean va .... piscine.

(f) Est-ce que vous allez .... parc?

(g) Vas-tu .... l'hôpital?

(h) Christelle et Luc vont .... toilettes.

(i) Nous allons .... cinéma.

(j) Élodie va .... musée.

(k) Je vais .... Lyon.

(l) Léa et Zoé vont .... cathédrale.

3.3 H Crée des questions à partir de ces phrases.

PowerPoint

Make questions from the following sentences (use est-ce que or inversion).

(a) Je vais au cinema. Est-ce que je vais au cinéma?

(b) Tu vas au café. ....

(c) Il va au restaurant. ....

(d) Elle va à l'université. ....

(e) Nous allons au collège. ....

(f) Vous allez à l'hôtel. ....

(g) Ils vont au match. ....

(h) Elles vont au supermarché. ....

(i) Tu vas à l'école. ....

(j) Vous allez à la banque. ....

(k) Vous allez au bureau. ....

(l) Tu vas à la cantine. ....

Complète les mots-clés 24–34 dans ton Journal de bord. Tous les mots se trouvent dans les sections 3.2 et 3.3.

Fill in the key words 24–34 in your learning diary. All of the words can be found in sections 3.2 & 3.3.

3.4 Tu vois *La Joconde* ?

Voilà le musée du Louvre.

C'est *La Joconde* ! Incroyable !
Moi, je préfère les œuvres de Monet.

Qu'est-ce que c'est ?
Por favor no cruce la barrera
C'est *La Liberté guidant le peuple*. J'adore cette peinture.

Moi, j'ai soif! Je vais au café.

Nicole, Christophe et Élodie sont au musée du Louvre à Paris. Ils voient les tableaux *La Joconde* et *La Liberté guidant le peuple*. Et toi ? Est-ce que l'art t'intéresse ?

3.4 A Relie chaque tableau à son artiste. Recherche sur internet si besoin.

Match the paintings to the artists. Look them up online if necessary.

La Joconde

La Liberté guidant le peuple

Nymphéas

Portrait de Mme Morisot et de sa fille Mme Pontillon ou La lecture

Nature morte aux pommes

- Quatre de ces artistes sont français. Lesquels ?
- Quel tableau est-ce que tu préfères ?

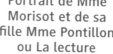

Paul Cézanne | Claude Monet | Léonard de Vinci |  Berthe Morisot | Eugène Delacroix

3.4 B Travaillez en groupe. Choisissez un artiste français. Recherchez ses tableaux et faites un exposé pour la classe.

Work in groups. Choose a French artist, research his/her paintings and make a presentation for the class in either poster or digital format.

Messages
Papa
Contact
Ça va Nicole? Tu es où ?
Oui ! Je suis au café du musée du Louvre. Ce matin nous sommes allés à La Tour Eiffel
Génial! Où allez-vous cet après-midi ?
Nouse allons voir la Cathédrale Notre-Dame
Amuse-toi bien. À demain ma chérie !
Bisou

3.4 C Voir

Nicole uses the verb VOIR in her text chat with her Dad. Did you guess what it meant?

VOIR *(to see)*		
je	vois	*I see*
tu	vois	*you see*
il / elle	voit	*he/she sees*
nous	voyons	*we see*
vous	voyez	*you (plural / formal) see*
ils / elles	voient	*they see*

VOIR au négatif
je ne vois pas
tu ne vois pas
il / elle ne voit pas
nous ne voyons pas
vous ne voyez pas
ils / elles ne voient pas

VOIR à l'intérrogatif
est-ce que je vois ?
vois-tu ?
voit-il ? / voit-elle ?
voyons-nous ?
voyez-vous ?
voient-ils ? / voient-elles ?

Exemples :

Elle *voit* le chien. She *sees* the dog.
Ils *voient* l'avion. They *see* the aeroplane.

3.4 D Écoute et répète le verbe VOIR.
Listen to the verb VOIR and repeat the pronunciation.

Complète le verbe VOIR dans ton Journal de bord.
Fill in the verb VOIR on the irregular verb page in your learning diary.

3.4 E Complète avec le verbe VOIR.
Fill in the blanks with the correct form of the verb VOIR.

(a) Je *vois* la tour Eiffel
(b) Tu .... tes enfants ?
(c) Ils .... le train.
(d) Vous .... Nicole ?
(e) Nous .... le professeur.
(f) Elle ne .... pas les chiens.
(g) Marie et Paul .... l'homme.

3.5 Quelle est la date ?

Look at the hashtag in bold on Nicole's Instagram. Quelle est la date ?
C'est…

(a) le 20 octobre
(b) le 30 septembre
(c) le 3 septembre
(d) le 30 octobre

3.5 A Relie les dates en chiffres avec les dates en lettre.

Match up the dates in figures with the dates in words.

(a)	le cinq juin	01/09
(b)	le quatorze décembre	12/02
(c)	le deux mai	30/03
(d)	le vingt-trois octobre	14/12
(e)	le douze février	05/06
(f)	le trente mars	28/08
(g)	le premier septembre	23/10
(h)	le vingt-huit août	02/05

3.5 B Écoute et complète avec les mois de l'année de l'exercice 3.5A.

Listen and fill in the blanks with the months of the year mentioned in exercise 3.5A above.

Les mois de l'année

janvier
....
....
avril
....
....
juillet
....
....
....
novembre
....

l'hiver

le printemps

l'été

l'automne

Like days of the week, months of the year are written with a minuscule (small letter) and never with a MAJUSCULE (capital letter)

3.5 C Écoute à nouveau et répète les mois pendant les pauses.

Listen again and repeat the months during the pauses.

3.5 D Les mots mêlés : trouve les saisons et les mois. Il manque un mois et une saison !

Find the seasons and months in the wordsearch, then figure out the month and the season that are missing.

T	P	S	H	E	E	U	O	S	Y	W	S	E	A	R
Û	D	N	B	R	O	R	E	C	I	H	B	U	E	M
O	I	T	L	B	T	P	B	A	T	E	O	I	H	A
A	N	F	U	M	T	V	M	M	I	O	V	L	V	Y
X	X	U	Y	E	Z	T	N	Q	E	N	B	R	X	H
N	Y	J	M	C	V	I	Q	D	A	V	I	R	G	L
O	I	B	O	É	I	Z	Q	J	U	L	O	P	E	V
Z	R	U	K	D	A	Q	R	F	T	K	F	N	V	I
E	N	U	J	V	O	M	B	O	O	Y	U	C	W	V
F	É	V	R	I	E	R	Y	N	M	C	B	Y	U	V
S	R	A	M	O	N	X	C	D	N	A	I	Q	I	D
S	P	M	E	T	N	I	R	P	E	B	É	T	É	M
W	I	B	V	C	F	X	Z	S	F	Q	X	W	N	Z
O	H	I	O	X	Z	H	V	X	V	F	R	X	U	Z
R	B	Y	V	O	K	D	S	S	T	U	A	F	B	T

Le mois qui manque est ....

La saison qui manque est ....

- We use cardinal numbers (deux, trois, quatre, etc.) with dates, for example, *le quinze février.*
- For the first of the month we say *le premier.*

3.5 E Quelle est la date aujourd'hui ? Écris les dates.

What date is it today? Write the dates.

(a) 04/11 *Aujourd'hui, c'est le quatre novembre.*

(b) 22/06 ....

(c) 13/10 ....

(d) 30/01 ....

(e) 09/12 ....

(f) 27/06 ....

(g) 18/08 ....

(h) 01/09 ....

(i) 06/04 ....

(j) 23/03 ....

(k) 11/02 ....

(l) 21/07 ....

33

3.5 F C'est quand ton anniversaire ? Écoute et complète les dates d'anniversaire en anglais.

When is your birthday? Listen and fill in their birthdays in English.

	Name	Birthday
1	Nicole	*3rd of March*
2	Élodie	*16th of January*
3	Théo	
4	Clément	
5	Séverine	
6	Gabriel	
7	Océane	
8	Manon	
9	Hugo	
10	Paul	

C'est quand ton anniversaire, Nicole ?

Mon anniversaire, c'est le trois mars.

Quelle est la date de ton anniversaire, Élodie ?

Mon anniversaire, c'est le seize janvier.

3.5 G Quelle est la date de ton anniversaire ? Pose la question à un/une camarade de classe.
When is your birthday? Ask your partner.

Exemples : *Quelle est la date de ton anniversaire ? Mon anniversaire, c'est le vingt-sept mars.*

C'est quand ton anniversaire ? Mon anniversaire, c'est le treize juin.

Complète les mots-clés 35–56 dans ton Journal de bord. Tous les mots se trouvent dans la section 3.4 et 3.5
Fill in the key words 35–56 in your learning diary. All of the words can be found in section 3.4 & 3.5.

3.6 Les fêtes, les festivals et les célébrations !

3.6 A Lis les textes et réponds aux questions en français.
Read the texts and answer the questions in French.

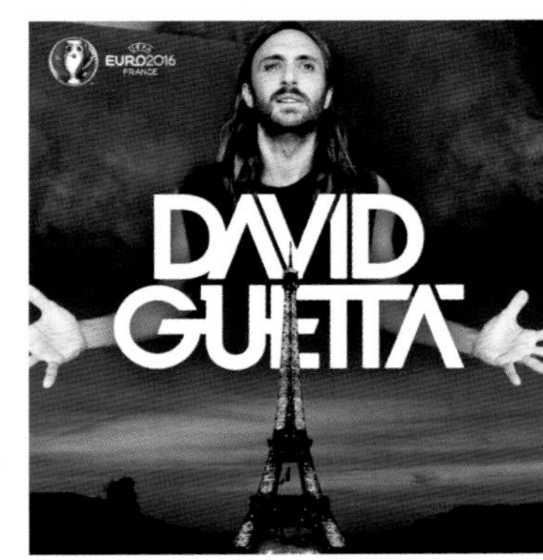

David Guetta
@davidguetta
Follow
les dernières invitations pour mon concert de jeudi sont à retirer jusqu'à demain soir gratuitement dans les @Fnac !
EURO2016 FRANCE
DAVID GUETTA

(a) Quelle est la date de la Fête de la musique? ....

(b) La Fête Nationale, c'est quel jour? ....

(c) Quelle est la date du festival du film? ....

(d) Où se passe le festival du film? Dans quelle ville? ....

(e) Áquelle heure sonorise le fev d'artifice de la fête nationale á Vatan? ....

(f) C'est quel jour, la fête nationale? ....

(g) Qu'est-ce que tu vois sur la photo de David Guetta? Quel monument? ....

(h) Le concert de David Guetta, c'est quel jour? ....

3.6 B Lis les textes.

Read the texts.

La fête nationale

La fête nationale, c'est le quatorze juillet, "Bastille Day" en anglais. C'est un jour férié en France. Le quatorze juillet, c'est la date de la prise de la Bastille (*storming of the Bastille prison*) pendant la Révolution française.

The French Revolution marked the end of the monarchy in France and the beginning of a Republic. The storming of the Bastille on the fourteenth of July 1789 was an act of defiance against the monarchy and the French celebrate their national day on this date every year.

La fête inclut un défilé militaire (*military parade*) sur les Champs-Élysées à Paris, des feux d'artifices (*fireworks*) et des concerts et des bals.

le défilé militaire

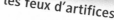

les feux d'artifices

la Révolution

le drapeau de la République française

Le Festival de Cannes

One of the most well-known festivals in France is the annual film festival, Festival de Cannes. It was founded in 1946 and is held in May each year. The festival is an important opportunity for European film producers to showcase their films. It is an invitation-only festival and each year movie stars, producers, directors and film distributors are invited to Cannes to preview their films. The most prestigious award at the festival is the Palme d'Or, awarded to the best film of the festival.

3.6 C Voici des jours fériés en France. Cherche sur internet les dates de ces jours cette année et écris des phrases.

Listed below are some national holidays in France. Look online to find the dates for these days this year and then complete these sentences.

Exemple : La fête nationale, c'est le quatorze juillet

(a) La Chandeleur, ...

(b) La fête de travail, ...

(c) Le mardi gras, ...

(d) Pâques, ...

(e) La Fête de la musique, ...

(f) La fête des rois, ...

3.6 D Cherche sur internet des informations sur un des jours feriés de l'exercice 3.6C.

Find out online about one of the national holidays mentioned in exercise 3.6C. What happens on this day? Are there any typical foods eaten? What do the French do to celebrate? Create a short digital presentation to accompany your project. Write as much as you can in French.

3.6 E Écris une carte de vœux.

Write the correct greeting on each card.

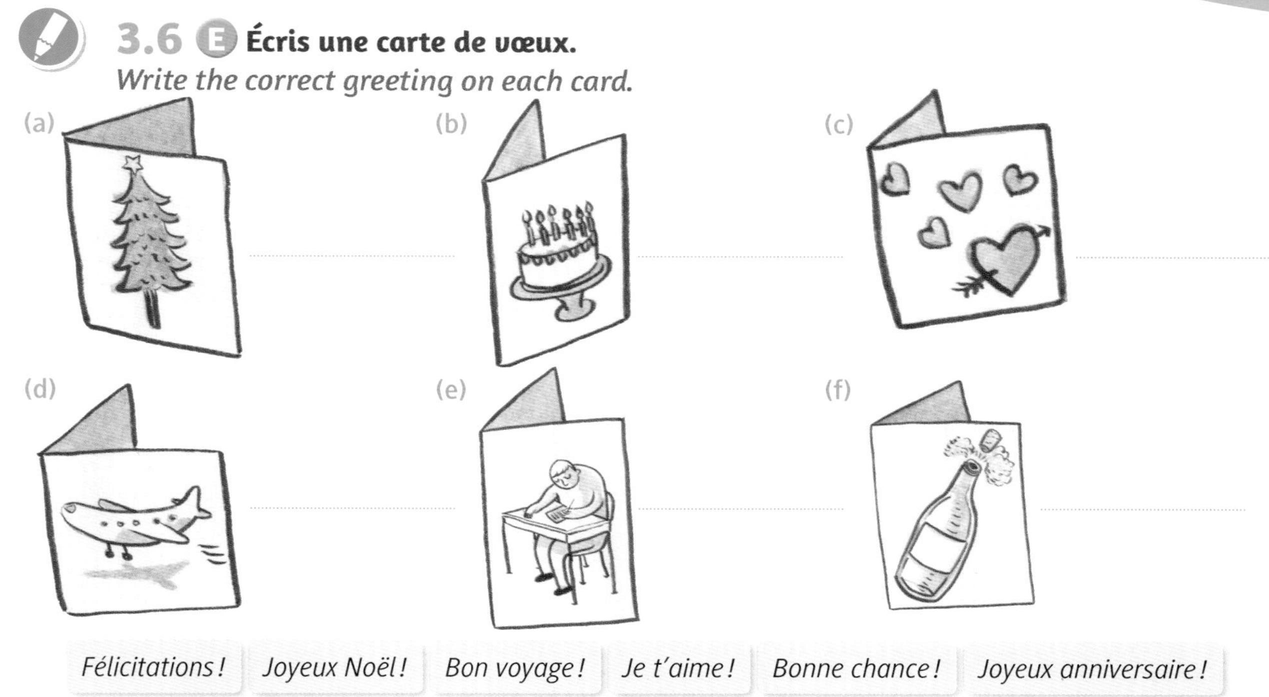

(a) ....

(b) ....

(c) ....

(d) ....

(e) ....

(f) ....

Félicitations !	*Joyeux Noël !*	*Bon voyage !*	*Je t'aime !*	*Bonne chance !*	*Joyeux anniversaire !*

3.7 Qu'est-ce qu'on fait aujourd'hui ?

Qu'est-ce qu'on fait aujourd'hui ?
Ce matin, nous allons au Centre Pompidou. Cet après-midi, nous allons manger au restaurant Polidor. Ce soir, nous prenons le train pour Biarritz.
Qu'est-ce que c'est, le Centre Pompidou ?
C'est un musée d'art moderne.

J'ai faim.
Moi, aussi !

Le voyage scolaire était super ! Je me suis beaucoup amusée.
Moi, aussi.
Moi, aussi.

3.7 A Lis la bande-dessinée et fais les exercices avec un/une camarade de classe.

Read the above cartoon and complete the exercises with a classmate.

(a) Where is the group going in the morning? ....

(b) Where are they going in the afternoon? ....

(c) What is the Centre Pompidou? ....

(d) Where will they eat? ....

(e) How will they travel back to Biarritz? ....

Look again at the comic strip in pairs to see if you can find the following phrases:

(a) *this morning*
(b) *this afternoon*
(c) *this evening*
(d) *me too!*
(e) *I had a very good time*

3.7 B FAIRE

Nicole asked Élodie the questions *Qu'est-ce qu'on fait aujourd'hui?* (What are we doing today?) *Fait* is from the verb *FAIRE* (to do / to make).

FAIRE *(to do / to make)*		
je	fais	*I do / I am doing* *I make / I am making*
tu	fais	*you do / you are doing* *you make / you are making*
il / elle / on	fait	*he/she does / he/she is doing* *he/she makes / he/she is making*
nous	faisons	*we do / we are doing* *we make / we are making*
vous	faites	*you (plural / formal) do / are doing* *you (plural / formal) make / are making*
ils / elles	font	*they do / they are doing* *they make / they are making*

FAIRE au négatif
je ne fais pas
tu ne fais pas
il / elle / on ne fait pas
nous ne faisons pas
vous ne faites pas
ils / elles ne font pas

FAIRE à l'intérrogatif
est-ce que je fais ?
fais-tu ?
fait-il ? / fait-elle ? / fait-on ?
faisons-nous ?
faites-vous ?
font-ils ? / font-elles ?

Exemples: Je *fais* mes devoirs — I'm *doing* my homework
Qu'est-ce que tu *fais* ? — What are you *doing?*

You may have noticed that Nicole used the pronoun *on* in her question *qu'est-ce qu'on fait aujourd'hui?* You have seen the pronoun *on* before, for example, in the title of this unit: *On y va! On* literally means 'one', but it is used informally as a replacement for 'we', for example, *on va au cinéma* (we're going to the cinema), or in Nicole's question *est-ce qu'on fait aujourd'hui?* (what are we doing today?). *On* takes the third person form of the verb (same as he/she).

3.7 C Écoute et répète le verbe FAIRE.

Listen to the verb FAIRE and repeat the pronunciation.

Complète le verbe FAIRE dans ton Journal de bord.
Fill in the verb FAIRE on the irregular verb page in your learning diary.

3.7 D Complète avec le verbe FAIRE.

Fill in the blanks with the correct form of the verb FAIRE.

(a) Tu fais les exercice.
(b) Qu'est-ce qu'il .... ce matin ?
(c) Vous .... vos devoirs ?
(d) Mes parents .... beaucoup de sport.
(e) Je .... un gâteau pour l'anniversaire de Christophe.
(f) Nous .... un voyage scolaire.
(g) Tu .... du ski en hiver.
(h) Qu'est-ce que tu .... le weekend ?

3.7 E Lis et écoute le blog de Nicole. Souligne les exemples des verbes ALLER, AVOIR, ÊTRE, FAIRE, VENIR et VOIR.

Read and listen to Nicole's blog. Underline all the forms of the verbs ALLER, AVOIR, ÊTRE, FAIRE, VENIR et VOIR.

www.monblog.fr/nicolex

MON WEEKEND !

Le vendredi soir, je suis fatiguée après la semaine à l'école. Je vais au cinéma avec mes amis. J'aime voir des films d'horreur et des comédies. Le samedi matin, quand il fait beau, je vais à la plage et je fais du surf. Le samedi après-midi, mes amis Christophe et Élodie viennent chez moi. Nous écoutons de la musique ou nous jouons aux jeux vidéo. J'ai beaucoup de jeux vidéo. Le samedi soir, je vais au stade avec mon père pour regarder un match de rugby. Le dimanche, je ne fais pas grand-chose. Le dimanche matin, je vais au parc. Le dimanche après-midi, mes grands-parents viennent chez moi et le soir, je fais mes devoirs. J'adore le weekend !

Mets les images dans l'ordre.
Put the images in order.

(a) 

(b) 
(c) 

(d) 

(e) 

1
(f) 

3.7 F Qu'est-ce que tu fais le weekend ? Écris un petit paragraphe dans ton Journal de bord. Utilise les verbes de l'exercice 3.7E et les expressions ci-dessous.
What do you do at the weekends? Write a short paragraph in your learning diary using the verbs from exercise 3.7E and the phrases below.

le vendredi soir	*on Friday evening**s***
le samedi matin	*on Saturday morning**s***
le dimanche après-midi	*on Sunday afternoon**s***

! Remember the difference between *samedi* and **le** *samedi*
! *samedi après-midi* Saturday afternoon
! ***le** samedi après-midi* on Saturday afternoon**s**

3.7 G Qu'est-ce que tu fais le weekend ? Écoute Élodie et complète le tableau en français.
What do you do at the weekend? Listen to Élodie and fill in the table in French.

	Quand ?	Activité
1	le vendredi après-midi	elle fait ses devoirs
2		
3		
4		
5		
6		
7		
8		

3.7 H Qu'est-ce que tu fais le weekend ? Pose la question à ton/ta camarade de classe.
Work in pairs. Ask your partner what he/she does at the weekend.

Complète les mots-clés 57–76 dans ton Journal de bord. Tous les mots se trouvent dans la section 3.6 et 3.7.
Fill in the key words 57–76 in your learning diary. All of the words can be found in section 3.6 & 3.7.

3.8 Tu es prêt à pratiquer ? Allons-y !

3.8 A Décode ces jours de la semaine.
Unscramble these days of the week.

(a) adrim mardi
(b) eujdi ....
(c) dicmerre ....
(d) mhdicena ....
(e) madsie ....
(f) ldiun ....

3.8 B Complète les phrases avec le bon jour de la semaine.
Complete the sentences with the correct day of the week.

(a) Le quatrième jour de la semaine est jeudi
(b) Le sixième jour de la semaine est ....
(c) Le troisième jour de la semaine est ....
(d) Le septième jour de la semaine est ....
(e) Le deuxième jour de la semaine est ....
(f) Le cinquième jour de la semaine est ....

3.8 C Mets les phrases dans le bon ordre.
Put the sentences in order.

(a) treize c'est anniversaire le Mon juin Mon anniversaire, c'est le treize juin.
(b) cinéma dimanche au Le vais je ....
(c) avril c'est Aujourd'hui trois le ....
(d) je la Le après-midi vais samedi à piscine ....
(e) le septembre c'est Aujourd'hui vingt ....
(f) quand anniversaire ? C'est ton ....
(g) anniversaire le trente Mon mars c'est ....

3.8 D Complète avec les mots ci-dessous.

Fill in the blanks with the words below.

avez	vient	vas	fais	ai	est	sommes

(a) Je fais mes devoirs
(b) Vous .... un stylo ?
(c) Il .... fatigué.
(d) Tu .... à l'école ?
(e) Elle .... chez-moi.
(f) J' .... douze ans.
(g) Nous .... à Nantes.

3.8 E Parlons ! Prépare tes réponses dans ton Journal de bord.

Prepare your responses in your learning diary.

Pose les questions à un/une camarade de classe.

Ask your classmate about himself/herself. You may use the questions below to guide your conversation.

(a) Comment tu t'appelles ?
(b) Comment ça s'écrit ?
(c) Quel âge as-tu ?
(d) C'est quand ton anniversaire ?
(e) Quel est ton número de téléphone ?
(f) Qu'est-ce que tu fais le samedi ?
(g) Qu'est-ce que tu fais le dimanche ?
(h) Vas-tu au cinéma le weekend ?
(i) Vas-tu au centre sportif ?
(j) Est-ce que tu as beaucoup de devoirs ?

3.8 F Complète avec les verbes entre parenthèses.

Fill in the blanks with the correct form of the verbs in brackets.

(a) Christophe va (aller) au centre commercial
(b) Vous .... (faire) les exercices ?
(c) Ils .... (être) à Nice ce weekend.
(d) Marie .... (venir) chez moi.
(e) Je .... (voir) la cathédrale.
(f) Tu .... (avoir) treize ans ?
(g) Bernard et Brice .... (faire) des gâteaux.
(h) Nous .... (aller) au musée.
(i) Je .... (être) malade.
(j) Zoé et Luc .... (venir) à Paris avec nous.

3.8 G Fais un calendrier avec les dates d'anniversaire de tous tes camarades de classe.

Make a poster style calendar with the birthdays of each student in the class.

Unité 3 Mets tes connaissances à l'épreuve !

Classe tes connaissances de l'Unité 3 et évalue-toi dans ton Journal de bord.
In your learning diary, assess your learning from Unit 3 and see what you have learned.

Que sais-je ?			
	☺	😐	☹
I can ask someone the day or date or for their birthday.			
I can say what day or date it is and give my birthday.			
I can identify some famous French paintings.			
I have some knowledge of feast days and festivals in France.			
I can give a basic account of what I do at the weekend.			
I can use the irregular verbs ALLER, VOIR, VENIR and FAIRE.			
I can use the definite article (le, la, l', les).			

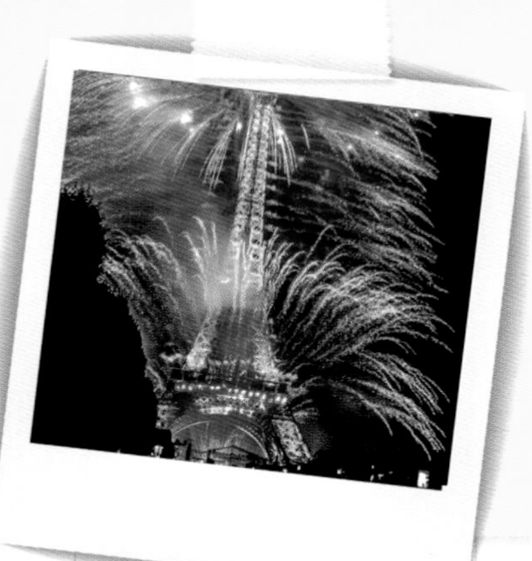

Video

Notes

Où habites-tu?

CAFÉ PARIS

BOULANGERIE

By the end of this Unit you will be able to...

- Ask someone where he or she lives
- Say where you live
- Name the countries of Europe
- Recognise a few well-known French celebrities
- Identify well-known French brands and companies
- Name a number of jobs and professions
- Write your profile
- Fill in a form
- Use masculine, feminine and plural adjectives
- Understand and use regular verbs ending in –ER

David Guetta

Student website

Visit www.edco.ie/caroule1 for interactive activities and quizzes based on this unit.

Gad Elmaleh

Estelle Mossely

Paul Pogba

Alizée

Christiane Taubira

4.1 Élodie fait un échange

Qu'est-ce que vous faites cette semaine ?
Un étudiant étranger vient chez moi.

Il vient d'où ?
Il vient d'Irlande. Nous faisons un échange linguistique.

Chouette ! Tu vas en Irlande ?
Oui. Au mois de juillet, je vais aller à Galway en Irlande. Le prof d'anglais a organisé l'échange.
Formidable !

Citations Célèbres
Premièrement il faut remplir ce formulaire.
Bonjour, monsieur. Comment est-ce que je peux faire un échange linguistique comme Élodie ?

4.1 A Lis la bande dessinée et fais les exercices avec un/une camarade de classe.

Read the above cartoon and complete the exercises with a classmate.

(a) What country is Élodie's exchange student coming from?

(b) Is the exchange student male or female? How can you tell?

(c) When will Élodie travel for her part of the exchange?

(d) Where exactly is she going to stay?

(e) Who organised the exchange for Élodie?

(f) What must Nicole do if she wants to go on an exchange?

Comment dit-on en français ? Trouve les expressions dans la bande dessinée.

Find the expressions in the comic-strip.

this week	*an exchange*
a foreign student	*cool! / awesome! (two ways to say it)*

4.1 B Lis le formulaire de Nicole.

Read Nicole's form.

Fiche d'inscription à l'échange scolaire

NOM : DUBOIS
Prénom : Nicole
Âge : 12 ans
Sexe : M☐ F☑
Classe : sixième

Adresse : 20 Avenue Pasteur, 64000, Biarritz
Numéro de téléphone : 06 53 84 79 12
Tel parents : 06 53 84 79 12
E-mail : nicoledubois@yahoo.fr

Êtes-vous végétarien ? Non
Avez-vous des allergies ? Non
Avez-vous problèmes de santé ? Non

Langues : français, anglais
Passe-temps : le surf, la musique pop, le rugby

Pays de destination préféré:
☐le Royaume-Uni ☑l'Irlande ☐l'Allemagne ☐l'Espagne ☐l'Italie ☐la Grèce ☐la Hongarie

Signature de parent/tuteur : Claude Dubois Date : le 29 novembre

To apply for an exchange, Nicole must fill in a form. Can you figure out the difference between *Nom* and *Prénom*?

Vrai ou faux ?

True or false?

(a) Elle s'appelle Nicole Dubois.
(b) Nicole habite à Rennes.
(c) Nicole est végétarienne.
(d) Nicole a douze ans.
(e) Nicole n'a pas d'allergies.
(f) Nicole aime le tennis et la musique rock.
(g) Nicole préfère aller en Irlande.

27

4.1 C Complète le formulaire dans ton Journal de bord.

Fill in the form in your learning diary.

4.1 D Lis le formulaire de Seán et réponds aux questions en français.

Read Seán's form and answer the questions in French.

Galway-Biarritz Exchange Programme

NOM : O'MAHONY
Prénom : Seán
Classe : sixième

Âge : 13 ans
Sexe : M ☑ F ☐

Adresse : 48 St Dominic's Road, Galway
Numéro de téléphone : 086 983 2074
Tél parents : (091) 513122
E-mail : sean.omy@eircom.net

Êtes-vous végétarien ? Non
Avez-vous des allergies ? Non
Avez-vous problèmes de santé ? Non

Langues : français, anglais, gaeilge
Passe-temps : le foot, jouer de la guitare, le tennis

Signature du parent/tuteur : Mary O'Mahony John O'Mahony Date : 03 septembre

(a) Quel âge a Seán ?
(b) Où est-ce qu'il habite ?
(c) Quelles langues est-ce qu'il parle ?
(d) Quels sont ses loisirs ?
(e) Comment s'appellent ses parents ?
(f) Comment s'appelle son école ?

4.2 Les pays européens

4.2 A Complète la carte avec les pays du formulaire de Nicole.

Fill in the map with the countries mentioned on Nicole's form.

Pays de destination préféré:

☐le Royaume-Uni ☑l'Irlande ☐l'Allemagne ☐l'Espagne ☐l'Italie ☐la Grèce ☐la Hongarie

Signature de parent/tuteur : Claude Dubois Date : le 29 novembre

Les pays européens

Complète la carte avec les pays manquants.

Fill in the map with the missing countries

1. La Norvège
2. La Suède
3. La Finlande
4. ....
5. Le Royaume-Uni
6. Le Danemark
7. L'Estonie
8. Le Portugal
9. ....
10. La France
11. La Belgique
12. Les Pays-Bas
13. Le Luxembourg
14. ....
15. La Pologne
16. La Lituanie
17. La Lettonie
18. ....
19. La Suisse
20. L'Autriche
21. La République Tchèque
22. La Slovaquie
23. La Slovénie
24. ....
25. La Croatie
26. La Roumanie
27. La Bulgarie
28. ....
29. Chypre
30. Malte

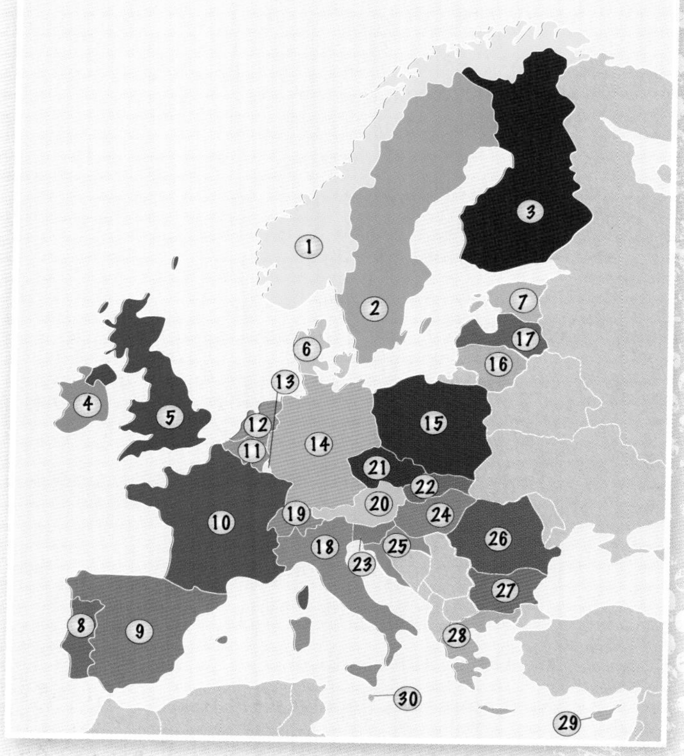

! Most countries are feminine, for example, *la* France and *la* Suisse. However, there are some exceptions, for example, *le* Portugal, *le* Mexique. Some countries are plural, for example, *les* Pays-Bas, *les* États-Unis.

4.2 B Les pays européens : écoute et répète.

European countries: listen and repeat.

4.2 C Mets les lettres du nom de chaque pays européen dans l'ordre et cherche les mots.

Unscramble the European countries and then find them in the wordsearch.

(a) darline i r l a n d e

(b) anercf _ _ _ _ _ _

(c) uroneymaui _ _ _ _ _ _ _ _ _ _ _ _ _ _ _

(d) cèrge _ _ _ _ _

(e) qulegibe _ _ _ _ _ _ _ _

(f) quritue _ _ _ _ _ _ _

(g) denfalin _ _ _ _ _ _ _ _

(h) nelopog _ _ _ _ _ _ _

(i) vorègne _ _ _ _ _ _ _

(j) lemnegala _ _ _ _ _ _ _ _ _

R	C	A	G	D	O	I	M	O	G	I	Z	R	M	I
Z	W	K	I	F	G	R	È	C	E	X	L	T	D	E
A	H	E	N	G	O	L	O	P	C	Z	U	R	G	Q
M	E	Y	I	C	O	A	T	H	C	R	Q	T	U	P
R	G	S	N	V	C	N	T	C	Q	C	E	G	E	E
P	U	Q	U	L	Q	D	Z	U	J	I	W	C	N	Z
S	V	Z	E	B	P	E	I	Z	M	X	N	G	E	C
E	B	V	M	R	F	E	F	A	I	A	A	M	B	U
G	D	M	U	W	G	I	J	N	R	M	V	L	T	J
È	J	O	A	L	U	E	N	F	E	E	S	U	A	N
V	I	F	Y	D	N	B	E	L	G	I	Q	U	E	V
R	P	P	O	H	B	H	L	I	A	X	I	T	V	F
O	E	Z	R	R	D	A	F	R	W	N	E	H	X	T
N	Z	V	U	W	J	P	X	J	N	J	D	D	L	M
K	S	B	T	I	Q	C	K	M	F	M	C	E	B	W

4.2 D Écoute et lis les conversations.

Listen and read the dialogues.

Où habites-tu, Léo ?
J'habites à Biarritz, en France.

Où habites-tu, Aoife ?
J'habite à Dublin, en Irlande.

Où habites-tu, Mario ?

J'habite à Rome, en Italie.

Où habites-tu, Adriana ?

J'habite à Lisbonne, au Portugal.

Où habites-tu, Lena ?
J'habite à Amsterdam, aux Pays-Bas.

en / au / aux ?

★ To say *in* a country or *to* a country, we use *en* or *aux*. Can you figure out from the dialogues which one to use?

★ We use .... before feminine countries, ... before masculine countries and .... before plural countries.

★ Remember: to say *in* or *to* a city, we use *à*.

Exemples:

Je vais *en* France.	Je vais *au* Portugal.	Je vais *aux* États-Unis.
Il est *en* Irlande.	Il est *au* Mexique.	Il est *aux* Pays-Bas.
Je suis *à* Paris.	Il va *à* Nantes.	

4.2 E Complète avec la bonne préposition (en / au / aux / à).

Fill in the correct preposition in the blanks (en / au / aux / à).

(a) Pierre et Sophie vont .... Montpellier.

(b) J'habite .... Irlande.

(c) Ils sont .... Portugal.

(d) Mon cousin habite à New York .... États-Unis.

(e) Nous allons .... Mexique.

(f) Tu habites .... France ?

(g) Je suis .... Pays-Bas.

(h) Vous êtes .... Espagne.

(i) Claude va .... Bordeaux.

(j) Elle est .... Italie.

(k) J'habite à Edimbourg .... Écosse.

4.2 F Où habites-tu ? Écoute et écris les noms de pays en français.

Where do you live? Listen and fill in the countries in French.

Exemple : Où habites-tu, Emma ? J'habite à Edimbourg, en Écosse.

1	2	3	4	5
Écosse				
6	**7**	**8**	**9**	**10**

4.2 G Où habitent-ils ? Travaillez à deux.

Where do they live? Working in pairs, ask each other the question où habite-il? or où habite-elle?

Exemple : Où habite Claire ? Claire habite en France.

(a) 

Claire

(b) 
Klaus

(c) 
Brad

(d) 
Róisín

(e) 
Jane

(f) 
Pedro

(g) 
Ian

(h) 
Maria

Où habitent-ils ? Maintenant, écris des phrases.
Where do they live? Now write sentences using the information in the previous section.

Exemple : Où habite Claire ? Elle habite en France.

Complète les mots-clés 1–28 dans ton Journal de bord.
Tous les mots se trouvent dans les sections 4.1 et 4.2.
Fill in the key words 1–28 in your learning diary.
All of the words can be found in sections 4.1 & 4.2.

4.3 Habiter et les verbes en -ER

4.3 A Les verbes en -ER

You have already learned the present tense of verbs such as AVOIR, ÊTRE, and FAIRE. These are all irregular verbs. We call them irregular because they follow no pattern. In section 4.2 we heard the question *Où habites-tu ?* and the response *j'habite à ...* Both question and response use the verb HABITER meaning HABITER belongs to a group of regular verbs we call –ER verbs (because they end in –ER!). –ER verbs are regular verbs because they all follow a pattern.

Can you figure out the pattern from the chart below? Fill in the verbs AIMER and DONNER.

	HABITER *(to live)*	CHANTER *(to sing)*	AIMER *(to like)*	DONNER *(to give)*
je / j'	habit**e**	chant**e**	aim**e**	
tu	habit**es**	chant**es**	aim**es**	
il / elle / on	habit**e**	chant**e**		
nous	habit**ons**	chant**ons**		
vous	habit**ez**	chant**ez**		
ils / elle	habit**ent**	chant**ent**		

★ Remember to make a verb negative we must sandwich the verb with *ne* **and** *pas.*

Je chante à l'école.	I sing at school.
*Je **ne** chante **pas** à l'école.*	I don't sing at school.
Ils habitent à Paris.	They live in Paris.
*Ils **n'**habitent **pas** à Paris.*	They don't live in Paris.

4.3 B Écoute les verbes et répète la prononciation.
Listen and repeat the verbs.

Aider – *to help*
Aimer – *to like*
Adorer – *to adore*
Arriver – *to arrive*
Chanter – *to sing*
Chercher – *to look for*
Demander – *to ask*
Danser – *to dance*
Détester – *to hate*
Écouter – *to listen to*
Étudier – *to study*
Fermer – *to close*
Habiter – *to live*
Jouer – *to play*
Laver – *to wash*
Parler – *to talk*
Passer – *to spend time*
Regarder – *to look at / to watch*
Rentrer – *to return*
Travailler – *to work*
Terminer – *to finish*
Trouver – *to find*
Visiter – *to visit*
Voler – *to steal / to fly*

4.3 C Les verbes réguliers en -ER

Théo *joue* au tennis.

Zoé *chante*.

Les femmes *travaillent*.

Ils *parlent*.

4.3 D Complète les verbes en –ER dans ton Journal de bord.
Fill in the –ER verb chart in your learning diary.

4.3 E Complète les phrases avec la forme correcte du verbe entre parenthèses.

Fill in the blanks with the correct form of the verbs in brackets.

(a) J' aime (aimer) le foot.

(b) Elles .... (danser) en discothèque.

(c) Mon cousin .... (adorer) le rugby.

(d) Christelle et moi .... (habiter) en Italie.

(e) Philippe ne .... (laver) pas sa voiture.

(f) Je .... (rentrer) chez moi.

(g) Nous .... (arriver) à sept heures du matin.

(h) Tu .... (fermer) la porte.

(i) Vous .... (travailler) à la banque ?

(j) Il .... (chanter) à l'école.

(k) Je .... (jouer) au tennis.

(l) Tu .... (parler) français ?

(m) Elle n' .... (aimer) pas la musique pop.

(n) Je .... (chercher) mon dictionnaire.

(o) Clément et Sylvie .... (écouter) de la musique.

(p) Vous .... (parler) anglais ?

(q) Nous ne .... (visiter) pas au musée.

(r) Océane .... (terminer) ses devoirs.

(s) Elles .... (regarder) la télévision.

(t) Tu .... (détester) la musique rock.

4.3 F Choisis le bon pronom personnel.

Choose the correct personal pronoun.

(a) *Nous / je / ils* regarde la télévision.

(b) *Tu / Vous / Elle* habites en Espagne.

(c) *Elles / Je / Nous* lavons les voitures.

(d) *Tu /Je / Vous* écoutez de la musique.

(e) *Il / Nous / Ils* parle français.

(f) *Vous / Je /Ils* aiment le tennis.

(g) *Je / Tu / Elles* joue au hurling.

(h) *Elle / Je / Tu* adores le foot.

(i) *Nous / Elles / Il* cherchent leurs livres.

(j) *Ils / Vous / Nous* fermez la porte ?

4.3 G Qu'est-ce qu'ils font ? Travaillez à deux.

What are they doing? Work in pairs. Ask each other what the people in each illustration are doing. Revise the verb FAIRE on page 76.

Exemple: *– Qu'est-ce qu'il fait ?*
– Il joue au tennis.

(a)  (b)  (c)  (d) 

(e)  (f)  (g)  (h) 

Maintenant, écris une phrase pour chaque image ci-dessus.
Now write a sentence for each image above.

Complète les mots-clés 29–54 dans ton Journal de bord.
Tous les mots se trouvent dans la section 4.3.
Fill in the key words from pages 29–54 in your learning diary.
All of the words can be found in section 4.3.

4.4 Les adjectifs

Bonjour, Je m'appelle Seán.
Salut !

Tu viens d'Irlande ?
Oui. Je suis irlandais.

Entrée à l'école
Tu parles très bien français.
Merci ! J'étudie le français à l'école en Irlande.

Bonjour les enfants. Où sont les étudiants étrangers ?
Je m'appelle Laura. Je suis irlandaise.
Bonjour, je m'appelle Seán. Je suis irlandais.

Did you notice that Seán described himself as *irlandais*, but Laura described herself as *irlandais*e? Why do you think this is?

4.4 A Les adjectifs

In French, all adjectives (describing words) must agree in gender (masculine / feminine) and number (singular / plural) with the nouns they describe.
Consider the following examples:

Je suis allemand.

Je suis allemande.

Nous sommes allemands.

Nous sommes allemandes.

Je suis français.

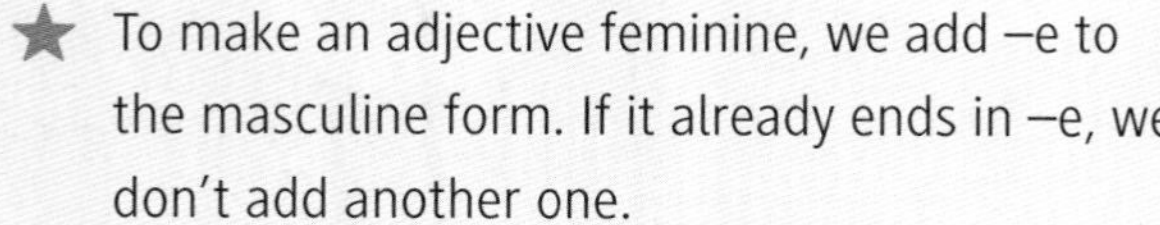

- To make an adjective feminine, we add –e to the masculine form. If it already ends in –e, we don't add another one.
- To make an adjective plural, we add –s to the masculine or feminine forms of the adjective. If it already ends in –s, we don't add another one.

Nous sommes français.

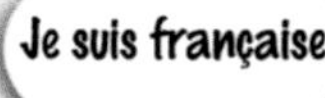
Je suis française.

Nous sommes françaises.

4.4 B Complète le tableau avec la forme correcte des adjectifs.

Complete the table with the correct form of the adjectives.

LES ADJECTIFS				
masculin	**féminin**	**masculin pluriel**	**féminin pluriel**	
français	française	français	françaises	*French*
allemand	allemande	allemands	allemandes	*German*
irlandais				*Irish*
anglais			anglaises	*English*
espagnol				*Spanish*
petit	petite			*small*
grand				*big / tall*
joli		jolis		*pretty*
jeune				*young*
fort				*strong*
content			contentes	*happy*
mince				*slim*
drôle				*funny*
facile	facile			*easy*
difficile				*difficult*
intéressant				*interesting*

Corrige ton tableau avec un/une camarade de classe.

Correct your table with a classmate.

4.4 C Complète les phrases avec la bonne forme de l'adjectif.

Finish these sentences with the correct adjective.

(a) Guillermo et Pablo sont .... (espagnol)

(b) Elle est très .... (joli)

(c) Nicole et Élodie sont .... (français)

(d) Il est .... (jeune)

(e) Sarah est .... (anglais)

(f) Elles sont très .... (petit)

(g) Seán et Cian sont .... (irlandais)

(h) Il est .... (grand)

(i) Julia est .... (allemand)

(j) Chantelle et Caroline sont .... (content)

(k) Paul n'est pas .... (fort)

(l) Les livres sont .... (intéressant)

Did you notice that nationalities in French are written with a *minuscule* (small letter) and never with a *MAJUSCULE* (capital letter)?!
Il est français.
He is French.

Paul Pogba est footballeur. Il est français. Il est grand et fort.

Serena Williams est joueuse de tennis. Elle est américaine. Elle est jolie et forte.

4.5 Les portraits de célébrités français

4.5 A Travaillez à deux. Trouvez les expressions suivantes dans la bande dessinée ci-dessus.

Work in pairs. Find the following phrases in the comic strip above.

- *I prefer football*
- *I love football*
- *My favourite footballer is …*
- *Football doesn't interest me at all!*
- *It's so boring!*

4.5 B Lis les portraits des célébrités et réponds aux questions.

Read the profiles of these celebrities and answer the questions.

Nom : Pogba
Prénom : Paul
Date de naissance : 15 mars 1993
Nationalité : français
Lieu de naissance : Lagny-Sur-Marne, France
Physique : grand, mince, sportif
Loisirs : écouter de la musique, danser
Profession : footballeur

Nom : Lyonnet
Prénom : Alizée
Date de naissance : 21 août 1984
Nationalité : française
Lieu de naissance : Ajaccio, Corse, France
Physique : cheveux bruns, petite, jolie
Loisirs : danser, faire du shopping, la boxe
Profession : chanteuse et danseuse

Nom : Guetta
Prénom : Pierre David
Date de naissance : 7 novembre 1967
Nationalité : français
Lieu de naissance : Paris, France
Physique : cheveux bruns, yeux marron
Loisirs : le sport, la musique
Profession : DJ et producteur de musique

Nom : Mossely
Prénom : Estelle
Date de naissance : 19 août 1992
Nationalité : française
Lieu de naissance : Créteil, France
Physique : musclée, mince, yeux marron
Loisirs : la boxe olympique
Profession : ingénieure informaticienne

Réponds en anglais.

Answer in English.

(a) Who was born in November?
(b) Who likes shopping and boxing?
(c) Who was born in March?
(d) Who is an engineer?
(e) Who was born in Paris?
(f) Who likes listening to music and dancing?
(g) Who is described as small and pretty?

Réponds en français.

Answer in French.

(a) Quels sont les loisirs de Estelle Mossley ?
(b) Qui vient de Corse ?
(c) D'où vient Paul Pogba ?
(d) Qui est producteur de musique ?
(e) Quelle est la date de naissance de Alizée ?
(f) Quels sont les loisirs de David Guetta ?
(g) D'où vient Estelle Mossely ?

4.6 Mon Portrait

All French people carry a *carte d'identité* (national ID card). *La carte d'identité* shows the holders *nom, prénom, sexe, date de naissance, lieu de naissance, et signature*. It is an official government-issued identification and so can be used in situations where we might use a passport, for example, as a travel document or to open a bank account.

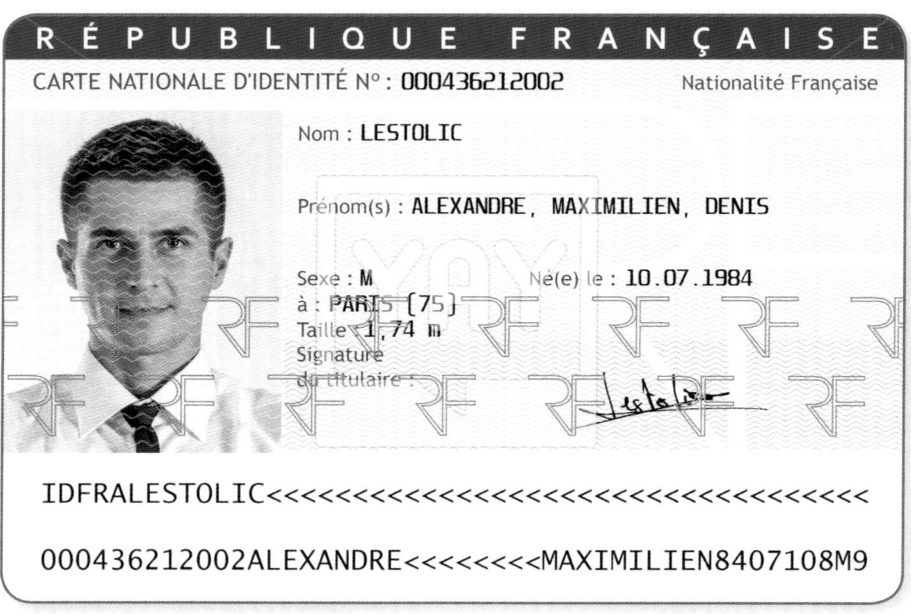

RÉPUBLIQUE FRANÇAISE

CARTE NATIONALE D'IDENTITÉ N° : 000436212002 Nationalité Française

Nom : LESTOLIC

Prénom(s) : ALEXANDRE, MAXIMILIEN, DENIS

Sexe : M Né(e) le : 10.07.1984

à : PARIS (75)

Taille : 1,74 m

Signature du titulaire :

IDFRALESTOLIC<<<<<<<<<<<<<<<<<<<<<<<<<<<<<<<<<<<

000436212002ALEXANDRE<<<<<<<<MAXIMILIEN8407108M9

4.6 A Complète ta carte d'identité dans ton Journal de bord.

Fill in your ID card in your learning diary.

4.6 B Mon portrait. Écoute et lis les portraits d'étudiants et complète le tableau en français.

Listen and read the profiles of the students and fill in the table in French.

Salut ! Je m'appelle Yasmine. J'ai seize ans. Mon anniversaire, c'est le quinze juillet. Je viens d'Algérie, je suis algérienne. J'habite à Marseille dans le sud de la France. J'habite un appartement avec ma famille. Je suis petite et mince. Pendant mon temps libre, j'aime lire. Je joue au foot et je joue du piano. Ma chanteuse préférée, c'est Taylor Swift. Et toi ? D'où viens-tu ? Quel âge as-tu ? Quels sont tes loisirs ?

Salut ! Je m'appelle Claude. J'ai dix-sept ans. Mon anniversaire, c'est le vingt-deux février. Je viens de Belgique; je suis belge. J'habite une grande maison avec ma famille à Bruxelles, la capitale de la Belgique. Je suis grand et sportif. Pendant mon temps libre, je regarde la télévision mais je n'aime pas les jeux vidéo. J'adore le sport. Mon sport préféré, c'est le foot. Je joue au hockey, aussi. Et toi ? C'est quand ton anniversaire ? Où est-ce que tu habites ?

Bonjour ! Je m'appelle Océane. J'ai quatorze ans. Mon anniversaire, c'est le trois avril. Je viens de France, je suis française. J'habite un appartement avec ma mère à Paris. J'aime jouer aux jeux vidéo et écouter de la musique. J'adore la musique pop. Mon chanteur préféré, c'est Justin Bieber et ma chanteuse préférée, c'est Alizée. Je joue de la guitare. Je n'aime pas la musique rock. Et toi ? Est-ce que tu aimes la musique ? Quels sont tes loisirs ?

		Yasmine	Claude	Océane
(a)	Âge			
(b)	Date de naissance			
(c)	Nationalité			
(d)	Ville			
(e)	Loisirs			

4.6 C Comment dit-on en français ? Écris les expressions suivantes en français avec l'aide des textes ci-dessus.

Write the following phrases in French with the help of the texts above.

(a) My birthday is the tenth of November.

(b) In my free time I like to read.

(c) I live in a house with my family in Dublin, the capital of Ireland.

(d) I play the piano.

(e) My favourite sport is …

(f) What are your hobbies?

(g) My hobbies are playing video games and watching TV.

4.6 D Mon portrait : Complète ton portrait dans ton Journal de bord.
Fill in your profile in your learning diary.

4.6 E Complète le portrait d'une célébrité d'un pays francophone dans ton Journal de bord.
Fill in the profile of a famous person from a French-speaking country in your learning diary.

Complète les mots-clés 55–72 dans ton Journal de bord.
Tous les mots se trouvent dans les sections 4.4, 4.5, et 4.6.
Fill in the key words 55–72 in your learning diary. All of the words can be found in sections 4.4, 4.5 & 4.6.

4.7 Les métiers

Nous avons vu les métiers de certains français connus. Paul Pogba est *footballeur*, Estelle Mossely est *boxeuse*, Alizée est *chanteuse*. Did you notice in exercise 4.6 (B), Justin Bieber is described as a *chanteur* but Alizée is described as a *chanteuse*? Why do you think this happens?

Some professions in French have different spellings for the masculine and feminine forms. For example, a male pharmacist is a *pharmacien*, but a female pharmacist is a *pharmacienne* !

4.7 A Les métiers. Relie les métiers avec les images.
Match the professions to the images. Do you notice any similarities between these words in French and in English? Are they similar to any other languages you know?

1	acteur/actrice		11	mécanicien/ne	
2	agriculteur/agricultrice		12	médecin	
3	architecte		13	peintre	
4	chanteur/chanteuse		14	pharmacien/ne	
5	dentiste		15	pilote	
6	électricien/ne		16	plombier	
7	étudiant/e		17	professeur	
8	hôtesse de l'air/steward		18	réceptionniste	
9	journaliste		19	secrétaire	
10	mannequin		20	vétérinaire	

(a) 
(b) 
(c) 
(d) 
(e) 
(f) 
(g) 
(h) 
(i) 
(j) 
(k) 
(l) 
(m) 
(n) 
(o) 
(p) 
(q) 
(r) 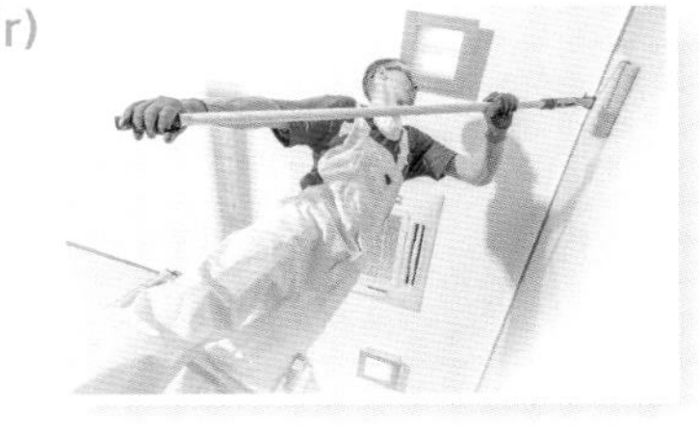
(s) 
(t) 

4.7 B Écoute et répète la prononciation des métiers.

Listen and repeat the pronunciation of the professions.

4.7 C Écoute et réponds aux questions en français.

Listen and answer the questions in French.

1

(a) Comment s'appelle-t-il ?

(b) Quel âge a-t-il ?

(c) Où habite-il ?

(d) Quel est son métier ?

2

(a) Comment s'appelle-t-elle ?

(b) Quel âge a-t-elle ?

(c) Où habite-elle ?

(d) Quel est son métier ?

3

(a) Comment s'appelle-t-il ?

(b) Quel âge a-t-il ?

(c) Où habite-il ?

(d) Quel est son métier ?

4

(a) Comment s'appelle-t-elle ?

(b) Quel âge a-t-elle ?

(c) Où habite-elle ?

(d) Quel est son métier ?

4.7 D Complète les mots croisés.

Fill in the crossword.

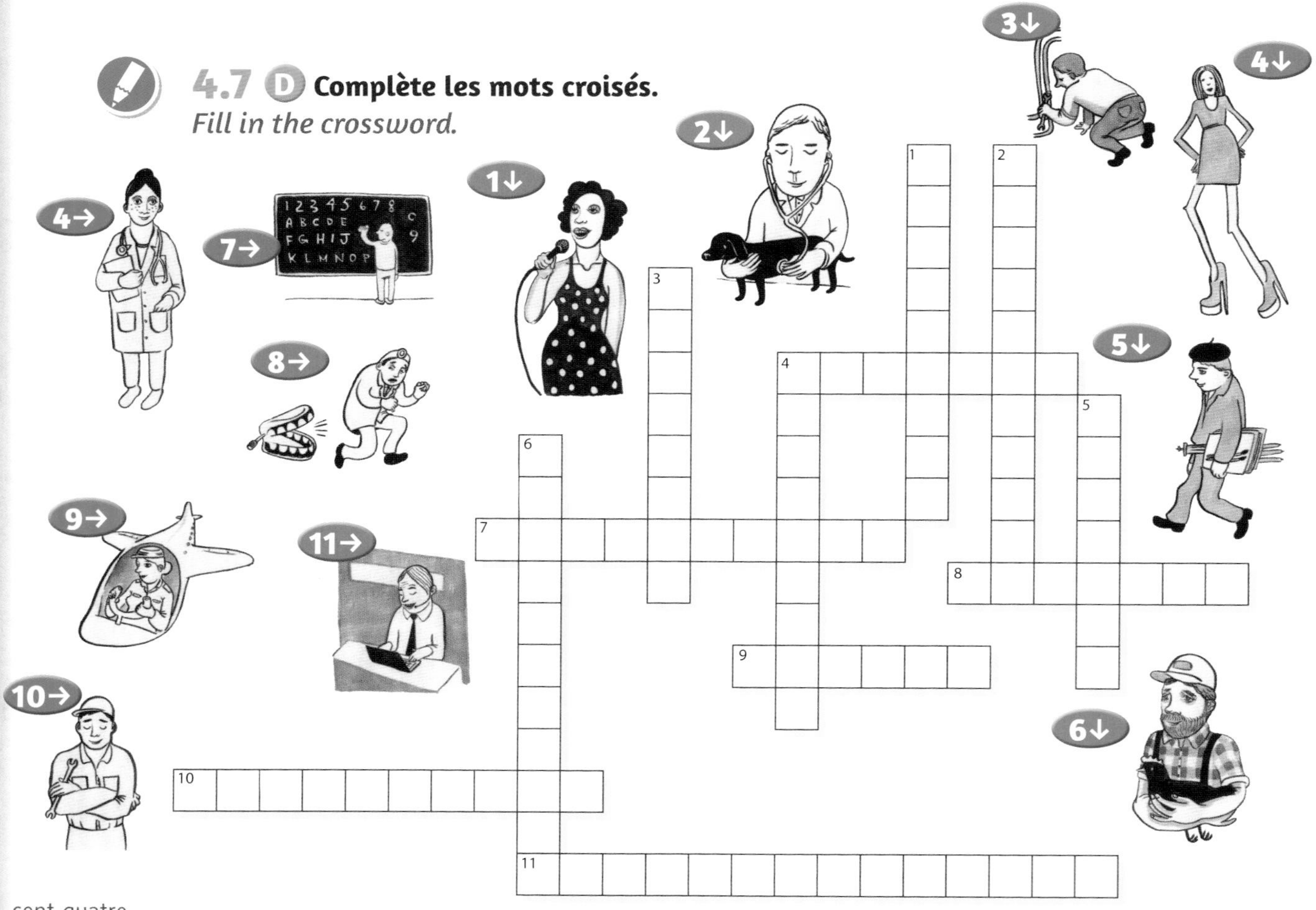

Across: 4→ 7→ 8→ 9→ 10→ 11→

Down: 1↓ 2↓ 3↓ 4↓ 5↓ 6↓

Have you noticed that the indefinite article (un/une) is not used with professions? For example, *Alizée est chanteuse* (Alizée is **a** singer), *mon père est médecin* (my Dad is **a** doctor).

PowerPoint

Complète les mots-clés 73–92 dans ton Journal de bord. Tous les mots se trouvent dans la section 4.7.
Fill in the key words 73–92 in your learning diary. All of the words can be found in section 4.7.

4.8 Les entreprises françaises

4.8 A Réponds aux questions en français.

Answer the questions in French.

(a) Comment s'appelle la sœur de Élodie ?
(b) Quel âge a-t-elle ?
(c) Où est-ce qu'elle habite ?
(d) Quel est son métier ?

Océane est la sœur d'Élodie. Elle travaille pour L'Oréal. L'Oréal est une entreprise française qui fabrique des produits cosmétiques. Il y a beaucoup d'entreprises françaises connues dans le monde entier. Est-ce que tu connais ces marques ?

4.8 B Est-ce que tu connais des marques françaises ? Recherche sur internet des noms de marques françaises et classe-les selon la catégorie de produits.

Look up these companies on the internet and classify them according to the product they make. You may know quite a few of them already!

LA MODE	LES BOISSONS 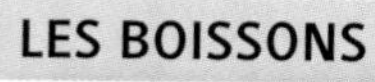	LE MAQUILLAGE	LES SACS	LES VOITURES

- Clarins
- Moët & Chandon
- Peugeot
- Dior
- Louis Vuitton
- L'Oréal
- Chanel
- Pernod Ricard
- Renault
- Longchamp
- Lacoste
- Perrier
- Lancôme
- Hermès
- Citroën

4.8 C Relie les logos avec les entreprises.

Match the logos to the companies.

(a)	1 Citroën
(b)	2 Lacoste
(c)	3 Renault
(d)	4 Peugeot
(e)	5 Louis Vuitton
(f)	6 Chanel

4.8 D Travaillez par groupes de trois ou quatre personnes. Choisissez une entreprise française et préparez un exposé sur l'entreprise.

Work in groups of three or four. Choose one French business and prepare a presentation on the company. Find as much information as you can. Who founded the company and when? Where are they based? What are their biggest selling products? Present your project to the class as slideshow or webpage and include some text in French and some images.

4.8 E Lis les textes et réponds aux questions.

Read the texts and answer the questions.

Coco Chanel est née le 19 août 1883 à Saumur. Elle a eu une enfance difficile : sa mère est morte quand elle avait douze ans et elle est allée dans un orphelinat. Elle a appris à coudre à l'orphelinat. Elle a travaillé comme chanteuse dans les cafés à Vichy, mais en 1910, elle a ouvert sa première boutique à Paris. La mode était sa passion et elle a créé un style unique. Aujourd'hui, les vêtements, les sacs et les parfums Chanel sont connus partout dans le monde. Elle est morte le 10 janvier 1971 à Paris.

Réponds en anglais.

Answer in English.

(a) What is Coco Chanel's date of birth?
(b) Where was she born?
(c) Which member of her family died when Coco was just twelve?
(d) What did she work as before getting into the fashion industry?
(e) In which city did she open her first boutique?
(f) Apart from clothes and bags, name one other product she designed?
(g) When and where did she die?

2. Réponds en français.

Answer in French.

(a) Dans quelle ville se situe le Café des Chats ?
(b) Quelle est l'adresse du café ?
(c) Quel est le numéro de l'arrondissement où se situe le Café des Chats ?

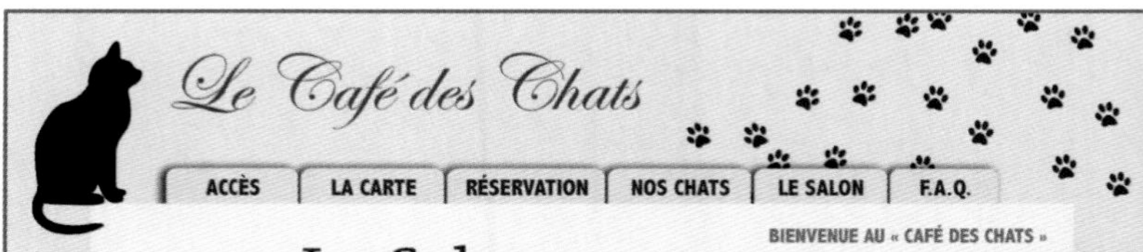

Le Salon

Le Café des chats Bastille, 9 Rue Sedaine, est ouvert tous les jours sauf le Lundi, de 12h à 22h30 (23h les vendredis et samedis.)

(11ème arrondissement, Métro Bastille ou Bréguet-Sabin)

Nous sommes overts tous les jours (sauf les Lundis), de 12h à 22h30 (23h le vendredi et le samedi) pour un déjeuner, un brunch, un goûter, un diner, ou juste un thé, en compagnie de nos chats.

Le Café des Chats BASTILLE, ouvert du Mardi au Dimanche de 12h30, sans réservation, se situe au 9 rue Sedaine, dans le 11ème arrondissement de Paris.

BIENVENUE AU « CAFÉ DES CHATS »

Vous êtes sur le site du café avec des chats, un café avec des chats dedans !

Bastille, situé au 9 rue Sedaine, Paris 11. (Sans réservation)

RÉSERVATIONS

Le Café des Chats ne fonctionne plus sur réservation.

Pour venir c'est simple : vous venez quand vous avez envie, vous entrez, une/un serveuse/r vous accueille et vous profitez des chats et de la cuisine maison !

Les privatisations totales ou partielles sont possible en envoyant un mail au moins une semaine à l'avance à contact@lecafedeschats.fr

(Enterrement de vie de jeunne fille, groupes, anniversaires, conférence de presse, lancement de produit...)

LE CAFÉ DES CHATS
contact@lecafedeschats.fr

4.9 Tu es prêt à pratiquer? Allons-y!

4.9 A Les verbes. Complète les phrases avec la forme correcte des verbes entre parenthèses.

Fill in the gaps with the correct form of the verb in brackets.

Exemple: Elles regardent la télévision. (REGARDER)

(a) Je .... mon cahier. (CHERCHER)

(b) Vous .... au golf? (JOUER)

(c) Tu .... la musique pop? (AIMER)

(d) Simon et moi .... les jeux vidéo. (ADORER)

(e) Il .... en Espagne. (HABITER)

(f) Je .... mon chien. (LAVER)

(g) Manon .... la porte. (FERMER)

(h) Thomas et Gabriel .... anglais. (PARLER)

(i) Nous .... dans une chorale. (CHANTER)

(j) Elles .... à dix heures. (ARRIVER)

4.9 B Les verbes. Complète les phrases avec la forme correcte des verbes entre parenthèses.

Fill in the gaps with the correct form of the verb in brackets.

(a) Ils .... le basket. (AIMER)

(b) Nous .... beaucoup de devoirs. (AVOIR)

(c) Bernard .... espagnol. (PARLER)

(d) Inès at Sophie .... françaises. (ÊTRE)

(e) J' .... à Grenoble. (HABITER)

(f) Elle .... avec nous. (VENIR)

(g) Marie et moi .... au cinéma ce soir. (ALLER)

(h) Tu .... en Italie? (HABITER)

(i) Vous .... les exercices. (FAIRE)

(j) Je .... au hockey. (JOUER)

4.9 C Parlons ! Prépare tes réponses dans ton Journal de bord.

Prepare your responses in your learning diary.

Pose les questions à un/une camarade de classe.

Ask your classmate about himself/herself. You may use the questions below to guide your conversation.

(a) Quel est ton nom ? Comment ça s'écrit ?
(b) Quel est ton prénom ? Comment ça s'écrit ?
(c) Où habites-tu ?
(d) Quels sont tes loisirs ?
(e) Est-ce que tu regardes beaucoup la télé ?
(f) Est-ce que tu aimes le sport ?
(g) As-tu un sport préféré ?
(h) Est-ce que tu aimes la musique pop ?
(i) Qui est ta chanteuse préférée ?
(j) Qu'est-ce que tu fais le weekend ?

4.9 D Lis le formulaire d'inscription à une colonie de vacances et réponds aux questions en français.

Read the form for a summer camp and answer the questions in French.

Colonie de vacances — Les Sables d'Olonne
29 juillet — 11 août

Nom de famille : MOREAU
Prénom : Jean Luc

Âge : 14 ans
Sexe : masculin ☑ féminin ☐
Adresse : 83 Rue Louis XIV, 44000, Nantes, France
Numéro de téléphone : 06 51 22 30 91
E-mail : jluc.moreau13@wanadoo.fr
Nationalité : français

Passe-temps : jouer au basket, regarder la télévision, jouer de la guitare

(a) Comment s'appelle-t-il ?
(b) Quelle est sa nationalité ?
(c) Où est-ce qu'il habite ?
(d) Quel âge a-t-il ?
(e) Quel est son numéro de téléphone ?
(f) Quels sont ses loisirs ?

4.9 E Écoute et complète le tableau en français.

Listen and fill in the table in French.

		Ciarán	Marie	David	Zoë	Inès
(a)	Nationalité					
(b)	Âge					
(c)	Ville					
(d)	Loisirs					
(e)	N° de téléphone					

Travaillez en groupes et corrigez vos tableaux. Posez les questions suivantes aux camarades de votre groupe.

In groups, correct the exercise above by asking each other the following questions.

(a) Quelle est sa nationalité ?

(b) Où est-ce qu'il/elle habite ?

(c) Quel âge a-t-il/elle ?

(d) Qu'est-ce qu'il/elle fait pendant son temps libre ?

(e) Quel est son numéro de téléphone ?

4.9 F Complète les phrases avec la bonne forme des adjectifs entre parenthèses.

Fill in the blanks with the correct form of the adjectives in brackets.

(a) Ces films ne sont pas très .... (intéressant)

(b) Michelle est .... (anglais)

(c) Les exercices sont .... (facile)

(d) Paul est très .... (mince)

(e) Hugo est .... (espagnol)

(f) Zoé et Marie sont .... (petit)

(g) Ils ne sont pas très .... (grand)

(h) David et Manon sont .... (jeune)

(i) Maria est .... (français)

(j) Elles sont .... (content)

4.9 G Corrige les fautes et écris les bonnes phrases dans ton cahier.

Correct the errors and write the correct sentences in your copy.

Exemple : Comment je t'appelles ? *Comment tu t'appelles ?*

(a) Je s'appelle Michael. ....

(b) Vous habitons à Lille. ....

(c) Il ne va au cinéma pas. ....

(d) Je suis quinze ans. ....

(e) Marie est allemande. ....

(f) Tu habites au Irlande ? ....

(g) Ma mère est une dentist. ....

(h) David et Gabriel sont Français. ....

4.9 H Tu es en vacances à Nice et tu rencontres un garçon français. Écris un jeu de rôle dans ton Journal de bord.

You are on holidays in Nice and you meet a French boy. Write a script in your learning diary. Include greetings, names and how to spell them, ages, nationalities, where you live and phone numbers.

Travaillez à deux. Pratiquez vos jeux de rôle.

Work in pairs. Practise the role-play with your partner.

SEJOURS D'ÉTÉ

Juillet 2016

Montagne & Découverte

Au Centre de Vacances << Le Delrieu >>

Aux portes du Parc national du Mercantour

à

Estenc

À la source du Var

06470–ENTRAUNES

Dans les Alpes-Maritimes, à 1800 m d'altitude

Jeux d'orientation, activités manuelles et musicales, théâtre, spectacle...

Pour les enfants de 6 à 12 ans du 11 au 27 juillet. 710 €

Jeux de plein air, randonnée, camping, découverte de l'environnement dans le Mercantour...

Office Central de la Collaboration à l'Ecole
tel. 04.34.65.66.21
www.occe16.com

4.9 I Lis la brochure pour un colonie de vacances et réponds aux questions en anglais.

Read the summer camp brochure and respond to the questions in English.

(a) What age group is the holiday camp for?

(b) How long is the camp running for?

(c) What are the dates of the camp?

(d) How much does it cost to attend this camp?

(e) Name two activites which take place on the camp.

(f) Name two ways in which you can get further information.

(g) Look at a map of France. Can you find the region where the camp takes place?

4.9 J Lis la brochure pour un camp de vacances et réponds aux questions en anglais.

Read the brochure for a summer camp and answer the questions in English.

Date des séjours

Du 10 juillet au 31 juillet
Pour vos enfants de 5 à 13 ans

Tarifs des séjours

1 semaine : 330 €
2 semaines : 575 €
3 semaines : 780 €

Hébergement

Les plus petits logent dans des chambres spacieuses. Dans un esprit « d'aventure et de convivialité », les plus grands logent par groupes sous « marabouts » implantés dans l'enceinte de la propriété dans un espace clos, avec de vrais lits ! La formule n'en est pas moins confortable. Les enfants bénéficient tous de l'ensemble du bâtiment pour les repas, la toilette et les activités...

Encadrement

1 directeur diplômé BAFD
1 assistant sanitaire diplômé
1 animateur BAFA (ou stagiaire) pour 8 enfants de moins de 10 ans
1 animateur BAFA (ou stagiaire) pour 12 enfants de plus de 10 ans
1 équipe de cuisine qui prépare les repas sur place dans le strict respect des règles d'hygiène alimentaire

Les activités proposées

Il y a autant de voyages que de feuilles sur l'arbre du voyageur

Alors, viens avec moi à Boule... Ici tout est prévu...

Balades, piscine, vélo, activités manuelles, grands jeux...

Nous acceptons les bons CAF, MSA, les aides : mairie, département, comité d'entreprise, les chèques vacances, etc. Le centre est agréé « Jeunesse et Sports »

Notre coin de paradis

Notre maison

La piscine privée

Le restaurant

Les sanitaires

Les chambres

Les enfants, la nature, le bonheur !

(a) During what dates is this summer camp running?
(b) What age group is it for?
(c) How much does it cost to attend the camp for two weeks?
(d) Name two facilities at the camp.
(e) What is the maximum number of weeks a child can attend this camp?

4.9 K Complète le formulaire pour une colonie de vacances dans ton Journal de bord.

Fill in the form for a summer camp in your learning diary.

Unité 4 Mets tes connaissances à l'épreuve !

Classe tes connaissances de l'Unité 4 et évalue-toi dans ton Journal de bord.

In your learning diary, assess your learning from Unit 4 and see what you have learned.

Que sais-je ?			
	☺	😐	☹
I can ask someone where he or she lives.			
I can say where I live.			
I can fill in a form.			
I can write a basic profile about myself.			
I can use adjectives correctly.			
I can use regular verbs ending in –ER.			
I can name a number of professions.			

Video

Voici ma famille

By the end of this Unit you will be able to...

- Describe yourself and your family
- Interview a classmate
- Express your opinion
- Count to 100
- Name different pets
- Talk about your pet
- Write a dialogue
- Write an email
- Use adjectives and possessive adjectives to describe people
- Use plural nouns
- Understand and use the structure *il y a*

Student website

Visit www.edco.ie/caroule1 for interactive activities and quizzes based on this unit.

Un chien

Un poisson rouge

La famille

Les yeux marron

Les cheveux gris

5.1 La famille de Nicole

Voici ma famille. Il y a cinq personnes dans ma famille : mes parents, mon frère, ma petite sœur et moi. Mon père s'appelle Claude. Il a quarante-neuf ans. Il a les cheveux bruns et les yeux marron. Quelquefois, il porte des lunettes. Il travaille pour Renault. Ma mère s'appelle Séverine. Elle a quarante-huit ans. Elle est petite et mince. Elle a les cheveux blonds et les yeux bleus. Elle est journaliste. Mon frère s'appelle Jérôme. Il a seize ans. Il a les cheveux blonds et les yeux bleus. Il est grand et très sportif. Ma sœur s'appelle Louise. Elle a dix ans. Elle a les cheveux bruns et les yeux marron. Elle est petite et jolie.

5.1 A Réponds aux questions en français.

Answer the questions in French.

(a) Comment s'appelle le père de Nicole ?

(b) Comment s'appelle la mère de Nicole ?

(c) Quel âge a le frère de Nicole ?

(d) Quel est le métier du père de Nicole ?

(e) Quel est le métier de la mère de Nicole ?

(f) Qui est Louise ?

(g) Quel âge a Louise ?

5.1 B Vrai ou faux ?

True or false ?

(a) Jérôme est journaliste.

(b) Louise a dix ans.

(c) Le frère de Nicole s'appelle Jérôme.

(d) La mère de Nicole travaille pour Renault.

(e) Claude a quarante-neuf ans.

(f) Louise est grande et jolie.

(g) Séverine a quarante-huit ans.

5.1 C Comment dit-on en français ? Travaillez à deux et trouvez les expressions dans le texte au-dessus.

Work in pairs and find the expressions in the text on page 117.

(a) *There are five people in my family.*

(b) *My father*

(c) *My mother*

(d) *My sister*

(e) *My brother*

(f) *He has blond hair and blue eyes.*

(g) *She has brown hair and brown eyes.*

5.1 D La famille Dubois

5.1 E Décode les mots. Trouve les réponses dans les mots cachés.

Unscramble the vocabulary from section 5.1D and find the words in the wordsearch.

Exemple : lefalmi famille

(a) rèfer f _ _ _ _

(b) lelfi f _ _ _ _

(c) rèpe p _ _ _

(d) neragmèrd g _ _ _ _ _ _ _ _ _

(e) nisocu _ _ _ _ _ _

(f) erèm _ _ _ _

(g) uvene _ _ _ _ _

(h) entta _ _ _ _ _

(i) rèngardep _ _ _ _ _ _ _ _ _

(j) cinèe _ _ _ _ _

E	I	N	L	T	Q	U	L	C	F	W	I	V	E	G
U	T	Q	A	S	T	E	M	I	O	D	G	R	R	R
H	E	N	X	Q	S	V	L	F	V	U	È	V	È	T
Z	I	I	A	Q	N	L	J	P	D	P	S	O	M	D
B	S	A	Z	T	E	T	D	M	D	T	E	I	D	T
E	I	N	H	J	Q	I	Z	N	H	C	L	M	N	O
C	E	R	I	L	R	E	A	I	F	F	C	A	A	F
È	N	W	C	Z	G	R	P	K	A	T	Q	V	R	F
I	M	È	R	E	G	G	Q	O	V	H	Q	F	G	R
N	V	O	C	E	E	F	A	M	I	L	L	E	X	È
C	K	E	G	J	A	J	S	D	P	F	R	U	K	R
L	U	Y	L	A	I	G	C	X	V	È	U	L	A	E
H	D	O	O	B	S	G	H	T	P	I	R	V	H	U
K	G	B	K	U	E	V	E	N	B	B	O	G	R	C
D	X	U	W	Y	L	L	F	G	R	Q	D	Y	L	B

5.1 F Complète avec la forme correcte de l'article défini (le/la/l'/les).

Fill in the blanks with the correct form of the definite article (le/la/l'/les).

(a) .... père	(e) .... oncle	(i) .... neveu
(b) .... fille	(f) .... cousin	(j) .... tante
(c) .... parents	(g) .... sœur	(k) .... fils
(d) .... mère	(h) .... grand-père	(l) .... cousins

Complète les mots-clés 1–17 dans ton Journal de bord.
Tous les mots se trouvent dans la section 5.1.
Fill in the key words 1–17 in your learning diary.
All of the words can be found in section 5.1.

5.2 Il y a combien de personnes dans ta famille ?

5.2 A Écoute et lis les textes.

Listen and read the texts.

Salut ! Je m'appelle Inès. J'ai une petite famille. Nous sommes trois : ma mère, mon père et moi. Je n'ai pas de frère ni de sœur. Je suis fille unique. Mes parents s'appellent Jean-Marc et Claire. Mon père a quarante-cinq ans. Ma mère a cinquante ans.

Je me présente. Je m'appelle Sophie et j'ai quinze ans. Il y a cinq personnes dans ma famille : ma mère, mon beau-père, ma sœur, mon petit frère, et moi. Ma mère s'appelle Marie-Luce et mon beau-père s'appelle Brice. Mon petit frère s'appelle Bruno. Il a onze ans. Ma sœur s'appelle Marie. Comme moi, elle a quinze ans. Nous sommes jumelles.

Salut ! Je m'appelle Noah. J'ai quatorze ans. Il y a quatre personnes dans ma famille : ma mère, mes deux frères, et moi. Ma mère s'appelle Manon. Mes frères s'appellent Grégoire et Antoine. Grégoire a dix ans. Il a les cheveux blonds et les yeux verts. Antoine a huit ans. Il est petit et très beau.

Réponds aux questions en anglais.
Answer the questions in English.

(a) What is Inès' mother's name?
(b) How many people are in Sophie's family?
(c) Who is Marie?
(d) How old are Noah's brothers?

Réponds aux questions en français.
Answer the questions in French.

(a) Combien de frères a Inès ?
(b) Il y a combien de personnes dans la famille de Inès ?
(c) Comment s'appelle le beau-père de Sophie ?
(d) Comment s'appelle la mère de Noah ?

Il y a...

★ Look back at question (f). It uses the structure *il y a,* which means *there is* or *there are.*

Il y a *une voiture dans la rue.*	**There is** one car on the road.
Il y a *trois livres dans mon cartable.*	**There are** three books in my school bag.
Il y a *combien de personnes dans ta famille ?*	How many people **are there** in your family?

5.2 B Il y a combien de personnes dans ta famille ? Relie les phrases avec les images.

How many people are in your family? Match the phrases to the pictures.

(a) Nous sommes trois dans ma famille. Je suis fils unique. Mes parents sont divorcés. Mon père s'appelle Enzo et ma belle-mère s'appelle Françoise. Mon père est plombier. Ma belle-mère est dentiste.

(b) Il y a cinq personnes dans ma famille. J'ai un frère et une sœur. Mon frère s'appelle Théo et ma sœur s'appelle Christelle. Mes parents sont médecins.

(c) Nous sommes quatre dans ma famille : ma mère, ma sœur, mon frère et moi. Ma mère est hôtesse de l'air.

(d) Il y a quatre personnes dans ma famille : Ma mère s'appelle Yvette et mon beau-père s'appelle Paul. Mon beau-père est sécretaire et ma mère est professeur. J'ai un frère. Nous sommes jumeaux.

Comment dit-on en anglais... ?

Can you figure out the meaning of the following expressions?

sont divorcés ....

la belle-mère ....

le beau-père ....

les jumeaux / les jumelles ....

fils unique / fille unique ....

nous sommes quatre. ....

5.2 C Écoute et réponds en français.

Listen and answer in French.

Océane

1. Il y a combien de personnes dans sa famille ?
2. Comment s'appelle sa sœur ?
3. Quel est le métier de son père ?

Mathilde

1. Il y a combien de personnes dans sa famille ?
2. Combien de sœurs a-t-elle ?
3. Quel âge a Mathilde ?

David

1. Comment s'appelle son beau-père ?
2. Combien de frères a-t-il ?
3. Quel est le métier de sa mère ?

Philippe

1. Il y a combien de personnes dans sa famille ?
2. Qui est Christelle ?
3. Qui est Manon ?

5.2 D Combien de...? Écris les questions et les réponses.

How many ... ? Write the questions and the answers.

(a) Combien de livres y a-t-il ?
Il y a deux livres.

(b) ....
....

(c) ....
....

(d) ....

(e) ....

(f) ....

(g) ....

(h) ....

(i) ....

5.3 À qui est-ce ?

5.3 A Possession with 'de'

Look back at the questions in section 5.2A.

- ★ Que veulent dire ces phrases ?
  le beau-père de Sophie
  la mère de Noah
- ★ Comment dit-on 'Sophie's mother' en français
- ★ As you can see in the above examples, we use *de,* meaning 'of'. So, to say 'Sophie's mother', we are literally saying 'the mother of Sophie', *la mère de Sophie.*
- ★ Note de + le = du
  de + la = de la
  de + l' = de l'
  de + les = des

Compare:	'Noah's father'	*le père* **de** *Noah*
	'the boy's father'	*le père* **du** *garçon*
	'the girl's father'	*le père* ***de la*** *fille*
	'the child's father'	*le père* ***de l'****enfant*
	'the twins' father'	*le père* **des** *jumeaux*

5.3 B Comment dit-on en français?

How do you say these phrases in French?

(a) Pierre's father ....

(b) The child's book ....

(c) The pupil's copy ....

(d) The girl's stepfather ....

(e) The boy's mother ....

(f) Claude's niece ....

(g) Séverine's cousin ....

5.3 C Les adjectifs possessifs

In section 5.2 (a), we heard Inès say ***Mes** parents s'appellent …* ***Ma*** mère s'appelle … ***Mon** père s'appelle …* so we have already seen that there are three ways of saying *my*. *Mon, ma* and *mes* are possessive adjectives that show who owns something.

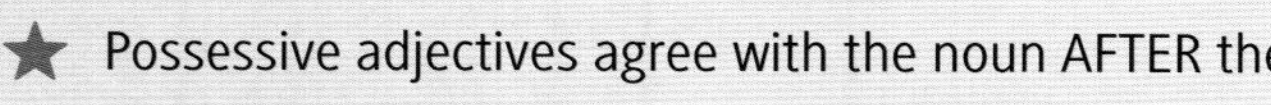

LES ADJECTIFS POSSESSIFS			
	Masculin	*Féminin*	*Pluriel*
my	mon	ma	mes
your (singular)	ton	ta	tes
his / her	son	sa	ses
our	notre	notre	nos
your (plural/polite)	votre	votre	vos
their	leur	leur	leurs

★ Possessive adjectives agree with the noun AFTER them

Exemples :

***Son** beau-père est français.*	Her stepfather is French.
***Notre** grand-mère s'appelle Marie.*	Our grandmother is called Marie.
***Nos** cousins sont grands.*	Our cousins are tall.
Ses sœurs sont belles.	His sisters are beautiful.

Note: Always use *mon*, *ton* or *son* instead of *ma*, *ta* or *sa* before feminine nouns that begin with a vowel or a silent h.

Exemples :

une règle (a ruler) ➔ ***ma** règle* (my ruler)

une gomme (an eraser) ➔ ***ta** gomme* (your eraser)

but

une école (a school) ➔ ***mon** école* (my school)

une amie (a female friend) ➔ ***ton** amie* (your female friend)

5.3 D Choisis la forme correcte de l'adjectif possessif.

Circle the correct possessive adjective.

(a) (your) *Ton / ta / tes* frères s'appelle Conor et Séan.
(b) (your) *Votre / vos* oncles sont intelligents.
(c) (their) *Leur / leurs* grand-mère habite à Lyon.
(d) (my) *Mon / ma / mes* livres sont dans mon cartable.
(e) (our) *Notre / nos* mère a quarante ans.
(f) (his) *Son / sa / ses* parents sont allemands.
(g) (our) *Notre / nos* belle-mère s'appelle Christelle.
(h) (your) *Ton / ta / tes* sœur s'appelle Françoise.

5.3 E Écris la forme correcte de l'adjectif possessif.

Write the correct form of the possessive adjective.

(a) (my) soeur
(b) (your sing.) tante
(c) (his) frère
(d) (our) grand-mère
(e) (their) mère
(f) (my) demi-sœur
(g) (her) frère
(h) (your plural) père

5.3 F La famille de Christophe. Complète avec mon, ma, ou mes.

Fill in the blanks with mon, ma or mes.

Voici .... frère. Il s'appelle Enzo. Il a onze ans. Il est grand et sportif. .... mère s'appelle Thérèse. Elle a quarante-six ans. Elle est très gentille. .... père s'appelle Rémi. Il a cinquante ans. Il est très actif. Ses parents so nt .... grands-parents. .... grand-père est vieux, il a soixante-dix-huit ans. .... grand-mère a soixante-seize ans. Elle est vieille. Ils ont deux enfants – .... père et .... tante. .... tante s'appelle Françoise. Elle est sympa. .... tante et .... oncle ont deux enfants – un fils et une fille. .... cousins s'appellent Pierre et Lucie. .... cousin a douze ans. .... cousine a quinze ans.

Complète les mots-clés 18–26 dans ton Journal de bord. Tous les mots se trouvent dans les sections 5.2 et 5.3.

Fill in the key words 18–26 in your learning diary. All of the words can be found in sections 5.2 & 5.3.

5.4 Quel âge ont-ils ?

Look back to Nicole's description of her family on page 117. Nicole says, « Mon père s'appelle Claude. Il a ***quarante-neuf*** *ans* » If quarante means forty, then what is *quarante-neuf* ?

Nicole says, « Ma mère s'appelle Sèverine. Elle a ***quarante-huit*** *ans* » Que veut dire *quarante-huit* ? On va étudier les nombres.

5.4 A Écoute et répète les nombres.

Listen and repeat the numbers.

Vocabulaire : Les nombres de 30 à 70

30	**trente**	40	**quarante**	50	**cinquante**	60	**soixante**
31	trente et un	41	quarante et un	51	cinquante et un	61	soixante et un
32	trente-deux	42	quarante-deux	52	cinquante-deux	62	soixante-deux
33	trente-trois	44	quarante-trois	53	cinquante-trois	63	soixante-trois
34	trente-quatre	45	quarante-quatre	54	cinquante-quatre	64	soixante-quatre
35	trente-cinq	45	quarante-cinq	55	cinquante-cinq	65	soixante-cinq
36	trente-six	46	quarante-six	56	cinquante-six	66	soixante-six
37	trente-sept	47	quarante-sept	57	cinquante-sept	67	soixante-sept
38	trente-huit	48	quarante-huit	58	cinquante-huit	68	soixante-huit
39	trente-neuf	49	quarante-neuf	59	cinquante-neuf	69	soixante-neuf
						70	**soixante-dix**

! Did you notice anything unusual about the number seventy? Seventy is « *soixante-dix* » – sixty-ten!

! When writing numbers in French, the comma (*une virgule*) is used instead of the decimal point, currency symbols are placed after numbers, and the full stop (*un point*) is used instead of a comma with large numbers.
Examples :
If a car costs €18,500, it will be written as 18.500 € in French.
Similarly, if a book costs €5.99 it will be written 5,99 € in French.

5.4 B Écris les nombres.

Write out the numbers.

(a) 39 trente-neuf
(b) 43 ....
(c) 58 ....
(d) 66 ....
(e) 47 ....
(f) 70 ....
(g) 31 ....
(h) 59 ....
(i) 65 ....
(j) 49 ....
(k) 54 ....
(l) 68 ....

5.4 C Écoute et écris les nombres.

Listen and write down the numbers.

42

38

5.4 D Écris les réponses en mots.

Write out the answers in French.

(a) quarante-et-un + vingt-trois = soixante-quatre
(b) soixante-dix – vingt = ...
(c) cinquante-neuf + deux = ...
(d) quinze + vingt = ...
(e) soixante-dix – quatorze = ...
(f) vingt-deux + trente-huit = ...
(g) soixante-trois – seize = ...
(h) cinquante-neuf – trente = ...
(i) vingt-et-un + quarante = ...
(j) cinquante-cinq – dix = ...

Écris six additions dans ton cahier pour un/une camarade de classe.

Write six sums in your copy for your partner to calculate.

5.4 E Lis le texte et réponds aux questions en français avec les nombres écrits en lettres.

Read the text and answer the questions in French in words.

(a) Combien coûte l'appareil photo Canon ixus 95 IS? *L'appareil photo coûte soixante-quatre euros, quatre-vingt-dix.*

(b) Combien coûte la souris Microsoft wireless? ....

(c) Combien coûte le coffret Harry Potter? ....

(d) Quel produit coûte 7,90 €? ....

(e) Combien coûte le CD Luke? ....

(f) Quel produit coûte 149 €? ....

(g) Quel produit a une réduction de cinquante pour cent? ....

(h) Combien coûte le coffret de comédies musicales? ....

5.4 F Écoute et répète les nombres de soixante-dix à cent.

Listen and repeat the numbers from seventy to one hundred.

Les nombres de 70 à 100

70 **soixante-dix**
71 soixante-et-onze
72 soixante-douze
73 soixante-treize
74 soixante-quatorze
75 soixante-quinze
76 soixante-seize
77 soixante-dix-sept
78 soixante-dix-huit
79 soixante-dix-neuf
80 **quatre-vingts**

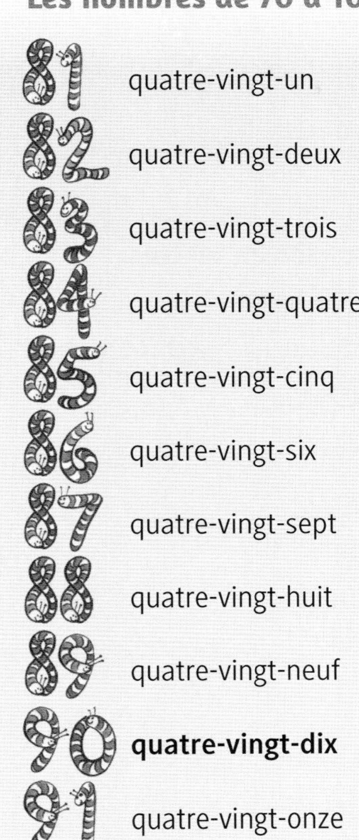

81 quatre-vingt-un
82 quatre-vingt-deux
83 quatre-vingt-trois
84 quatre-vingt-quatre
85 quatre-vingt-cinq
86 quatre-vingt-six
87 quatre-vingt-sept
88 quatre-vingt-huit
89 quatre-vingt-neuf
90 **quatre-vingt-dix**
91 quatre-vingt-onze

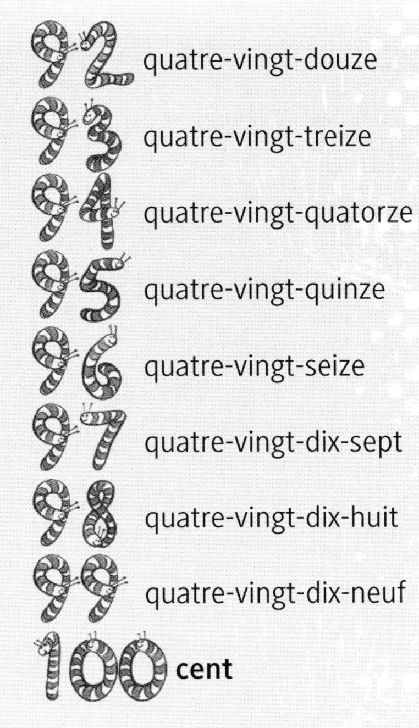

92 quatre-vingt-douze
93 quatre-vingt-treize
94 quatre-vingt-quatorze
95 quatre-vingt-quinze
96 quatre-vingt-seize
97 quatre-vingt-dix-sept
98 quatre-vingt-dix-huit
99 quatre-vingt-dix-neuf
100 **cent**

! Did you notice anything unusual about the number eighty? Eighty is *quatre-vingts* – four twenties

5.4 G Écris les nombres.

Spell out the numbers.

(a) 79 soixante-dix-neuf
(b) 83 ....
(c) 92 ....
(d) 96 ....
(e) 87 ....
(f) 100 ....
(g) 71 ....
(h) 80 ....
(i) 75 ....
(j) 99 ....
(k) 84 ....
(l) 78 ....

5.4 H Écoute et écris les nombres.

Listen and write down the numbers.

72

88

5.4 I Écris les réponses en lettres.

Spell out the answers in French.

(a) quarante-et-un + trente-trois = soixante-treize
(b) quatre-vingt-treize – vingt = ...
(c) soixante-dix-neuf + deux = ...
(d) quinze + quatre-vingts = ...
(e) soixante-dix + quatorze = ...
(f) vingt-sept + quarante-huit = ...
(g) quatre-vingt-quinze – six = ...
(h) cent – treize = ...
(i) soixante-et-un + vingt = ...
(j) cinquante-cinq + trente-deux = ...

5.4 J Écris six additions dans ton cahier pour un/une camarade de classe. Faites l'exercice oralement.

Write six sums in your copy for your partner. Call them out for your partner to calculate and write the answer.

5.4 K Jeux : Faire l'appel avec les nombres.

Practise the numbers with your roll call. When the teacher (or a student) calls the roll, the first student should answer with trente, the second with trente-et-un, the next with trente-deux and so on. Trop facile ? Try starting at a different number, counting backwards from 100 or counting up in twos.

Complète les mots-clés 27–40 dans ton Journal de bord. Tous les mots se trouvent dans la section 5.4.
Fill in the key words 27–40 in your learning diary. All of the words can be found in section 5.4.

5.5 Les animaux domestiques

5.5 A Lis le blog de Nicole.
Nicole's blog.

www.monblog.fr/nicolex

MON CHIEN

Voici mon chien. Il s'appelle Fido. Il a trois ans. Il est petit, mais fort. Il a le pelage noir et les yeux marron. Il aime manger des os. Il adore aller à la plage et jouer avec sa balle.

5.5 B Complète avec les mots suivants.

Fill in the blanks with one of the following words.

un chien	un serpent	un hamster	un chat	une tortue

Les animaux domestiques

....

un lapin

....

un poisson rouge

....

une souris

J'ai ...

un cheval

un canard

....

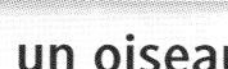

un oiseau

....

un cochon d'Inde

Écoute et répète. Vérifie tes réponses.

Listen and repeat. Check your answers.

5.5 C As-tu un animal domestique ? Écoute et écris la réponse en anglais.

Do you have a pet? Listen and write the answer in English.

Exemple : As-tu un animal domestique, Noah ? Oui, j'ai un chat et deux chiens.

Name	Noah	Marie	Pierre	Manon	Antoine	Inès	Thomas	Océane
Pets	1 cat, 2 dogs							

5.5 D Paul a un animal domestique. Mets les lettres dans le bon ordre pour découvrir lequel.

Paul has a pet. Figure out what animal it is by unscrambling each of the clue words below. Unscramble the letters in the highlighted boxes to reveal Paul's pet.

1	HENCI	_ _ _ [_] _	5	TUOTER	_ [_] _ _ _ _
2	SMREAHT	_ [_] _ _ _ _ _	6	NAPLI	_ _ _ [_] _
3	RNPESTE	_ _ _ _ _ _ _	7	HECVAL	_ _ _ _ _ _
4	TACH	_ _ _ _	8	RIOSUS	[_] _ [_] _ _ _

Paul a un ....

5.5 E Les animaux : apprendre le vocabulaire.

Practise the new vocabulary online. Make a set of online flashcards using the vocabulary from section 5.5B.

5.5 F Est-ce que tu as un animal domestique ? Écoute la conversation et ensuite, pose la question à un camarade de classe.

Listen to the conversation below, then ask your partner about his/her pet.

5.5 G Travaillez à deux. Écrivez une conversation au sujet de vos animaux domestiques.

Work with a partner. Write a dialogue about your pets, similar to the one on the previous page.

5.5 H Le pluriel des noms

Look back at the dialogue in 5.5F. Nicole asks Élodie «Tu as ***un animal*** *domestique ?* » but Élodie replies « je n'aime pas ***les animaux*** » Did you notice that the plural of *animal* is *animaux* ?

★ Most nouns are made plural by adding *–s*

un chien	des chien**s**
un lapin	des lapin**s**

★ Nouns ending in –al are made plural by changing *–al* to *–aux*

un animal	des anim**aux**
un cheval	des chev**aux**

★ Nouns ending in –au are made plural by adding *–x*

un oiseau	des oiseau**x**
un tableau	des tableau**x**

★ Nouns ending in –s /–x /–z stay the same in the plural

une souris	des souris
le fils	les fils

5.5 I Écris les articles et les noms au pluriel.

Write the plural of these articles and nouns.

(a) l'oncle .... les oncles
(b) un cahier .... des cahiers
(c) le cheval ....
(d) une souris ....
(e) la fille ....
(f) le tableau ....
(g) un poisson ....
(h) un canard ....
(i) un oiseau ....
(j) le cousin ....
(k) la tante ....
(l) un animal ....
(m) une tortue ....
(n) l'homme ....
(o) le serpent ....

5.5 Est-ce que tu aimes les animaux ? Parlez en groupe de trois ou quatre personnes. Utilisez les phrases ci-dessous pour exprimer vos opinions. Écoutez les opinions des autres.

Do you like animals? Discuss the animals in the images using the phrases below to express your opinions. Listen to the opinions of the others in your group and ask each other about them.

Exemple : *Sarah, aimes-tu les araignées ? Non, je déteste les araignées.*
Paul, est-ce que Sarah aime les araignées ? Non, elle déteste les araignées.

J'adore...

J'aime beaucoup...

J'aime bien...

J'aime...

Je n'aime pas beaucoup...

Je n'aime pas...

Je déteste...

un cochon

un dauphin

une araignée

5.5 K Bizarre, mais vrai !

Napoléon Bonaparte's first wife, Josephine, loved *les animaux exotiques*. A French explorer, Nicolas Baudin, used to send the Empress back exotic animals from his travels, including *des kangourous* et *des émeus*. She even had *un orang-outan* who sat at the table with her at mealtimes! *Son chien*, Fortune, was used to carry secret messages while she was in prison.

En France, il y a plus de 11 million de chats, 27% de la population ont un chat ou plus. On aime bien les chiens en France aussi. Il y a 7 millions de chiens en France, 21% de la population ont un chien ou plus.

À Paris, il y a un cimetière pour chiens et autres animaux domestiques, where Parisians have buried their pets since 1899.

Frogs' legs are a long-known delicacy in France. 3000 to 4000 tons of *cuisses de grenouilles* are eaten in France annually. That's about 80 million frogs.

Complète les mots-clés 41–64 dans ton Journal de bord. Tous les mots se trouvent dans la section 5.5.
Fill in the key words 41–64 in your learning diary. All of the words can be found in section 5.5.

5.6 Les descriptions

Voici mes grands-parents. Ils s'appellent Claire et Jean-Marc. Ce sont les parents de ma mère. Ils habitent à Bayonne, près de Biarritz. Mon grand-père a soixante-quinze ans. Il a les cheveux gris et les yeux marron. Il est grand, mince, actif et très drôle. Ma grand-mère a soixante-quatorze ans. Elle a les cheveux blanc et les yeux marron. Elle est petite, active et très sympa. Ils ont une chienne qui s'appelle Lulu.

5.6 A Les adjectifs

Have a look at the adjectives Nicole uses to describe her grandfather. Nicole describes her grandfather as *actif*, yet she describes her grandmother as *active*. In section 4.4 (page 92), we learned that to make an adjective feminine we add –e (unless it already ends in –e), but some adjectives, like *actif*, follow a slightly different pattern.

Complète les tableaux avec les adjectifs.

Study the charts and fill in the missing adjectives.

★ Adjectives ending in *–if* become *–ive* in the feminine.

*Christelle est **sportive**.*

*Paul est **sportif**.*

masculin	féminin	masculin pluriel	féminin pluriel	
actif	active	actifs	actives	*active*
sportif	sportive	sportifs	sportives	*sporty*
négatif				*negative*

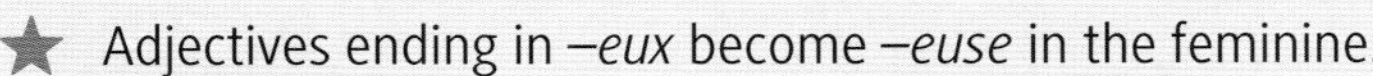

★ Adjectives ending in *–eux* become *–euse* in the feminine.

*Claude est **furieux**.*

*Inès est **furieuse.***

masculin	féminin	masculin pluriel	féminin pluriel	
généreux	généreuse	généreux*	généreuses	*generous*
furieux	furieuse	furieux	furieuses	*furious*
paresseux				*lazy*

★ If an adjective already ends in –s or –x, we don't add –s to the plural.

★ Adjectives ending in –*er* become –*ère* in the feminine.

Il est ***fier****.*

Elle est ***fière****.*

masculin	féminin	masculin pluriel	féminin pluriel	
fier	fière	fiers	fières	*proud*
cher				*dear / expensive*
premier	première	premiers	premières	*first*
dernier				*last*

★ Some adjectives follow no specific pattern.

Le chat est ***blanc****.*

La voiture est ***blanche****.*

masculin	féminin	masculin pluriel	féminin pluriel	
beau*	belle	beaux	belles	*handsome/beautiful*
blanc	blanche	blancs	blanches	*white*
bon	bonne	bons	bonnes	*good*
doux	douce	doux	douces	*soft/gentle*
fou	folle	fous	folles	*mad/crazy*
gentil	gentille	gentils	gentilles	*nice/kind*
gros	grosse	gros	grosses	*big*
long	longue	longs	longues	*long*
moyen	moyenne	moyens	moyennes	*average/medium*
nouveau*	nouvelle	nouveaux	nouvelles	*new*
public	publique	publics	publiques	*public*
sec	sèche	secs	sèches	*dry*
vieux*	vieille	vieux	vieilles	*old*

Beau, nouveau and *vieux* become *bel, nouvel and vieil* when used before masculine singular nouns beginning with a vowel or silent 'h'.
Exemples :

*Il est **vieux**. C'est un **vieil** homme.*

*L'hôtel est **beau**. C'est un **bel** hôtel.*

*Elle est **vieille**. C'est une **vieille** dame.*

5.6 B Descriptions : Choisis la forme correcte de l'adjectif.

Circle the correct adjective.

(a) Mon frère est *sportif / sportive / sportifs / sportives.*
(b) Mes cousines sont *beau / belle / beaux / belles.*
(c) Ma grand-mère est *vieux/ vieille / vieilles.*
(d) Mes parents sont *généreux / généreuse / généreuses*.
(e) Mon oncle est *fier / fière / fiers / fières.*
(f) Mes nièces sont *actif / active / actifs / actives.*
(g) Ma fille est *grand / grande / grands / grandes.*
(h) Mes frères sont *gentil / gentille / gentils / gentilles.*
(i) Paul est *fort / forte / forts / fortes.*
(j) Nadine et Claire sont *mince / minces.*
(k) Inès est *paresseux / paresseuse / paresseuses.*
(l) Luc et Mathieu sont *petit / petite / petits / petites.*

5.6 C Complète chaque phrase avec la forme correcte de l'adjectif entre parenthèses.

Complete each sentence with the correct form of the adjective in brackets.

(a) Ce livre est très .... (intéressant)
(b) Ma sœur est .... (généreux)
(c) Mes grands-parents sont .... (gentil)

(d) Les souris sont .... (petit)

(e) Ton cousin est .... (beau)

(f) Ma mère est .... (sportif)

(g) Gérard et Thomas sont .... (paresseux)

(h) Ses filles sont .... (beau)

(i) Marie et Zoé sont .... (vieux)

(j) Votre fils est .... (actif)

5.6 D Les descriptions physiques

J'ai…

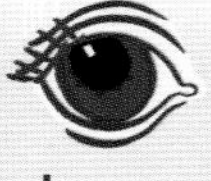

les yeux bleus | **les yeux verts** | **les yeux marron** | **les yeux noisette**

les cheveux noirs

les cheveux blonds

les cheveux bruns

les cheveux roux

les cheveux gris

les cheveux longs

cheveux courts

les cheveux frisés

❗ *Yeux* and *cheveux* are both masculine plural words so all the colours and adjectives used to describe eyes and hair must also be masculine plural. However, the spelling of *marron* and *noisette* never changes.

5.6 E Je me décris. Écoute et complète le tableau en anglais.

Listen and fill in the chart in English.

Je m'appelle Mathilde. J'ai vingt-neuf ans. J'ai les cheveux bruns, longs et frisés. J'ai les yeux bleus. Je suis grande et mince. Je suis professeur.

Name	Age	Hair	Eyes	Description	Job
Mathilde	29	Long, brown, curly	Blue	Tall, thin	Teacher
Philippe					
Léa					
Jules					

5.6 F Relie les questions avec les réponses.

Match the questions to their corresponding answers.

(a) Comment tu t'appelles ?
(b) Quel âge as-tu ?
(c) Où est-ce que tu habites ?
(d) Quelle est la date de ton anniversaire ?
(e) De quelle couleur sont tes yeux ?
(f) De quelle couleur sont tes cheveux ?
(g) Décris ton caractère.
(h) Il y a combien de personnes dans ta famille ?
(i) Décris ta famille.
(j) As-tu un animal domestique ?

1. J'habite à Waterford
2. J'ai les yeux verts
3. Il y a quatre personnes dans ma famille
4. Je suis sympa, timide et généreuse.
5. Oui. J'ai deux chats. Ils s'appellent Bob et Ollie.
6. J'ai treize ans.
7. Nous sommes quatre. Ma mère s'appelle Jenny. Elle est sympa. J'ai deux sœurs, elles s'appellent Kate et Lucy. Kate a quinze ans et Lucy a neuf ans. Kate est grande et belle. Lucy est sportive et drôle.
8. J'ai les cheveux roux.
9. Mon anniversaire, c'est le dix-sept juin.
10. Je m'appelle Ciara.

5.6 G Interroge un/une camarade de classe.

Interview a classmate. Using the questions in 5.6F, record your interviews. In groups of four, listen to your interviews to correct each other's work. Identify two common mistakes and two questions everybody found easy to answer. Take a note of these points in your learning diary.

5.6 H Écris une description de ces familles célèbres.
Write a description of these famous families. How many people are in the family? What are their names? What do they look like?

(a)

Kim Kardashian et sa famille

(b)

David Beckham et sa famille

(c)

Wayne Rooney et sa famille

(d)

Will Smith et sa famille

5.6 I Écris une description de ta famille dans ton Journal de bord.
Write a brief description of your family in your learning diary.

Complète les mots-clés 65–99 dans ton Journal de bord. Tous les mots se trouvent dans la section 5.6.
Fill in the key words 65–99 in your learning diary. All of the words can be found in section 5.6.

5.7 Écrire des e-mails

5.7 A Nicole reçoit un e-mail d'une étudiante irlandaise. Écoute et complète.
Nicole receives an email from an Irish student. Listen and fill in the blanks.

De: ktkenny123@eir.ie
À: nicoledubois@yahoo.fr

Chère Nicole

Mon professeur de français m'a donné ton adresse e-mail. Je voudrais organiser un échange linguistique avec toi.

Je me présente. Je m'appelle Katie. J'ai (1) .... ans. Mon anniversaire, c'est le six janvier. J'ai les yeux (2) .... et les cheveux (3) .... Je suis (4) .... et bavarde et je suis (5) .... J'habite à Dublin en Irlande avec ma famille. Il y a cinq personnes dans ma famille : mon (6) ...., ma belle-mère, mes deux (7) ...., et moi. Je n'ai pas de sœur. Mon père s'appelle (8) .... Il est (9) .... et intelligent. Il a (10) .... ans. Il a les cheveux (11) .... et les yeux (12) .... Ma belle-mère s'appelle Triona. Elle est belle et très (13) .... Mes deux (14) .... s'appellent Ciarán et James. Ciarán est (15) .... et (16) .... avec les cheveux (17) .... et les yeux (18) .... Il a (19) .... ans. James est (20) .... et un peu (21) .... Il a (22) .... ans. Il a les cheveux (23) .... et les yeux (24) .... Nous avons un chat aussi. Il s'appelle Buzz. Dans mon temps libre, j'aime (25) .... au camogie. C'est un sport (26) .... J'adore bavarder avec mes amis sur le Web. Je n'aime pas (27) .... la télévision, mais j'aime beaucoup (28) .... au cinéma. Et toi ? Que'est-ce que tu aimes faire de ton temps libre ? C'est quand ton anniversaire ?

Réponds-moi vite.
Amitiés,
Katie

5.7 B Écris un e-mail à Katie.

Write an email replying to Katie's email from section 5.7A. Introduce yourself, tell her your age and describe yourself. Tell her about your family: include their names, ages and a description of your family members. Use the same layout as Katie's email.

5.7 C Complète avec les mots ci-dessous.

Fill in the blanks with the words below.

joue	*ma*	*âge*	*verts*	*généreux*	*yeux*
grande	*très*	*cheveux*	*neuf*	*jumeaux*	*mars*

De: rcmelliere@orange.fr

À: harrysmith14@yahoo.co.uk

Salut Harry.

Je m'appelle Raphaël. Je suis ton correspondant français. J'ai quatorze ans. J'habite à Grenoble. Il y a cinq personnes dans (a) .... famille : ma mère, mon beau-père, mon frère Thomas, ma sœur Christelle et moi. Ma mère s'appelle Louise. Elle a les (b) .... longs et noirs et les yeux marron. Elle est sympa et timide. Elle est (c) .... et mince. Mon beau-père s'appelle Hugo. Il a cinquante ans. Il a les cheveux gris et les yeux (d) .... Il est intelligent et (e) .... Mon frère s'appelle Thomas. Il a quatorze ans aussi. Nous sommes (f) .... Notre anniversaire est le vingt-trois (g) .... Comme moi, Thomas a les cheveux roux et les (h) .... noisette. Il est sportif et très drôle. Ma sœur Christelle a (i) .... ans. Elle est petite et belle. Elle a les cheveux blonds et les yeux bleus. Elle est très active. Elle aime le sport. Moi aussi, j'adore le sport. Je (j) .... au basket et au foot. Nous avons un poisson rouge qui s'appelle Henri et deux chats. Les chats sont (k) .... gros. Ils adorent manger ! Et toi ? Est-ce que tu as un animal domestique ? Quel (l) .... as-tu ? As-tu des frères ou des sœurs ?

Écris-moi.
Amitiés,
Raphaël

5.7 D Écoute et réponds aux questions en anglais.

Listen and answer in English.

1. **Philippe**
   (a) How does Philippe describe his mother?
   (b) What does he tell us about his brother?
   (c) How old is Philippe's sister?
   (d) What colour are his sister's eyes?

2. **Manon**
   (a) How many people are in Manon's family?
   (b) How does Manon describe her stepfather?
   (c) Who is small and shy?
   (d) How does she describe her sister?

Complète les mots-clés 100–107 dans ton Journal de bord.
Tous les mots se trouvent dans les sections 5.6 et 5.7.
Fill in the key words 100–107 in your learning diary.
All of the words can be found in sections 5.7 & 5.8.

5.8 Tu es prêt à pratiquer ? Allons-y !

5.8 A Complète les mots croisés avec les animaux domestiques.

Fill in the crossword with the pets illustrated.

2→ 3→  6→ 1↓ 7→ 9→ 2↓  4↓  5↓ 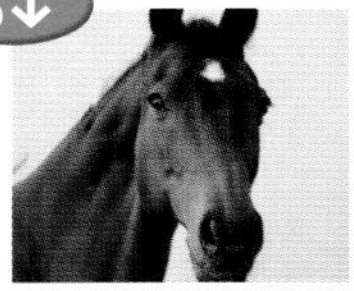 8↓

1 2 3 4 5 6 7 8 9

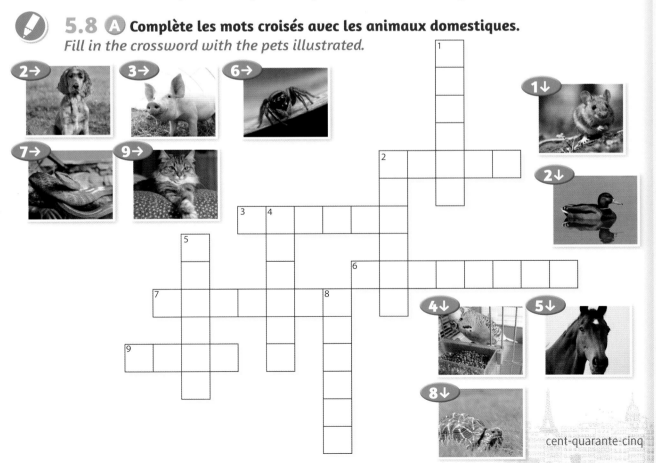

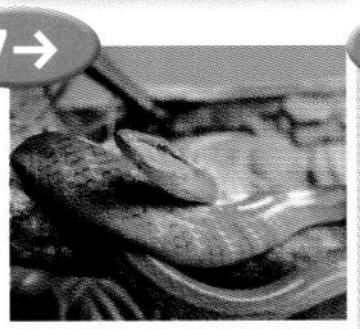

5.8 B Les animaux perdus et retrouvés. Lis les textes et réponds en français aux questions.

Animals lost and found. Read the texts and answer the questions in French.

Trouvée
Une souris, petite, blanche et très mignonne. Pour passer la prendre, tél : 04.11.23.25.16.

Perdu
Un vieux et gros hamster qui s'appelle Beau. Si vous les trouvez, merci de téléphoner au 06.12.02.14.19.

Trouvé
Trouvé dans un parc un jeune oiseau multicolore. Pour passer le prendre, tél 03.05.15.06.16.

Perdu
Un lapin doux avec une très petite écharpe autour du cou. Si vous le trouvez, téléphonez au 08.18.19.20.03.

Perdu
Un poisson rouge, très petit, mais actif et fou.
Si tu le trouves, téléphone au 01.13.15.12.19.

Trouvé
Un chien malade à l'école.
Pour passer le prendre, tél : 02.17.11.15.16.

1 Quel animal a été trouvé au parc ?
2 Quel animal a une très petite écharpe ?
3 Décris le poisson rouge.
4 Comment est le chien ?
5 Comment s'appelle le hamster ?
6 On cherche quel animal au numéro de téléphone 04.11.23.25.16 ?

5.8 C Les adjectifs. Complète avec la forme correcte de l'adjectif entre parenthèses.

Fill in the blanks with the correct form of the adjective in brackets.

(a) Ma mère est très .... (petit)

(b) Paul et Christelle sont .... (mince)

(c) Nicole a les cheveux .... (brun)

(d) Ils sont très .... (sportif)

(e) Ta grand-mère est .... (généreux)

(f) Nos cousins sont .... (paresseux)

(g) Les filles sont .... (heureux)

(h) Philippe est .... (jeune)

(i) Inès a les yeux .... (bleu)

(j) Ses parents sont .... (gentil)

5.8 D Les adjectifs possessifs. Complète avec la forme correcte de l'adjectif possessif entre parenthèses.

Fill in the blanks with the correct form of the possessive adjective in brackets.

(a) Voici (my) .... chien.

(b) Paul est (our) .... père.

(c) (his) .... sœur s'appelle Marie.

(d) (their) .... grand-mère habite à Marseille.

(e) (your singular) .... cheval est grand.

(f) (her) .... frère s'appelle Luc.

(g) (my) .... cousines habitent en Italie.

(h) (our) .... parents sont très sympas.

(i) (his) .... sœurs sont très belles.

(j) (their) .... chats sont noirs.

5.8 E Écris les questions pour ces réponses.

Write the questions for these answers.

Exemple : Je m'appelle Cathy. *Comment tu t'appelles?*

1 Il y a quatre personnes dans ma famille. ....

2 Mon anniversaire, c'est le quatorze juillet. ....

3 Oui. J'ai un poisson rouge et deux oiseaux. ....

4 Non. Je n'ai pas de frère ni de sœur. ....

5 Mon grand-père s'appelle Pierre. ....

6 J'ai les yeux noisette. ....

5.8 F Je me présente. Complète ton portrait dans ton Journal de bord.

Fill in your profile in your learning diary.

5.8 G Un sondage. Travaillez ensemble et remplissez le formulaire avec les informations de la classe.

Work together to carry out a class survey. Fill in the information from your classmates in your learning diary.

5.8 H Trois personnes décrivent leur famille.

Three people describe their families.

1. Claudine. Écoute et complète.

Listen and fill in the blanks.

Je m'appelle Claudine Perrin.
J'ai (a) .... ans. J'ai les cheveux bruns, longs et (b) .... J'ai les yeux (c) .... Il y a quatre personnes dans ma famille. Ma mère s'appelle (d) .... Elle est (e) .... et robuste. Elle a les cheveux blonds et les yeux verts. Mon beau-père s'appelle Luc. Il a les cheveux bruns et les yeux marron.
Il est très (f) .... J'ai une sœur. Elle s'appelle Océane. Elle a (g) .... ans. Elle est (h) .... et généreuse.
Nous habitons à (i) .... Nous avons un (j) .... qui s'appelle Sweety.

2. Brice. Réponds aux questions en français.

Answer the questions in French.

(a) Il y a combien de personnes dans sa famille ?
(b) Comment s'appelle son père ?
(c) Combien de frères et de sœurs a-t-il ?
(d) Qui a les yeux noisette ?

3. Nadège. Réponds en français aux questions.

Answer the questions in French.

(a) Combien d'enfants a-t-elle ?
(b) Comment s'appelle son fils ?
(c) Qui est timide et sportive ?

5.8 J Les familles de Manon et de Gabriel. Écoute et réponds aux questions.

Listen to the descriptions of Manon's and Gabriel's families and answer the questions.

Manon
Réponds en français.
Answer in French.

1 Décris la mère de Manon.
2 Comment s'appelle son beau-père ?
3 Quel âge a Bernard ?
4 Décris sa sœur.
5 Est-ce qu'elle a un animal domestique ?

Gabriel
Réponds en anglais.
Answer in English.

1 How old is Gabriel?
2 How does he describe himself?
3 How many brothers and sisters does he have?
4 How does he describe his mother?
5 What pet does his brother have?

5.8 K Complète les séquences.

Fill in the blanks in these sequences.

(a) un, trois, quatre, sept, onze, dix-huit, ...

(b) quatre-vingt-dix-neuf, quatre-vingt-douze, quatre-vingt-six, quatre-vingt-un, soixante-seize, ...

(c) zéro, quatre, deux, six, quatre, huit, ...

(d) cinq, sept, douze, dix-neuf, trente-et-un, cinquante, ...

(e) sept, cinq, huit, quatre, neuf, trois, ...

Unité 5 Mets tes connaissances à l'épreuve !

Classe tes connaissances de l'Unité 5 et évalue-toi dans ton Journal de bord.
In your learning diary, assess your learning from Unit 5 and see what you have learned.

Que sais-je ?			
	☺	😐	☹
I can describe myself.			
I can describe my family.			
I understand and can use possessive adjectives.			
I can count up to 100.			
I can say what pets I have and I can describe them.			
I can ask someone about their family and pets.			
I can write a dialogue.			
I can say I like or dislike something.			
I recognise a number of French brands and businesses.			
I can write an email.			

À l'école

Unité 6

By the end of this Unit you will be able to...

- Discuss your school and subjects
- Tell the time and ask someone for the time
- Name different items in the classroom and in your schoolbag
- Say what colour something is
- Say what subjects you study
- Recognise the flags of the French-speaking world
- Recognise a few well-known French writers
- Write a description of your school
- Understand and use the demonstrative adjectives
- Understand and use regular verbs ending in -IR
- Understand and use the irregular verbs LIRE and ÉCRIRE

Student website

Visit www.edco.ie/caroule1 for interactive activities and quizzes based on this unit.

Le lycée

L'horloge

Les jours

Le journal

Les livres

6.1 Quelle est ta matière préférée ?

Dépêchez-vous ! Nous sommes en retard pour le contrôle d'histoire !
Je déteste l'histoire. C'est très difficile.
Entrée à l'école

Quelle est ta matière préférée ?
Ma matière préférée, c'est la physique-chimie. C'est intéressant. J'adore les sciences.

Je suis nulle en géographie, mais je suis forte en chimie !
Moi, je préfère la géographie parce que c'est facile et le prof est très sympa.

Et moi, j'aime bien l'EPS. C'est rigolo ! Bonne chance pour contrôle d'histoire !

6.1 A Lis la bande dessinée et complète les exercices avec un/une camarade de classe.

Read the above comic strip and complete the exercises with a classmate.

(a) In what subject are Christophe, Élodie and Nicole doing an exam?

(b) Why does Nicole hate that subject?

(c) What is Nicole's favourite subject? Why? Find one reason.

(d) What is Élodie's favourite subject? Why? Find two reasons.

Look again at the comic strip and in pairs see can you find the following phrases in French.

hurry up	*I love science*	*I'm good at chemistry*	*It's interesting*
we're late	*I prefer geography*	*It's very difficult*	*It's fun*
I hate history	*I'm terrible at geography*		*It's easy*

6.1 B Relie les matières avec les images ci-dessous.

Match the subjects to the illustrations below.

les maths	*l'anglais*	*le français*	*l'allemand*	*l'irlandais*
l'histoire	*la géographie*	*le dessin*	*la musique*	*la religion*
l'éducation civique	*le commerce*	*la biologie*	*la chimie*	*la physique*
les travaux manuels	*l'EPS (l'éducation physique et sportive)*	*l'informatique*		

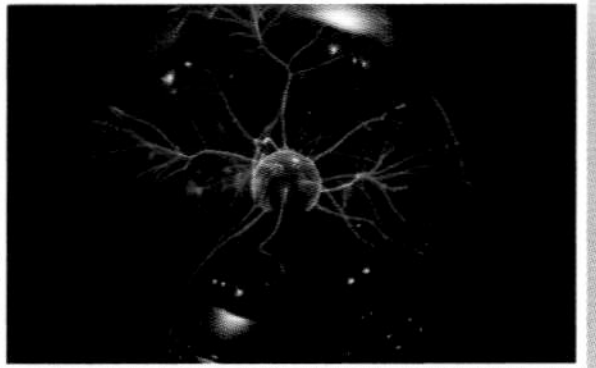

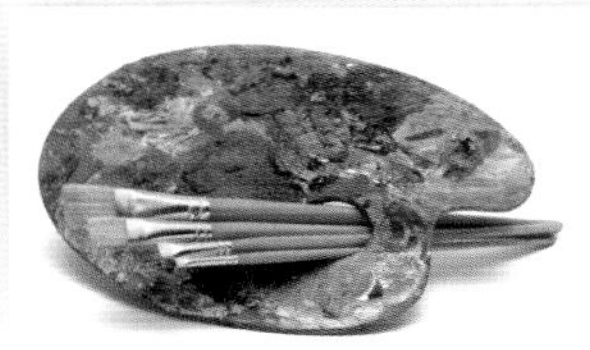
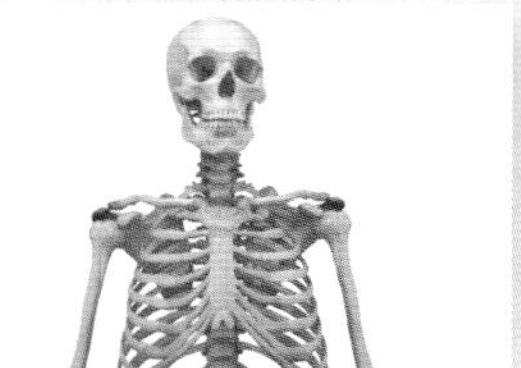

6.1 C Écoute et répète le nom des matières pendant les pauses.

Listen and repeat the subjects during the pauses to practise your pronunciation.

Quelles matières étudies-tu ? Quelle est ta matière préférée ?

6.1 D Deux conversations. Écoute et lis les conversations.

Read and listen to the conversations.

Gabin : Salut, Inès

Inès : Salut, Gabin.

Gabin : Combien de matières est-ce que tu étudies ?

Inès : J'étudie neuf matières.

Gabin : Quelle est ta matière préférée ?

Inès : J'adore la musique. Je joue de la guitare et je suis forte en musique.

Gabin : Moi, je suis nul en musique. Mais je suis fort en anglais.

Inès : Je déteste l'anglais. C'est barbant ! Je suis nulle en langues.

Sophie : Quelle est ta matière préférée Clément ?

Clément : Ma matière préférée, c'est la géographie.

Sophie : Pourquoi est-ce que tu aimes la géographie ?

Clément : Parce que le prof est très gentil et ce n'est pas très compliqué. C'est une matière facile. Et toi ? Quelle est ta matière préférée ?

Sophie : J'aime bien les maths. Je suis assez forte en maths

Clément : Est-ce que tu aimes la géographie ?

Sophie : Non, je n'aime pas la géo. Ce n'est pas très intéressant. C'est ennuyeux !

Clément : Tu étudies combien de matières ?

Sophie : J'étudie huit matières.

Positif ou négatif ? Classe les opinions.
Positive or negative? Classify the opinions.

	Positif ou négatif ?
C'est facile.	
C'est difficile.	
C'est intéressant.	
C'est ennuyeux.	
C'est barbant.	
C'est compliqué.	
Le prof est sympa.	

6.1 E Complète le tableau avec les matières et les opinions pour faire des phrases.

Make sentences by filling in chart with the subjects from 6.1 B and the opinions from 6.1 D.

	MATIÈRE		OPINION
J'adore…		parce que…	
J'aime…		parce que…	
Je n'aime pas…		parce que…	
Je déteste…		parce que…	
Je suis fort(e) en…		parce que…	
Je suis nul(le) en…		parce que…	

6.1 F Écoute et réponds aux questions en français.

Listen and answer the questions in French.

1. Marc

(a) Combien de matières est-ce qu'il étudie ?

(b) Quelle est sa matière préférée ? Pourquoi ?

(c) Quelle matière est-ce qu'il déteste ? Pourquoi ?

(d) Comment s'appelle son prof de maths ?

2. Zoé

(a) Combien de matières est-ce qu'elle étudie ?

(b) Pourquoi est-ce qu'elle n'aime pas l'histoire ?

(c) Quelle est sa matière préférée ? Pourquoi ?

(d) Qui est Madame Leroy ?

Réponds en anglais.
Answer in English.

3. Michelle

(a) Name three subjects that Michelle studies.

(b) What is her favourite subject ? Why?

(c) What subject does she find difficult?

(d) What subject does she find boring?

4. Jean-Luc

(a) How many subjects does he study?

(b) What is his favorite subject? Why?

(c) Why does he hate PE?

(d) What subject is he very good at?

School subjects in France are very similar to the subjects we study in Ireland. Students starting *le collège* in France study *le français (langue et litérature), les mathématiques, une langue étrangère, l'histoire-géo, le dessin, la musique, l'EPS, l'éducation civique, l'IGC (informatique, gestion et communication), la physique-chimie, et les SVT (sciences de la vie et de la terre).* SVT is a subject that combines elements of biology, geology and earth sciences.

6.1 G Discute des matières avec un/une camarade. Puis, complète le tableau avec ses informations.

Talk to a classmate about his/her subjects. Fill in the table with his/her information.

Questions possibles :

– Combien de matières est-ce que tu étudies ?

– Quelle est ta matière préférée ?

– Quelle matière est-ce que tu aimes bien ? Pourquoi ?

– Quelle matière est-ce que tu n'aimes pas beaucoup ? Pourquoi ?

– Est-ce qu'il y a une matière que tu détestes ? Pourquoi ?

– En quelle matière es-tu fort(e) ?

– En quelle matière es-tu nul(le) ?

MON/MA CAMARADE DE CLASSE…	MATIÈRE		OPINION
…adore		parce que…	
…aime		parce que…	
…n'aime pas		parce que…	
…déteste		parce que…	
…est fort(e) en		parce que…	
…est nul(le) en		parce que…	

Complète les mots-clés 1–27 dans ton Journal de bord. Tous les mots se trouvent dans la section 6.1.

Fill in the key words 1–27 in your learning diary. All of the words can be found in section 6.1.

6.2 Quelle heure est-il ?

Que veut dire *Quelle heure est-il ?* Que veut dire *Il est une heure et demie ?* Qu'est-ce que c'est la différence entre ***il est*** *une heure et demie* et *à une heure et demie* ?

6.2 A L'heure

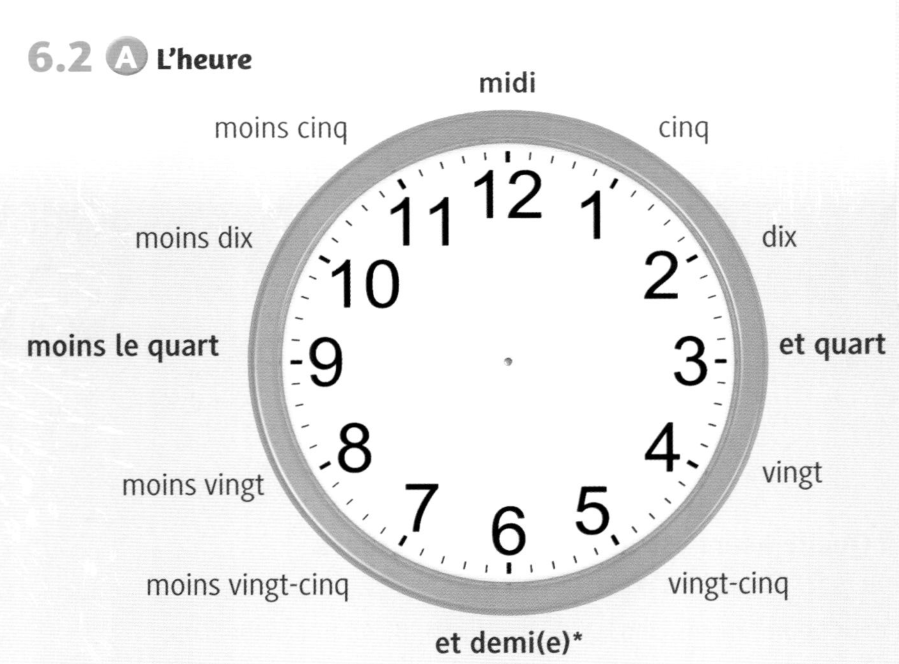

1:00 Il est une heure.
2:00 Il est deux heures.
3:00 Il est trois heures.
4:00 Il est quatre heures.
5:00 Il est cinq heures.
6:00 Il est six heures.
12:00 Il est midi. / Il est minuit.

*Demi does not take an –e after midi or minuit. For all other times it is spelled with an –e at the end.

Exemples :

- ★ **6:05** Il est six heures cinq.
- ★ **3:20** Il est trois heures vingt.
- ★ **10:30** Il est dix heures et demi**e.**
- ★ **12:30** Il est midi et demi.
- ★ **8:45** Il est neuf heures moins le quart.
- ★ **3:50** Il est quatre heures moins dix.

! Note with times we always start with the hour before the minutes.

6.2 B Quelle heure est-il ? Écris les heures.

What time is it? Write the times.

(a)

Il est deux heures

(b)

(c)

(d)

(e)

(f)

(g)

(h)

(i)

(j)

(k)

(l)

6.2 C Quelle heure est-il ? Dessine les horloges.

What time is it? Draw the clocks.

(a) Il est deux heures moins cinq.
(b) Il est onze heures et demie.
(c) Il est six heures et quart.
(d) Il est une heure vingt-cinq.
(e) Il est huit heures moins dix.
(f) Il est trois heures dix.
(g) Il est cinq heures moins vingt.
(h) Il est neuf heures moins le quart.
(i) Il est minuit.
(j) Il est sept heures moins vingt-cinq.

6.2 D Quelle heure est-il ? Écris les phrases en français.

What time is it? Write the sentences in French.

(a) 4.20 Il est quatre heures vingt.

(b) 1.15

(c) 8.55

(d) 4.30

(e) 2.25

(f) 9.40

(g) 12.35

(h) 7.10

(i) 5.05

(j) 7.50

(k) 3:00

(l) 1:45

The school day in France is a little longer than in Ireland, with most secondary schools running classes from around 8:30am to around 4:30pm. However, French secondary school students get a much longer lunch break – at least an hour and a half, sometimes two hours!

6.2 E Quelle heure est-il ? Écoute et écris les heures.

What time is it? Listen and write down the times.

Exemple : « Il est huit heures cinq » → 8:05

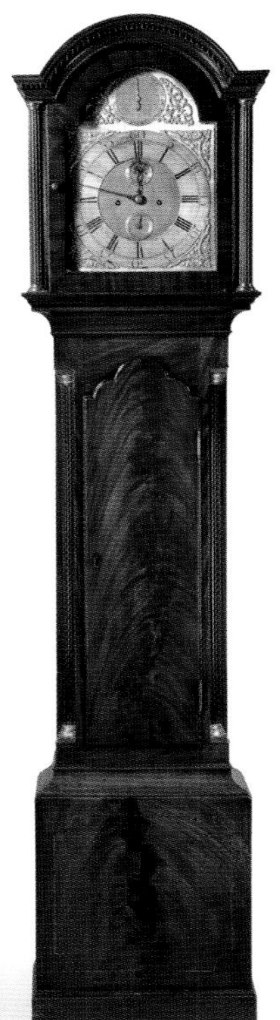

6.2 F Compter le temps en 24h

In France, *a.m.* and *p.m.* are not used with times. The 24-hour clock is used instead with heure / heures shortened to *h*.

13h00 treize heures
14h00 quatorze heures
15h00 quinze heures
16h00 seize heures
17h00 dix-sept heures
18h00 dix-huit heures

19h00 dix-neuf heures
20h00 vingt heures
21h00 vingt-et-une heures
22h00 vingt-deux heures
23h00 vingt-trois heures

21h35 vingt-et-une heures trente-cinq
13h50 treize heures cinquante
16h20 seize heures vingt
19h45 dix-neuf heures quarante-cinq

6.2 G L'emploi du temps de Nicole.

Nicole's timetable.

	LUNDI	MARDI	MERCREDI	JEUDI	VENDREDI
8:30 – 9:30	Musique	Mathématiques	Informatique	Dessin	Anglais
9:30 – 10:30	Anglais	SVT	Anglais	Dessin	Mathématiques
10:30 – 11:00	RECRÉ	RECRÉ	RECRÉ	RECRÉ	RECRÉ
11:00 – 12:00	Français	Anglais	EPS	Mathématiques	Musique
12:00 – 1:00	Mathématiques	Physique - Chimie	EPS	Français	Français
1:00 – 2:30	DÉJEUNER	DÉJEUNER	DÉJEUNER	DÉJEUNER	DÉJEUNER
2:30 – 3:30	Histoire-Géo	Français	Éducation Civique	SVT	Physique -Chimie
3:30 – 4:30	Physique -Chimie	Arts Plastiques	Histoire-Géo	Musique	SVT

Regarde l'emploi du temps de Nicole et réponds aux questions en français.
Look at Nicole's timetable and answer the questions in French.

(a) À quelle heure est-ce qu'elle a cours de musique le jeudi ?
(b) Quelle matière est-ce qu'elle étudie le lundi à onze heures ?
(c) Le déjeuner dure combien de temps ?
(d) À quelle heure est-ce qu'elle a cours de français le vendredi ?
(e) Combien de cours est-ce qu'elle a le mardi ?
(f) Quelle matière est-ce qu'elle étudie le mercredi à neuf heures et demie ?
(g) Combien de cours de SVT fait-elle chaque semaine ?
(h) Le cours d'EPS, c'est quel jour ?

6.2 H Manon parle de son emploi du temps. Écoute et complète le tableau en français.

Manon talks about her timetable. Listen and fill in the table in French.

	JOUR	MATIÈRES	L'HEURE
(a)	lundi	espagnol histoire	8:00 9:00
(b)	mardi		
(c)	mercredi		
(d)	jeudi		
(e)	vendredi		

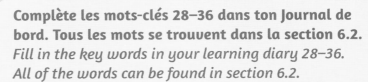

Complète les mots-clés 28–36 dans ton Journal de bord. Tous les mots se trouvent dans la section 6.2.
Fill in the key words in your learning diary 28–36. All of the words can be found in section 6.2.

6.3 Une journée typique

6.3 A Nicole décrit sa journée typique à l'école. Écoute et complète les blancs avec les heures.

Nicole describes her typical school day. Listen and fill in the blanks with the times.

www.monblog.fr/nicolex

www.monblog.fr/nicolex

MA JOURNEE TYPIQUE À L'ÉCOLE

Le lundi matin, je prends le petit déjeuner à (a) .... Je vais au collège à (b) .... du matin. Le premier cours le lundi, c'est musique et j'adore la musique. Les cours commencent à (c) .... Nous avons une récréation à (d) .... Je vais dans la cour avec mes amis Christophe et Élodie et nous mangeons un sandwich ou des fruits. Après la récré, j'ai français et maths et puis, à (e) .... , c'est l'heure de déjeuner. Je vais à la cantine pour manger un repas chaud. L'après-midi, les cours terminent à (f) .... Avant de rentrer chez-moi, je bavarde un peu avec mes amis. Quand je rentre chez moi, je dîne avec ma famille et je fais mes devoirs. Je vais sur Facebook jusqu'à (g) ...., puis je vais au lit.

Je suis toujours fatiguée après une journée d'école !

Note the following phrases that Nicole mentioned when describing her day:

- ★ *à huit heures et demie* = at 8:30 (remember ***il est*** *huit heures et demie* = it is 8:30)
- ★ *jusqu'à* = until
- ★ *avant* = before
- ★ *après* = after
- ! *le matin* = the morning / in the morning
- ! *l'après-midi* = the afternoon / in the afternoon
- ! *le soir* = the evening / in the evening
- ! *la nuit* = the night / at night
- ! *du matin* = a.m.
- ! *de l'après-midi / du soir* = p.m.

6.3 B Qu'est-ce que tu fais le lundi ? Écris un paragraphe dans ton Journal de bord.

What do you do on Mondays? Write a paragraph in your learning diary. Include times, subjects and something you do after school.

6.3 C Qu'est-ce que Philippe fait le samedi ? Regardez la bande dessinée et travaillez à deux.

What does Philippe do on Saturdays? Look at the comic strip and work with a partner. Think of questions to ask your partner: Qu'est-ce qu'il fait le matin ? À quelle heure est-ce qu'il mange le petit-déjeuner ?

6.3 D Qu'est-ce que tu fais le samedi ? Fais une bande dessinée dans ton Journal de bord.

What do you do on Saturdays? Make a comic strip in your learning diary.

6.3 E Parlons ! Prépare tes réponses aux questions de la vie scolaire dans ton Journal de bord.

Prepare your responses to the questions about your school life in your learning diary.

Pose les questions à un/une camarade de classe.

Ask your classmate about himself/herself. You may use the questions below to guide your conversation.

(a) Combien de matières est-ce que tu étudies ?
(b) Quelles sont les matières que tu étudies ?
(c) Quelle est ta matière préférée ? Pourquoi ?
(d) Combien de cours as-tu le lundi ?
(e) À quelle heure est-ce que tu as une récréation à l'école ?

(f) À quelle heure est-ce que tu manges le déjeuner ?

(g) Est-ce qu'il y a une cantine dans ton école ?

(h) Quels cours est-ce que tu as le lundi matin ?

(i) À quelle heure est-ce que les cours terminent ?

(j) Est-ce que les profs donnent beaucoup de devoirs ?

Complète les mots-clés 37–49 dans ton Journal de bord. Tous les mots se trouvent dans la section 6.3.
Fill in the key words in your learning diary 37–49. All of the words can be found in section 6.3.

6.4 Les verbes en –IR

6.4 A Les verbes en –IR

You already know the present tense of regular verbs ending in **–**ER. Remember that we call these verbs regular verbs because they follow a pattern. In the comic strip above, *je finis* comes from the verb FINIR. FINIR (to finish) belongs to another group of regular verbs: verbs that end with **–**IR.

Can you figure out the pattern for –IR verbs from the chart below? Fill in the verbs REMPLIR and PUNIR.

	FINIR *(to sell)*	CHOISIR *(to choose)*	REMPLIR *(to fill)*	PUNIR *(to punish)*
je / j'	fin**is**	chois**is**	rempl**is**	
tu	fin**is**	chois**is**	rempl**is**	
il / elle / on	fin**it**	chois**it**		
nous	fin**issons**	chois**issons**		
vous	fin**issez**	chois**issez**		
ils / elles	fin**issent**	chois**issent**		

★ Remember to make a verb negative we must sandwich the verb with *ne* and *pas*.

Je finis les exercices. I am finishing the exercises.

Je ***ne*** *finis* ***pas*** *les exercices.* I am not finishing the exercises.

Il remplit son verre d'eau. He fills his glass of water.

Il ***ne*** *remplit* ***pas*** *son verre d'eau.* He doesn't fill his glass of water.

6.4 B Écoute les verbes, répète la prononciation et corrige l'exercice ci-dessus.

Listen and repeat the verbs and correct the exercise above.

6.4 C Les verbes réguliers en –IR

CHOISIR	*to choose*
FINIR	*to finish*
OBÉIR	*to obey*
PUNIR	*to punish*
ROUGIR	*to blush*
REMPLIR	*to fill*
RÉUSSIR	*to succeed*

Elle choisit un livre.

Ils finissent leurs devoirs devoirs.

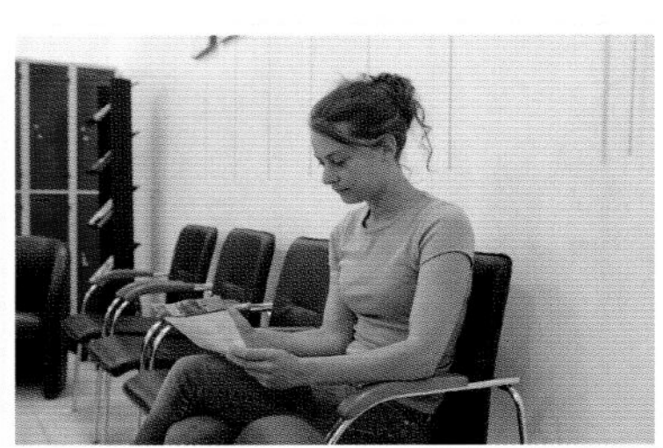

Elle remplit le formulaire.

La loi punit les criminels.

6.4 D Complète les verbes en –IR dans ton Journal de bord.

Fill in the –IR verb chart in your learning diary.

6.4 E Complète les phrases avec la forme correcte du verbe entre parenthèses.

Complete the sentences with the correct form of the verbs in brackets.

(a) Il *choisit* (choisir) un film.

(b) Je .... (finir) mes devoirs.

(c) Elles .... (obéir) au professeur.

(d) Ma tante .... (remplir) son verre d'eau.

(e) Claire .... (punir) son fils.

(f) Serge .... (finir) le gâteau.

(g) Je ne .... (choisir) pas de livres.

(h) Nous ne .... (finir) pas les exercices.

(i) Tu .... (obéir) aux lois.

(j) Vous ne .... (remplir) pas le formulaire ?

(k) Il .... (choisir) un restaurant pour ce soir.

(l) J' .... (obéir) à mes parents.

(m) Tu ne .... (finir) pas tes devoirs ?

(n) Elle .... (choisir) un film.

(o) Les enfants .... (finir) leurs exercices.

(p) Il .... (rougir) quand il a tort.

6.4 F Choisis le bon pronom personnel.

Choose the correct personal pronoun.

(a) *Nous / je / ils* choisis un livre.

(b) *Tu / vous / elle* obéis à tes parents ?

(c) *Elles / je / nous* remplissons les formulaires.

(d) *Tu / je / vous* finissez les exercices.

(e) *Ils / nous / il* choisissent un restaurant.

(f) *Vous / ils / je* punissent les criminels.

(g) *Je / elle / elles* finis mes devoirs.

(h) *Elle / je / tu* remplit le verre d'eau.

(i) *Nous / elles / il* choisissons un film.

(j) *Vous / nous / elle* n'obéit pas aux lois.

6.5 Voici mon école

www.monblog.fr/nicolex

VOICI MON ÉCOLE

Salut ! Mon école s'appelle le Collège Voltaire. C'est à Biarritz. C'est une école mixte. Je suis en sixième A. Il y a environ 800 élèves et soixante-quinze professeurs dans mon école. La plupart des professeurs sont sympas, mais le prof d'histoire est très sévère et le prof de maths nous donne beaucoup de devoirs. Nous avons beaucoup d'installations, comme ***le gymnase, la salle d'art, la cantine, la bibliothèque, la salle des profs, deux laboratoires de chimie et le laboratoire de biologie.*** Nous avons trois ***salles d'informatique, deux terrains de foot*** et quatre terrains de tennis aussi. Le collège offre des activités sportives et culturelles comme la chorale, les équipes de foot et de tennis, et les échanges linguistiques. J'aime bien cette école !

6.5 A Identifie le plan de l'école avec les mots en italiques ci-dessus.

Label the plan of the school with the words in italics above.

La salle de classe

PowerPoint

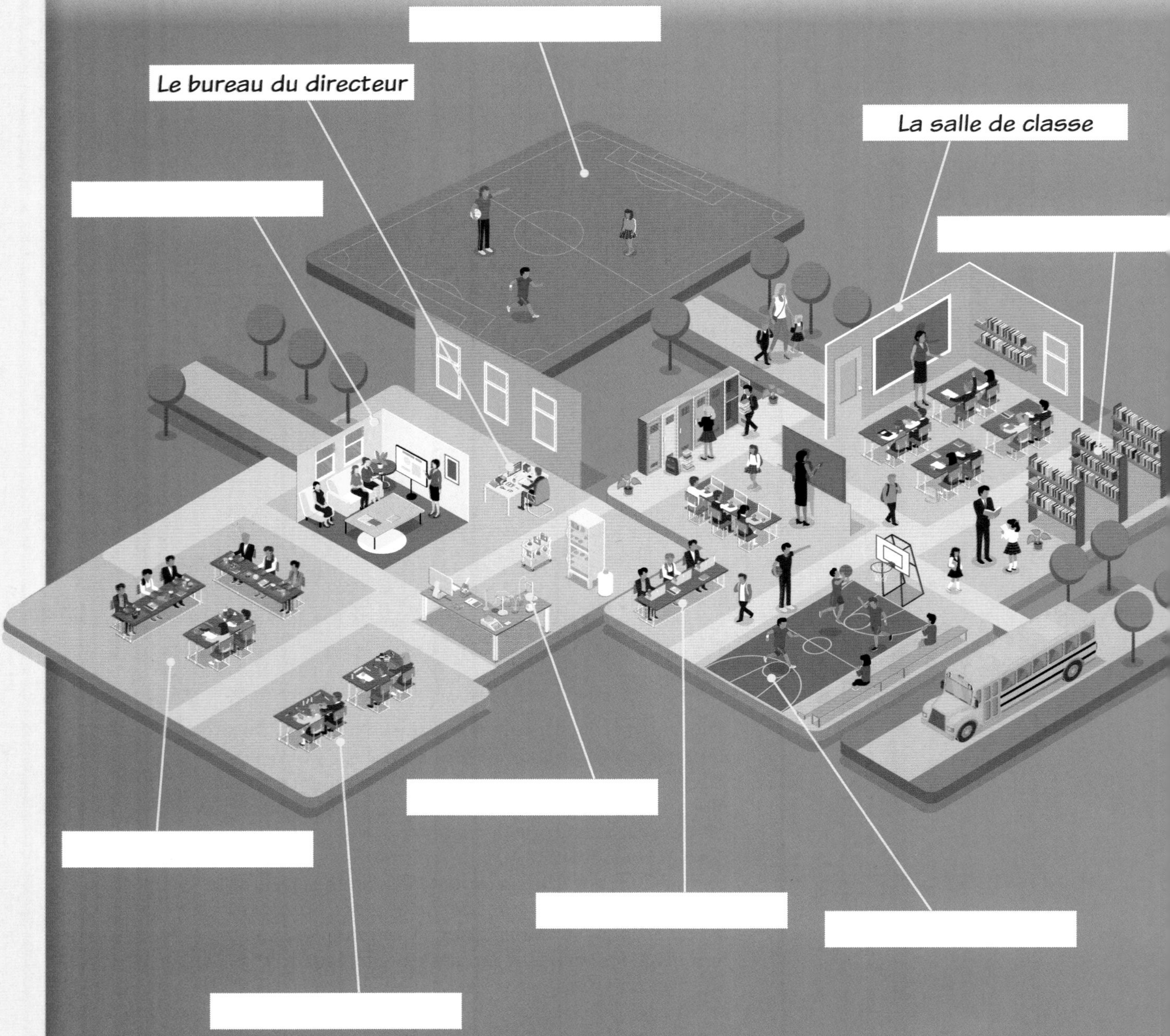

Le bureau du directeur

La salle de classe

6.5 B Clément décrit son collège. Écoute et réponds en anglais.

Clément describes his school. Listen and answer in English.

(a) How many teachers are in the school?

(b) What are the teachers like?

(c) What sports can students do at this school?

(d) What sports facilities does the school have?

(e) What teaching facilities does the school have?

6.5 C Relie les questions avec les réponses.

Match the questions to the answers.

(a) Comment s'appelle ton école ?

(b) Où se trouve l'école ?

(c) Il y a combien d'élèves dans ton école ?

(d) C'est une école mixte ?

(e) Comment sont les professeurs ?

(f) Est-ce qu'il y a beaucoup d'installations sportives ?

(g) Est-ce qu'il y a beaucoup d'installations éducatives ?

(h) Est-ce qu'il y a des activités extrascolaires ?

1 Ils sont très sévères, mais le prof de musique est très gentil.

2 Il y a environ 600 élèves.

3 Bien sûr. Nous avons une bibliothèque, une salle d'informatique, quatre laboratoires, deux salles de musique et deux salles d'art.

4 Mon collège s'appelle le Collège Louis XIV.

5 Oui. Il y a des équipes de natation, de football et de tennis, une chorale et un orchestre.

6 C'est à cinq kilomètres de Nantes.

7 Oui. Nous avons un terrain de football, trois terrains de tennis, un gymnase et une piscine. C'est génial !

8 Oui. Il y a des garçons et des filles dans ma classe.

6.5 D Écris une description de ton école dans ton Journal de bord.

Write a description of your school in your learning diary.

6.5 E L'éducation en France. Lis le texte.

Read the text about the education system in France.

	Âge
ÉCOLE MATERNELLE	
Petite section	3–4
Moyenne section	4–5
Grande section	5–6
ÉCOLE ÉLÉMENTAIRE	
Cours préparatoire	6–7
Cours élémentaire niveau 1	7–8
Cours élémentaire niveau 2	8–9
Cours moyen 1	9–10
Cours moyen 2	10–11
COLLÈGE	
Sixième	11–12
Cinquième	12–13
Quatrième	13–14
Troisième	14–15
LYCÉE	
Seconde	15–16
Première	16–17
Terminale	17–18

Je suis
en sixième
au collège.

In France, children must attend school from the ages of 6 to 16. Many parents choose to send their children to *l'école maternelle* before primary school, where they can learn numeracy skills, art, reading, writing, and even a foreign language. Pupils at *l'école élémentaire* have a broad curriculum similar to our primary curriculum. Pupils usually proceed to *collège* at around age eleven. After four years in *college*, students sit the *Brevet* – an exam like the Junior Cycle exam. After completing the *Brevet*, students have the option to remain in school for three more years to complete *le Baccalauréat* – similar to the Leaving Certificate.

Quelles sont les différences entre la vie scolaire en France et la vie scolaire en Irlande ? Écris tes idées dans ton Journal de bord.
What are the differences between school life in France and in Ireland? Write your ideas in your learning diary. Include differences in timetables, subjects, etc.

Complète les mots-clés 48–70 dans ton Journal de bord. Tous les mots se trouvent dans les sections 6.4 et 6.5.
Fill in the key words in your learning diary 48–70. All of the words can be found in sections 6.4 & 6.5.

6.6 Dans la salle de classe

6.6 A Écoute et associe les images avec les mots ci-dessous.

Listen and label each illustration with a word from the box below.

Dans la salle de classe

1 ______
2 ______
3 ______
4 ______
5 ______
6 ______
7 ______
8 ______
9 ______
10 ______
11 ______
12 ______
13 ______
14 ______
15 ______

l'horloge, le drapeau, la carte, l'étagère, le bureau, la calculatrice, les feutres, la porte, le placard, la fenêtre, le tableau, la chaise, le cartable, la trousse, la poubelle

6.6 B Écoute et répète les mots.

Listen again and repeat the words.

6.6 C Qu'est-ce que c'est ? Écris les phrases dans ton cahier.

What is this? Write it down in a sentence.

(a) 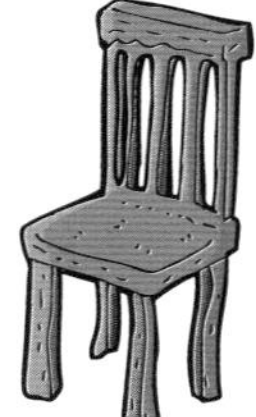

C'est une chaise.

(b) 

(c) 

(d) 

(e) 

(f) 

(g) 

(h) 

(i) 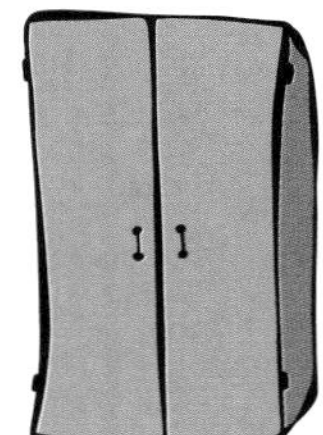

(j) 

6.6 D Pose la question « Qu'est-ce que c'est ? » à un/une camarade de classe, en te servant des objets dans ton cartable ou dans la salle de classe.

Work in pairs. Point to any item in your classroom or schoolbag and ask your partner Qu'est-ce que c'est ? What is this?

Exemple : Qu'est-ce que c'est ? C'est une horloge.

6.6 E La salle de classe : apprendre le vocabulaire.

Practise the new vocabulary online. Make a set of online flashcards using the vocabulary from section 6.6 A.

6.6 F Les adjectifs démonstratifs

Did you notice that at the end of Nicole's blog in 6.5 A she writes *J'aime bien cette* école (I really like this school)? In French, there are different ways of saying *this*, *that*, *these* or *those*, depending on whether the noun that follows is masculine, feminine, singular or plural.

★ *ce livre* this / that book
★ *cet* étudiant this / that student
★ *cette* école this / that school
★ ***ces*** *livres* these / those books
★ ***ces*** écoles these / those schools

! .... is used before masculine singular nouns.
! .... is used before masculine nouns beginning with a vowel or silent 'h'.
! .... is used before feminine singular nouns.
! .... is used before all plural nouns.

6.6 G Complète ce/cet/cette/ces.

Fill in the blanks with ce/cet/cette/ces.

(a) *cette* chaise
(b) .... placard
(c) .... tableau
(d) .... carte
(e) .... trousses
(f) .... professeur
(g) .... cartables
(h) .... élève
(i) .... étudiante
(j) .... étudiants
(k) .... porte
(l) .... drapeau

6.6 H Lis le texte et réponds aux questions en français.

Read the advertisement and answer the questions in French.

(a) Comment s'appelle le supermarché?
(b) Combien de produits ont une réduction de 75%?
(c) Combien coûte une gomme?
(d) Les offres sont proposées à quelles dates?
(e) Quel produit bénéficie d'une réduction de 30% avec la carte Auchan?
(f) Où est-ce qu'on peut trouver plus d'informations?

Complète les mots-clés 71–85 dans ton Journal de bord.
Tous les mots se trouvent dans la section 6.6.
Fill in the key words 71–85 in your learning diary.
All of the words can be found in section 6.6.

6.7 Les couleurs

Zut ! J'ai oublié ma trousse. Tu as un stylo, Élodie ?

Oui. Voilà un stylo.
Merci Élodie, mais c'est un stylo rouge. Tu as un stylo bleu ?

Non, je n'ai pas de stylo bleu.
Est-ce que tu as un stylo noir ?

Moi, j'ai un stylo noir, Nicole. Voilà.
Merci, Christophe.

Regarde la bande dessinée. Nicole cherche un stylo bleu. Élodie a un stylo **rouge**. Christophe a un stylo **noir**. **Bleu**, **rouge** et **noir** sont les couleurs des stylos. On va apprendre les couleurs maintenant.

6.7 A Complète avec les couleurs.

Fill in the blanks with the colours.

bleu	gris	marron	noir	rouge	vert	orange	blanc

Les couleurs

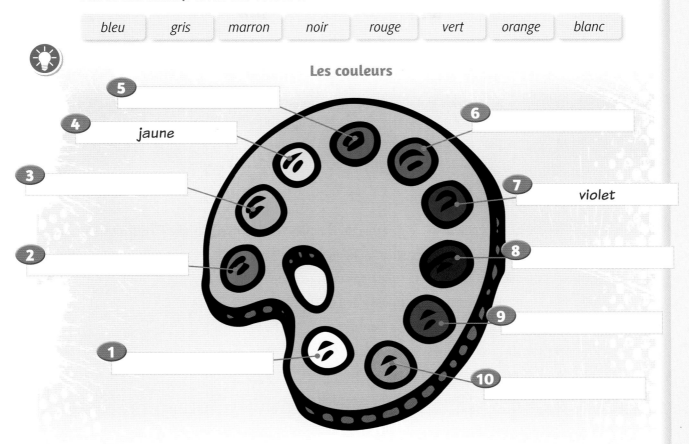

1 ______

2 ______

3 ______

4 jaune

5 ______

6 ______

7 violet

8 ______

9 ______

10 ______

6.7 B Écoute et répète le nom des couleurs.

Listen and repeat the colours.

53

6.7 C Colorie avec les bonnes couleurs dans ton Journal de bord.

Colour in the colours in your learning diary.

6.7 D Lis les textes et réponds en français aux questions.

Read the texts and answer the questions in French.

Philippe : J'ai un cartable bleu. Dans mon cartable, il y a une trousse rouge et un cahier jaune. Dans ma trousse, il y a deux crayons et un stylo noir.

Léa : Ma trousse est blanche. Dans la trousse, j'ai un stylo rouge et un stylo bleu, une règle verte et une gomme rose.

Marc : J'ai un cartable rouge. Dans mon cartable, j'ai une calculatrice noire, quatre cahiers, trois livres et une trousse verte.

(a) De quelle couleur est le cartable de Philippe ? *Le cartable de Philippe est bleu.*

(b) Qu'est-ce qu'il y a dans le cartable de Philippe ? ....

(c) De quelle couleur est le stylo dans la trousse de Philippe? ....

(d) De quelle couleur est la trousse de Léa ? ....

(e) Qu'est-ce qu'elle a dans sa trousse ? ....

(f) De quelle couleur est le cartable de Marc ? ....

(g) Combien de cahiers a Marc ? ....

(h) De quelle couleur est la trousse de Marc ? ....

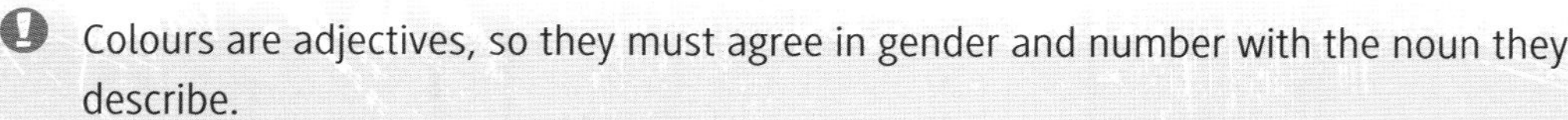

Colours are adjectives, so they must agree in gender and number with the noun they describe.

Exemples :

un cartable vert	*un cartable blanc*
une trousse verte	*une trousse blanche*
des cartables verts	*des cartables blancs*
des trousses vertes	*des trousses blanches*

6.7 E Décris les objets dans ta salle de classe, ton cartable et ta trousse. Écris six phrases dans ton cahier.

Describe what is in your classroom, your schoolbag and your pencil case. Using the colours, write down six sentences.

Exemple : J'ai un stylo rouge, une règle jaune et trois crayons dans ma trousse.

6.7 F Les maths avec les couleurs !

Colour maths!

(a) blanc + noir = gris
(b) rouge + bleu = ...
(c) bleu + jaune = ...
(d) rouge + blanc = ...
(e) jaune + rouge = ...

6.7 G Écoute et complète le tableau en anglais.

Listen and fill in the table in English.

	Colour	Item
(a)	red	pencil case
(b)		
(c)		
(d)		
(e)		
(f)		
(g)		
(h)		
(i)		

6.7 H Dessine les drapeaux des pays francophones dans ton Journal de bord.

In your learning diary, colour in the flags of the French-speaking world.

6.7 I Trouve les réponses sur internet et réponds aux questions en français.

Find the answers on the internet to answer these questions in French.

(a) Quelles sont les couleurs du drapeau français ? Bleu, blanc et rouge
(b) Quelles sont les couleurs du drapeau irlandais ? ....
(c) Quelles sont les couleurs du drapeau espagnol ? ....
(d) Quelles sont les couleurs du drapeau grec ? ....
(e) Quelles sont les couleurs du drapeau britannique ? ....
(f) Quelles sont les couleurs du drapeau finlandais ? ....
(g) Quelles sont les couleurs du drapeau allemand ? ....
(h) Quelles sont les couleurs du drapeau italien ? ....
(i) Quelles sont les couleurs du drapeau belge ? ....
(j) Quelles sont les couleurs du drapeau suisse ? ....

6.8 Dans la bibliothèque

Christophe is reading *Le Comte de Monte-Cristo*. What type of novel (*roman*) is it? *Le Comte de Monte-Cristo* is one of the best known novels by French author Alexandre Dumas, whose works have been translated into almost a hundred languages. He is one of the most read French authors. You may recognise the name of another of his novels, *Les Trois Mousquetaires.*

6.8 A Relie les romans français avec les auteurs. Fais des recherches sur internet pour trouver les réponses.

Match the French novels to their authors. Look them up online.

1 À la Recherche du Temps Perdu

2 Germinale

3 Gigi

4 Le Petit Prince

5 LE TOUR DU MONDE EN QUATRE-VINGTS JOURS

6 Madame Bovary

7 Moderato Cantabile

8 NOTRE-DAME DE PARIS

(a) *Marguerite Duras*

(b) *Gustave Flaubert*

(c) *Marcel Proust*

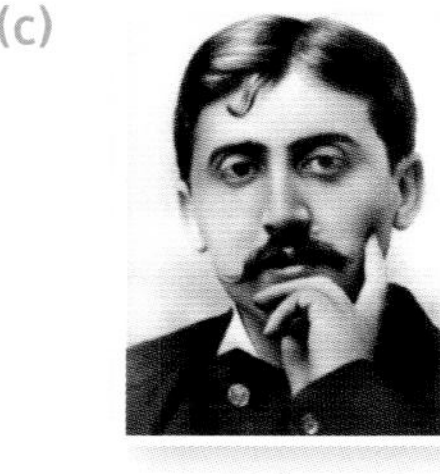

(d) *Colette*

(e) *Victor Hugo*

(f) *Émile Zola*

(g) *Antoine de Saint-Exupéry*

(h) *Jules Verne*

6.8 B Travaillez en groupes de trois ou quatre personnes. Choisissez un auteur français et préparez un exposé.

Work in groups of three or four. Choose one French author and prepare a presentation about him/her. Find as much information as you can. Where was he/she from? What did he/she write? What are his/her most famous novels/plays? Present your project to the class as slideshow or webpage. Remember to include images and some text in French.

6.8 C Lire et écrire

The verbs in bold in the comic strip in section 6.8 A are all parts of the irregular verb LIRE. Comment dit-on LIRE en anglais ?

Qu'est-ce que vous **lisez** ? Je **lis** le roman… J'aime bien **lire** !

LIRE *(to read)*		
je	lis	*I read / I am reading*
tu	lis	*you read / you are reading*
il / elle	lit	*he/she reads / he/she is reading*
nous	lisons	*we read / we are reading*
vous	lisez	*you (plural / formal) read / are reading*
ils/elles/on	lisent	*they read / they are reading*

Exemples : Christophe *lit* un roman. — Christophe *is reading* a novel.
Je *lis* un bon livre. — I *am reading* a good book.
Ils aiment *lire*. — They like *to read*.

ÉCRIRE *(to write)*		
j'	écris	*I write / I am writing*
tu	écris	*you write / you are writing*
il / elle	écrit	*he/she writes / he/she is writing*
nous	écrivons	*we write / we are writing*
vous	écrivez	*you (plural / formal) write / are writing*
ils/elles/on	écrivent	*they write / they are writing*

Exemples : Tu *écris* des lettres. — You *write* letters.
Elle *écrit* un email. — She *is writing* an email.
Nous *écrivons* des poèmes. — We *write* poems.

6.8 D Écoute et répète les verbes LIRE et ÉCRIRE.

Listen to the verbs LIRE and ÉCRIRE and repeat the pronunciation.

Complète les verbes LIRE et ÉCRIRE dans ton Journal de bord.
Fill in the verbs LIRE and ÉCRIRE on the irregular verb page in your learning diary.

6.8 E Complète avec la forme correcte des verbes LIRE ou ÉCRIRE.

Fill in the blanks with the correct form of the verbs LIRE or ÉCRIRE.

(a) Je lis beaucoup de livres.

(b) Tu .... un blog ? (ÉCRIRE)

(c) Ils .... des romans. (LIRE)

(d) Vous .... un email. (ÉCRIRE)

(e) Nous .... *L'Étranger* de Camus. (LIRE)

(f) Elle .... un poème. (LIRE)

(g) Colette et moi .... une lettre à notre mère. (ÉCRIRE)

(h) Elles .... l'email de Bernard. (LIRE)

(i) Pierre .... *Madame Bovary* de Flaubert. (LIRE)

(j) Il .... des poèmes. (ÉCRIRE)

(k) Claude et toi .... mon blog. (LIRE)

(l) Élodie .... un email à Christophe. (ÉCRIRE)

(m) J' .... mon blog. (ÉCRIRE)

(n) Tu .... beaucoup de livres ?(LIRE)

(o) Nicole et Élodie .... un poème en cours de français. (ÉCRIRE)

Complète les mots-clés 86–101 dans ton Journal de bord.
Tous les mots se trouvent dans la section 6.7 et 6.8.
Fill in the key words 86–101 in your learning diary.
All of the words can be found in section 6.7 & 6.8.

6.9 Tu es prêt à pratiquer ? Allons-y !

6.9 A Écoute et complète.

Listen and fill in the blanks.

Manon : Salut Paul !

Paul : Salut Manon !

Manon : Tu vas où ?

Paul : Je vais au (a) .... Je suis en sixième.

Manon : Il y a combien d'élèves dans ton collège ?

Paul:	Il y a 800 élèves dans mon collège. C'est très (b) .... !
Manon:	Est-ce que les installations sont bonnes ?
Paul:	Oui. Les installations sont excellentes. Nous avons (c) .... , un gymnase, (d) .... , et trois terrains de football.
Manon:	Qu'est-ce que tu as dans ton (e) ....?
Paul:	J'ai mes (f) .... , mes (g) .... et ma (h) .... J'ai une calculatrice et (i) .... , aussi.
Manon:	Tu portes beaucoup de choses ! Tu as combien de cours aujourd'hui ?
Paul:	J'ai (j) .... cours aujourd'hui : (k) .... , français, histoire, (l) .... , EPS et (m) ....
Manon:	Quelle est ta matière préférée ?
Paul:	Ma matière préférée, c'est (n) .... J'adore les langues.
Manon:	Et les profs ? Ils sont sympas ?
Paul:	Oui. Tous les profs sont très (o) ....
Manon:	Tu as de la chance. Bonne journée au collège !
Paul:	Au revoir, Manon.

6.9 B Parlons ! Prépare tes réponses dans ton Journal de bord.

Prepare your responses in your learning diary.

Pose des questions à un/une camarade de classe.

Ask your classmate about himself/herself. You may use the questions below to guide your conversation.

(a) Comment s'appelle ton école ?
(b) Où se trouve l'école ?
(c) Il y a combien de professeurs dans ton école ?
(d) C'est une école mixte ?
(e) Comment sont les professeurs ?
(f) Est-ce qu'il y a beaucoup d'installations sportives ?
(g) Est-ce qu'il y a beaucoup d'installations éducatives ?
(h) Est-ce qu'il y a des activités extrascolaires ?

6.9 C Complète les mots croisés.

Fill in the crossword.

6↓ 8→ 9→ 10↓ 11↓ 5→ 1→ 3↓ 7→ 8↓ 2↓ 4→

6.9 D Lis l'emploi du temps et réponds aux questions en français avec des phrases complètes.

Read the timetable and answer the questions in French using full sentences.

	LUNDI	MARDI	MERCREDI
9:00	Anglais	Physique-chimie	Musique
10:00	Maths	Maths	Français
11:00	RÉCRÉ	RÉCRÉ	RÉCRÉ
11:30	Histoire / géo	EPS	Anglais
12:30	Musique	EPS	Éducation civique
1:30	DÉJEUNER	DÉJEUNER	DÉJEUNER
3:00	SVT	Informatique	Histoire / géo
4:00	SVT	Français	Maths

(a) À quelle heure est-ce que les cours commencent le matin ?

(b) Quel jour est-ce qu'il y a un cours d'EPS ?

(c) Quel cours est-ce qu'il y a le mercredi à dix heures ?

(d) Le cours d'informatique, c'est quand ?

(e) À quelle heure est-ce qu'il y a cours de musique, le lundi ?

(f) Quel jour est-ce qu'il y a cours de physique-chimie ?

(g) Quel cours est-ce qu'il y a après le déjeuner le lundi ?

(h) La récréation, c'est à quelle heure ?

6.9 E Écris ton emploi de temps en français dans ton cahier.

Write down your timetable in French.

6.9 F Complète avec ce/cet/cette/ces.

Fill in the blanks with ce/cet/cette/ces.

(a) .... livres sont intéressants.

(b) .... matière est ennuyeuse.

(c) .... étudiant est intelligent.

(d) .... professeurs sont sympas.

(e) .... roman est ennuyeux.

(f) .... fille est dans ma classe.

(g) .... trousse est jolie.

(h) .... crayons sont noirs.

(i) .... cartable est vieux.

(j) .... homme est mon professeur d'anglais.

6.9 G Encadre la bonne réponse.

Draw a square around the correct answer.

(a) Les livres *bleu / bleue / bleus / bleues*

(b) Une trousse *vert / verte / verts / vertes*

(c) Un cartable *blanc / blanche / blancs / blanches*

(d) Le crayon *noir / noire / noirs / noires*

(e) Des cahiers *jaune / jaunes*

(f) Un drapeau *gris / grise / grises*

(g) La chaise *bleu / bleue / bleus / bleues*

(h) Une règle *rouge / rouges*

(i) La calculatrice *blanc / blanche / blancs / blanches*

(j) Les gommes *vert / verte / verts / vertes*

6.9 H Complète avec la forme correcte du verbe entre parenthèses.

Fill in the correct form of the verbs in brackets.

(a) Je suis en cinquième. (ÊTRE)

(b) Les cours .... à neuf heures. (COMMENCER)

(c) Je n' .... pas la chimie. (AIMER)

(d) Tous les profs .... très sympas. (ÊTRE)

(e) Nous .... un roman de Victor Hugo. (LIRE)

(f) Tu .... une lettre à la directrice ? (ÉCRIRE)

(g) Vous .... dix matières. (ÉTUDIER)

(h) Mon frère n' .... pas de calculatrice. (AVOIR)

(i) Je .... mes devoirs. (FAIRE)

(j) Elle .... au collège lundi matin. (ALLER)

6.9 I Écris les questions pour ces réponses.

Write the questions for these answers.

Exemple : Je m'appelle Niamh. → Comment tu t'appelles ?

(a) Non, ce n'est pas une école mixte. C'est une école de filles. ....

(b) Il y a trente-huit professeurs dans mon école. ....

(c) Oui. Il y a un gymnase et un terrain de football. ....

(d) Ma matière préférée, c'est la géographie. ....

(e) Les professeurs sont très stricts. ....

(f) Non, il n'y a pas de piscine dans mon école. ....

6.9 J Mets les mots en ordre pour faire des phrases.

Put the words in order to make sentences.

Exemple : j' commerce aime le → *J'aime le commerce.*

(a) français matière c'est ma préférée le ....

(b) cartable y quatre il dans a mon livres ....

(c) sont professeurs les gentils ....

(d) neuf commencent à cours heures les ....

(e) pas bleu ai de je n' stylo ....

(f) matières étudions onze nous ....

6.9 K Trouve dix matières.

Find ten subjects in the wordsearch.

W	I	V	U	B	L	D	J	R	T	I	H	H	C	N
D	N	G	O	G	C	H	I	M	I	E	L	O	G	W
C	F	T	F	C	O	D	O	H	D	M	V	R	É	B
B	O	R	R	I	M	H	L	R	A	B	J	T	O	C
R	M	H	A	B	M	C	V	J	L	M	W	L	G	D
J	A	R	N	T	E	B	H	M	L	V	N	H	R	W
N	T	H	Ç	I	R	C	M	R	E	D	N	H	A	U
H	I	V	A	H	C	H	W	R	M	M	L	T	P	V
I	Q	B	I	R	E	J	N	R	A	C	J	H	H	L
S	U	U	S	L	C	O	R	A	N	G	L	A	I	S
T	E	J	T	W	U	D	B	D	D	N	I	O	E	C
O	C	M	U	S	I	Q	U	E	O	C	T	U	B	I
I	T	H	R	H	L	B	M	O	L	I	W	R	D	J
R	H	C	D	N	D	E	S	S	I	N	R	T	I	L
E	O	G	L	U	J	B	O	I	M	V	T	J	U	W

1	2	3	4	5	6	7	8	9	10

6.9 L Complète les phrases avec la forme correcte des verbes entre parenthèses.

Fill in the blanks with the correct form of the verbs in brackets.

(a) Nous .... (choisir) un film.

(b) Elle .... (finir) ses devoirs.

(c) Nous .... (obéir) au professeur.

(d) Je .... (remplir) mon verre d'eau.

(e) Vous .... (punir) votre fils ?

(f) Tu .... (finir) le gâteau.

(g) Paul ne .... (choisir) pas de livres.

(h) Noah et Thomas ne .... (finir) pas les exercices.

(i) Elle .... (obéir) aux lois.

(j) Tu ne .... (remplir) pas le formulaire ?

(k) Ils .... (choisir) un restaurant pour ce soir.

(l) La fille .... (rougir) quand elle voit le garçon.

Unité 6 Mets tes connaissances à l'épreuve !

Classe tes connaissances de l'Unité 6 et évalue-toi dans ton Journal de bord.
In your learning diary, assess your learning from Unit 6 and see what you have learned.

Que sais-je ?			
	☺	😐	☹
I can say what subjects I study and which ones I like.			
I can ask someone for the time.			
I can say what time it is.			
I can name the items in the classroom and my schoolbag.			
I can say what colour something is.			
I can write a description of my school.			
I recognise a number of famous French authors.			
I recognise the flags of French speaking countries.			
I understand and can use demonstrative adjectives.			
I can use regular verbs ending in –IR.			
I can use the irregular verbs LIRE and ÉCRIRE.			

Video

Toc-toc!

Unité 7

By the end of this Unit you will be able to...

- Ask someone about his/her house
- Tell someone about your house
- Label the rooms of the house and identify pieces of furniture
- Recognise different types of housing in France
- Identify the regions of France
- Write a description of your home
- Use regular verbs ending in–RE
- Understand and use prepositions to describe where things are

Les appartements

Student website

Visit www.edco.ie/caroule1 for interactive activities and quizzes based on this unit.

La maison

L'immeuble

Le gîte

Une affiche « À vendre »

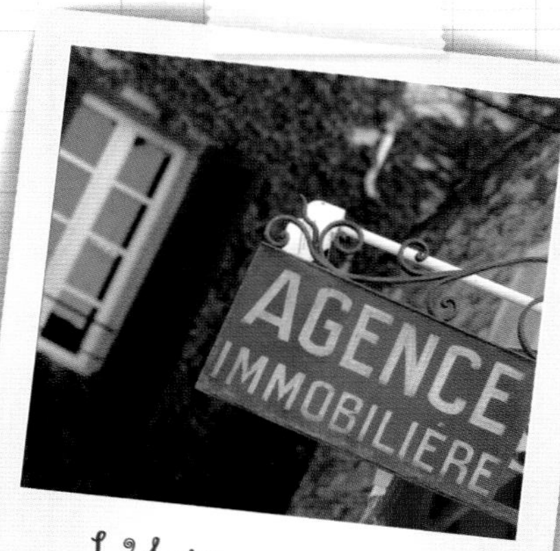

L'Agence immobilière

7.1 Voici ma maison !

Est-ce que vous venez chez moi samedi ?
Oui.

Quelle est l'adresse ?
J'habite 20 rue Pasteur.

À quelle heure, samedi ?
À quinze heures.

D'accord.

www.monblog.fr/nicolex

www.monblog.fr/nicolex

MA MAISON

J'habite dans une maison à Biarritz. J'aime ma maison. Elle est grande et elle est située près du centre-ville. La maison a deux étages. En bas, il y a l'entrée, le salon, la cuisine et la salle à manger. En haut, il y a quatre chambres et la salle de bains. Nous avons des volets bleus. Il y a un grenier, un garage et une cave chez moi aussi.

7.1 A La maison

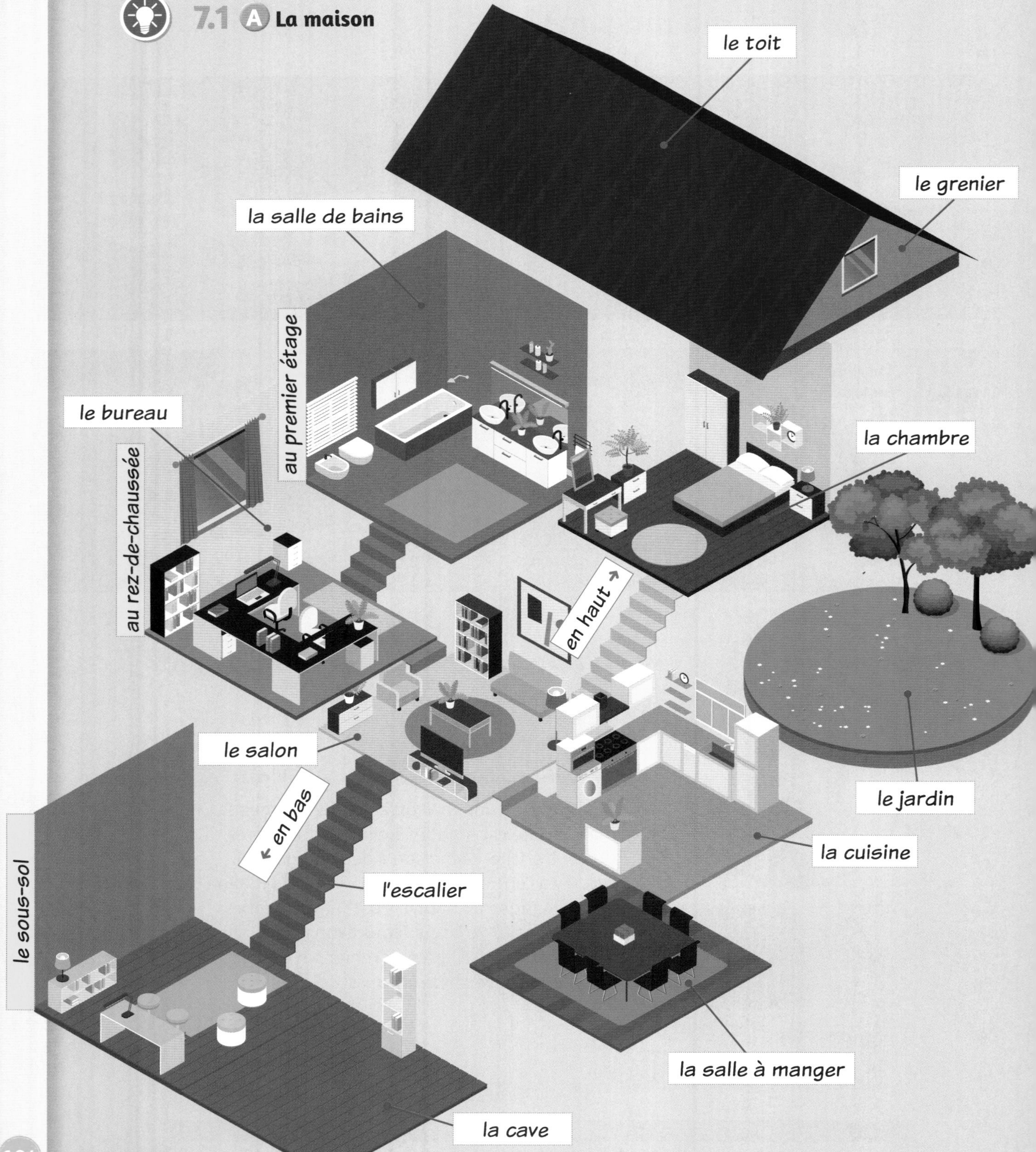

le toit

le grenier

la salle de bains

au premier étage

le bureau

au rez-de-chaussée

la chambre

en haut →

le salon

← en bas

le jardin

la cuisine

le sous-sol

l'escalier

la salle à manger

la cave

7.1 B Où habites-tu ? Écoute et lis.

Where do you live? Listen and read.

Je m'appelle Cécile. J'habite un appartement dans le centre-ville de Lyon. J'adore habiter en ville, mais l'appartement est très petit.

Je m'appelle Michel. J'habite une maison individuelle au bord de la mer, à Nice. C'est une maison de deux étages avec un grand jardin.

Je m'appelle Antoine. J'habite avec mes parents dans un appartement en banlieue, près de Paris. Nous avons une résidence secondaire au bord de la mer en Bretagne aussi.

Je m'appelle Sophie. J'habite une maison de plain-pied dans un petit village à la campagne. Nous habitons à quarante kilomètres de Nantes.

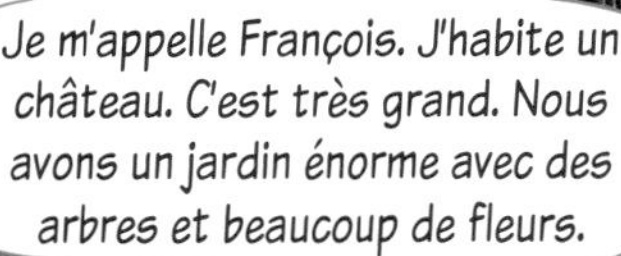

Je m'appelle François. J'habite un château. C'est très grand. Nous avons un jardin énorme avec des arbres et beaucoup de fleurs.

Réponds en français avec des phrases complètes aux questions.

Answer the questions in French with full sentences.

(a) Où habite Cécile ?

(b) Où se trouve la résidence secondaire d'Antoine ?

(c) Qui habite à Nice ?

(d) Qu'est-ce qu'il y a dans le jardin de François ?

(e) Qui habite à la campagne ?

Retrouve les expressions suivantes dans les textes ci-dessus.
Find the following phrases in the above texts.

(a) an apartment	(e) it's a two storey house	(i) a bungalow
(b) the city centre	(f) in the suburbs	(j) a village
(c) a detached house	(g) near Paris	(k) in the countryside
(d) beside the sea	(h) a holiday home	(l) a castle

7.1 C Nicole reçoit un e-mail de sa correspondante irlandaise. Écoute et complète les phrases.
Nicole receives an email from her Irish pen-pal. Listen and fill in the blanks.

De: ktkenny123@eir.ie

À: nicoledubois@yahoo.fr

Chère Nicole,

Merci pour ton e-mail avec les photos de ta (1) .... à Biarritz. J'habite une maison mitoyenne dans un lotissement en (2) .... La maison est assez grande, avec deux (3) ....
En bas, il y a une (4) ...., la salle à manger et le (5) .... En haut, il y a une salle de bains et (6) .... chambres. Mes deux frères partagent une chambre, mais j'ai de la chance parce que j'ai ma propre chambre. Quand mes frères (7) .... la télé le soir, je préfère surfer sur le Web sur mon ordinateur portable dans ma (8) ....

Nous avons un (9) .... jardin avec des fleurs et des arbres. Les voisins sont très (10) .... J'ai beaucoup d'amis dans le lotissement et deux filles de mon club de camogie habitent dans la même rue que moi. L'ambiance est super !

Dublin est une grande ville au bord de la mer avec beaucoup d'infrastructures pour les jeunes. J'adore aller en (11) .... le weekend avec mes amis. Nous allons au ciné, puis nous allons boire un café.

Et toi ? Est-ce que tu habites un appartement ou une (12) .... ? Peux-tu me décrire où tu habites ?

J'attends ta réponse avec impatience.

Amitiés,

Katie

7.1 D Lis l'e-mail de Katie au-dessus et réponds aux questions en français.

Read the email above from Katie and answer the questions in French.

(a) Où habite Katie ?

(b) Décris sa maison.

(c) Qu'est-ce qu'il y a au-rez-de-chaussée ?

(d) Qu'est-ce qu'il y a au premier étage ?

(e) A-t-elle un jardin ?

(f) Comment sont les voisins ?

(g) Retrouve les expressions suivantes en français :

a semi-detached house

a housing estate

the neighbours

7.1 E Où habites-tu ?

Where do you live?

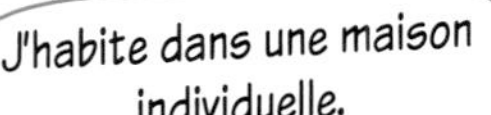

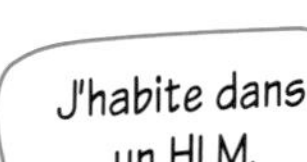

Où habites-tu ?

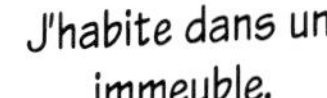

J'habite dans un immeuble.

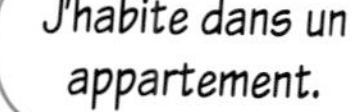

J'habite dans un appartement.

HLM stands for ***h**abitation à **l**oyer **m**odéré*. HLM are found in large cities and are apartments provided by the government (like council flats in Ireland).

7.1 F Voici ma maison ! Écris une description de ta maison dans ton Journal de bord.

Write a description of your home in your learning diary.

7.1 G Parlons ! Prépare tes réponses dans ton Journal de bord.

Prepare your responses in your learning diary.

Chez toi ! Pose des questions à un/une camarade de classe.

Ask your classmate about his/her home. You may use the questions below to guide your conversation.

(a) Où habites-tu ?

(b) Tu habites un appartement ou une maison ?

(c) Décris ta maison ou ton appartement.

(d) Il y a combien de chambres chez toi ?

(e) Est-ce qu'il y a un jardin chez toi ?

(f) Comment sont les voisins ?

7.2 Les régions et les départements

7.2 A Voici la carte de la France

Dans l'exercice 7.1 A, Antoine dit qu'il a une résidence secondaire *en Bretagne*. Bretagne est une région de la France. Il y a treize régions en France. Regarde la carte des régions au-dessus. Est-ce que tu vois Bretagne sur la carte ?

The regions do not write their own laws but they do make some important decisions for themselves. For example, they have the power to decide on spending for education, public transport, infrastructure and tourism within their region.

7.2 B Travaillez en groupes. Choisissez une région de France. Trouvez des renseignements sur la région et faites un exposé devant la classe.

Work in groups. Choose a French region to research and make a presentation about it for the class.

7.2 C Trois personnes parlent de leur maison. Écoute et réponds aux questions en français.

Three people talk about their houses. Listen and answer the questions below in French.

1. Paul

(a) Où habite-il ? (2 détails)

(b) Qu'est-ce qu'il y a au rez-de-chaussée ?

(c) Combien de chambres y a-t-il ?

(d) Qu'est-ce qu'il y a dans le jardin ?

2. Marie-Luce

(a) Où habite-elle ? (2 détails)

(b) Décris l'appartement

(c) Combien de chambres y a-t-il ?

(d) Comment sont ses voisins ?

3. Conor

(a) Où habite-il ?

(b) Qui habite dans sa maison ?

(c) Qu'est-ce qu'il y a au premier étage ?

(d) Que fait-il dans sa chambre ?

La France est la destination touristique la plus populaire du monde. Environ 85 million de gens visitent les régions de la France chaque année. En France, on trouve beaucoup d'hôtels, de campings et de gîtes pour accueillir les touristes. Un gîte est un hébergement pour touristes, traditionnellement à la campagne. Il y a des gîtes dans toutes les régions de la France. Vous trouvez toutes les informations des gîtes sur le site web www.gites-de-france.com

7.2 D Recherche des gîtes sur internet

Find out about gites online at www.gites-de-france.com.

(a) Trouve un gîte qui convient à une famille avec des bébés.

(b) Trouve un gîte qui convient à une famille nombreuse.

(c) Trouve un gîte près de la plage pour ta famille

Complète avec les mots-clés dans ton Journal de bord. Tous les mots se trouvent dans les sections 7.1 et 7.2.

Fill in the key words 1–39 in your learning diary. All of the words can be found in section 7.1 and 7.2.

7.3 À l'agence immobilière

Anybody looking to buy or rent a home in France would first contact *une agence immobiliaire* (estate agency). *L'agence immobiliaire* provides information of homes and apartments that are à *vendre* (for sale) or à *louer* (for rent).

7.3 A Lis les annonces des agences immobilières et complète les exercices.

Read the following property advertisements and answer the questions.

À LOUER

Paris 6e arrondissement. Très lumineux. Trois chambres, salon, cuisine équipée, salle de bains, toilettes séparées. Grand balcon, ascenseur, chauffage au gaz, un quartier très central, rue très calme, deux stations de métro à proximité, école primaire dans la rue. 3.200€ par mois

Agence : Locare
Téléphone : 09.70.38.54.32

À VENDRE

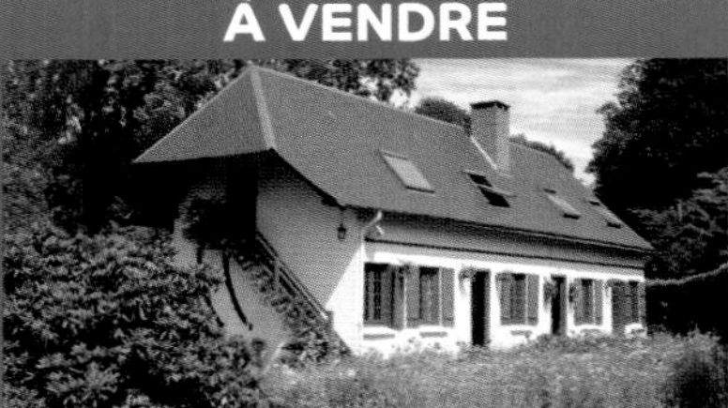

Joli manoir situé à 140km de **Marseille**. Sept pièces dont quatre chambres, deux salles de bains, chauffage central. Grande pièce de vie avec cheminée, cuisine équipée. Cave et deux garages. 3500m^2 de jardin. 260.000€

Agence : Reseau Immo Diffusion
Téléphone : 09.74.53.13.81

À VENDRE

Lyon, quartier Montchat. Au quatrième étage. Vue directe sur la place du Château. Double vitrage et ascenseur. L'appartement est vendu avec une cave et un garage. Cuisine équipée, deux chambres, salle de bains. 295.000€

Agence : EDM Rhone
Téléphone 06.74.42.94.58

À LOUER

Rennes. Vous êtes étudiant ? Vous avez besoin d'un appartement bien placé ? À côte de l'Université de Rennes I. Au 2e étage. Cuisine, grand salon, bureau, une chambre, salle de bains avec WC, garage couvert. 500€ par mois

Agence: ParuVendu
Téléphone : 06.18.14.09.13

À VENDRE

Surville. Maison confortable située à quelques minutes de la mer. Cuisine équipée, salon, trois chambres, salle d'eau, jardin arboré et fleuri. 198.000€

Agence : Laforêt Immobilier
Téléphone : 02.30.25.28.67

À LOUER

Cannes. Une superbe villa provençale rénovée avec vue panoramique sur la mer. Elle se compose de six chambres, trois salles de bains, une cuisine entièrement rénovée, climatisation, une jolie terrasse avec un barbecue, un jardin avec une grande piscine et court de tennis. 6.700€ par mois

Agence: Century 21
Téléphone : 04.82.75.13.90

1 Réponds en français.

Answer in French.

(a) Combien de chambres y a-t-il dans la maison à Surville ?

(b) Quel est le numéro de téléphone pour acheter l'appartement à Lyon ?

(c) Où se trouve la maison avec une piscine et un court de tennis ?

(d) Dans quelle ville se trouve un appartement à louer à côté d'une université ?

2 Réponds en anglais.

Answer in English.

(a) What number would you call if you wanted to buy a house with a fireplace, a cellar and two garages?

(b) What can you see from the apartment for sale in Lyon?

(c) Name two things that can be found near the apartment for rent in Paris

(d) How many bedrooms and how many bathrooms are there in the property in Cannes?

(e) Which of the properties would best suit you and your family if you were moving to France? Why?

3 Vrai ou faux?

True or false?

(a) L'appartement à Rennes n'a pas de garage.

(b) Il y a trois chambres dans l'appartement à Paris.

(c) La maison à Cannes a une jolie terrasse et un barbecue.

(d) La maison à Surville a une piscine dans le jardin.

4 Retrouve les expressions suivantes dans les annonces.

Find the following phrases in the advertisements.

(a) a lift

(b) a fire place

(c) central heating

(d) a very central neighbourhood

7.3 B Imaginez la maison de vos rêves. Travaillez en groupes et inventez une annonce d'agence immobilière.

Imagine the house of your dreams. In small groups, design a digital advertisement selling that home. The advertisement should be similar to those in exercise 7.3 A and include a brief description of the property, an image and contact details for an estate agency. Put the advertisements from each group together to create a class property brochure. You can make a digital brochure or a print version.

7.4 Vendre et les verbes en –RE

7.4 A Les verbes en –RE

You already know the present tense of two groups of regular verbs: verbs ending in –ER and verbs ending in –IR. Remember that we call these verbs regular because they follow a pattern. There is one final group of regular verbs, verbs ending in –RE. Look at the sign above. VENDRE (to sell) belongs to this final group of verbs.

Can you figure out the pattern from the chart below? Fill in the verbs PERDRE and RÉPONDRE

	VENDRE *(to sell)*	ENTENDRE *(to hear)*	PERDRE *(to lose)*	RÉPONDRE *(to answer)*
je / j'	vend**s**	entend**s**	perd**s**	
tu	vend**s**	entend**s**	perd**s**	
il/elle/on	vend	entend		
nous	vend**ons**	entend**ons**		
vous	vend**ez**			
ils/elles	vend**ent**	entend**ent**		

★ Remember to make a verb negative we must sandwich the verb with *ne* and *pas*

Tu vends ta voiture ?	Are you selling your car?
*Tu **ne** vends **pas** ta voiture ?*	Are you not selling your car?
Je réponds aux questions.	I answer the questions.
*Je **ne** réponds **pas** aux questions.*	I don't answer the questions.

7.4 B Écoute les verbes, répète la prononciation et corrige l'exercice ci-dessus.

Listen and repeat the verbs, then correct the exercise above.

7.4 C Les verbes réguliers en -RE

ATTENDRE	*to wait for*
DESCENDRE	*to go down*
ENTENDRE	*to hear*
PERDRE	*to lose*
RENDRE visite à	*to visit*
RÉPONDRE	*to answer*
TONDRE (la pelouse)	*to mow (the lawn)*
VENDRE	*to sell*

Il **vend** *des vélos.*

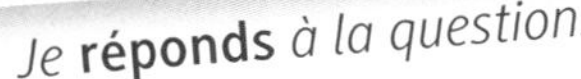

Je **réponds** *à la question.*

Elles **attendent** *le bus.*

Elle **rend** *visite à sa grand-mère.*

7.4 D Complète les verbes en –RE dans ton Journal de bord.

Fill in the –RE verb chart in your learning diary.

7.4 E Complète avec la bonne forme du verbe entre parenthèses.

Fill in the blanks with the correct form of the verbs in brackets.

(a) J' attends (attendre) le bus.

(b) Elles .... (descendre) les escaliers.

(c) Mon cousin .... (entendre) chanter les oiseaux dehors.

(d) Nous .... (perdre) le match de foot !

(e) Paul .... (rendre) visite à son grand-père.

(f) Je ne .... (répondre) pas aux questions en classe.

(g) Nous .... (vendre) nos livres.

(h) Tu .... (attendre) la cloche.

(i) Vous .... (descendre) la montagne.

(j) Il ne .... (perdre) pas le match de tennis.

(k) J' .... (entendre) le son des cloches.

(l) Tu .... (vendre) ta voiture ?

(m) Elle ne .... (répondre) pas à la question.

(n) Je .... (rendre) visite à mes cousins.

(o) Christelle et Serge .... (vendre) leurs vélos

(p) Tu .... (perdre) ton temps.

(q) Nous n' .... (attendre) pas le train.

(r) Marie ne .... (vendre) pas la maison.

7.4 F Choisis le bon pronom personnel.

Choose the correct personal pronoun.

(a) *Nous / je / ils* réponds à la question.

(b) *Tu / vous / elle* vendez l'ordinateur ?

(c) *Elles / je / nous* rends visite à mon frère.

(d) *Elle / je / vous* perd le match.

(e) *Il / nous / ils* entendent le son des cloches.

(f) *Vous / ils / je* descends l'escalier.

(g) *Je / tu / elles* répondent à leurs parents.

(h) *Elle / je / tu* entend les oiseaux.

(i) *Nous / elles / il* vend l'appartement.

(j) *Ils / vous / nous* n'attendons pas le bus.

7.4 Ⓖ Que font-ils ? Travaillez à deux.

What are they doing? Work in pairs. Ask each other what the people in each illustration are doing. Revise the verb FAIRE on page 76.

Exemple : *Qu'est-ce qu'il fait?*

Il attend le train.

(a)

(b)

(c)

(d)

(e)

(f)

Maintenant, écris une phrase pour chaque image ci-dessus.

Now write a sentence for each image above.

Complète les mots-clés 40–54 dans ton Journal de bord. Tous les mots se trouvent dans les sections 7.3 et 7.4.

Fill in the key words 40–54 in your learning diary. All of the words can be found in section 7.3 and 7.4.

7.5 Qu'est-ce qu'il y a dans ta chambre ?

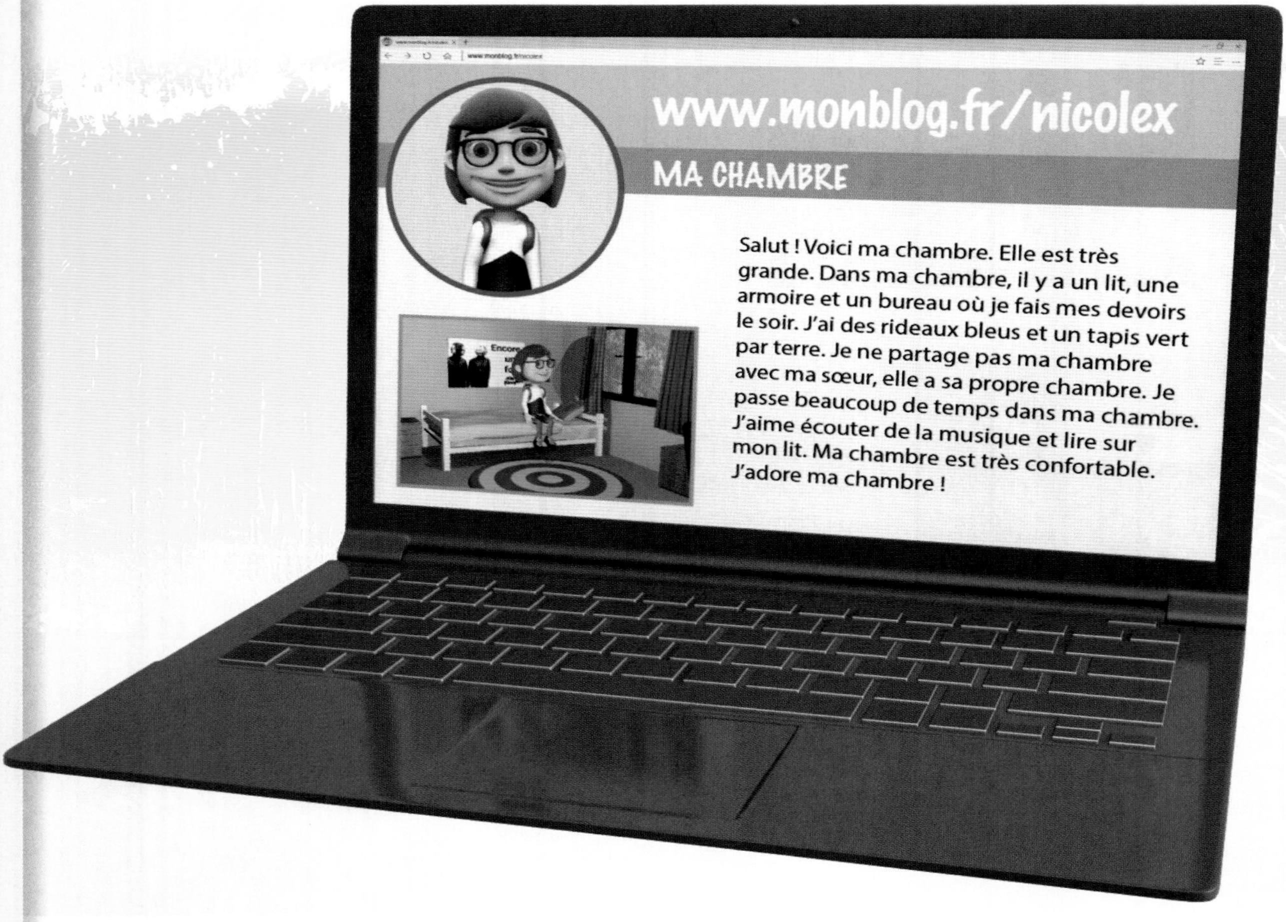

www.monblog.fr/nicolex

MA CHAMBRE

Salut ! Voici ma chambre. Elle est très grande. Dans ma chambre, il y a un lit, une armoire et un bureau où je fais mes devoirs le soir. J'ai des rideaux bleus et un tapis vert par terre. Je ne partage pas ma chambre avec ma sœur, elle a sa propre chambre. Je passe beaucoup de temps dans ma chambre. J'aime écouter de la musique et lire sur mon lit. Ma chambre est très confortable. J'adore ma chambre !

7.5 A Écoute et identifie les meubles avec les mots ci-dessous.
Listen and label the furniture with the words below.

Les meubles

le lit	*la lampe*	*le lave-vaisselle*	*le four*	
le fauteuil	*le canapé*	*la douche*	*les rideaux*	*le plafond*

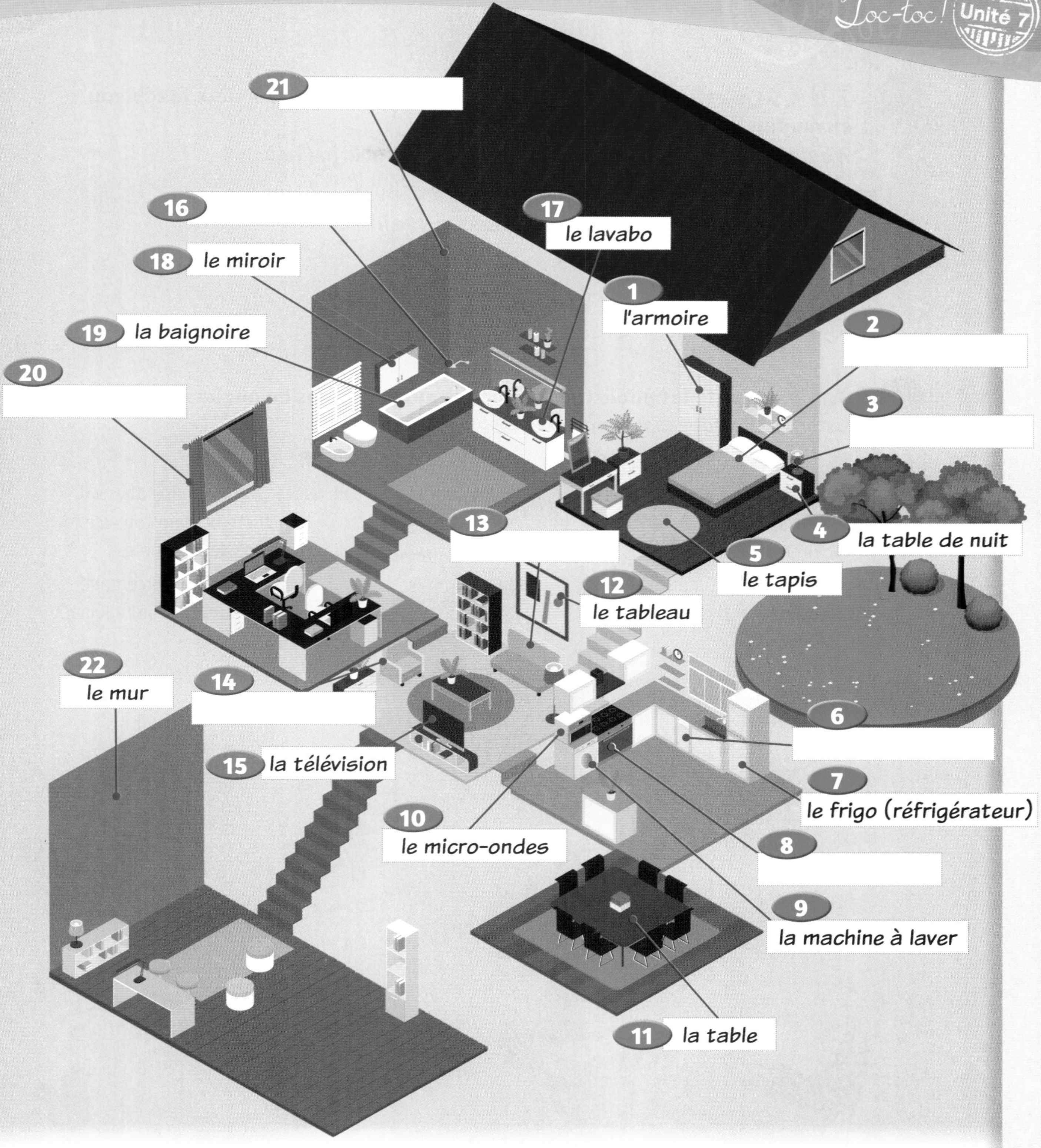

1 l'armoire

2

3

4 la table de nuit

5 le tapis

6

7 le frigo (réfrigérateur)

8

9 la machine à laver

10 le micro-ondes

11 la table

12 le tableau

13

14

15 la télévision

16

17 le lavabo

18 le miroir

19 la baignoire

20

21

22 le mur

7.5 B Écoute et répète les mots.
Listen and repeat the words.

7.5 C Qu'est-ce qu'il y a dans ta chambre ? Écoute et complète le tableau en anglais.

What is in your bedroom? Listen and fill in the table in English.

	Name	Furniture
1	Jean	bed, wardrobe, green curtains
2	Michel	
3	Claudine	
4	Manon	

7.5 D Écoute les publicités et réponds aux questions en anglais.

Listen to the advertisements and answer in English.

1

(a) Name three items of furniture that are on sale in Monsieur Meubles.

(b) Name three cities where Monsieur Meubles have shops.

2

(a) In what month is the sale running?

(b) Name three items on sale.

3

(a) For how many days will there be items on sale in Monsieur Meubles?

(b) Up to what percentage will furniture be reduced?

7.5 E Les Prépositions

Où est l'oiseau ?

L'oiseau est **sur** la table.

L'oiseau est **sous** la table.

L'oiseau est **entre** la table et le canapé.

L'oiseau est **à côté** de la table.

L'oiseau est **devant** la table.

L'oiseau est **derrière** la table.

L'oiseau est **loin de** la table.

L'oiseau est **près de** la table.

 **Attention :** de + le = du *Exemple : L'oiseau est à côté **du** canapé.*

7.5 F Où est la tortue ? Pose la question à ton / ta camarade de classe.
Where is the turtle? Ask your partner.

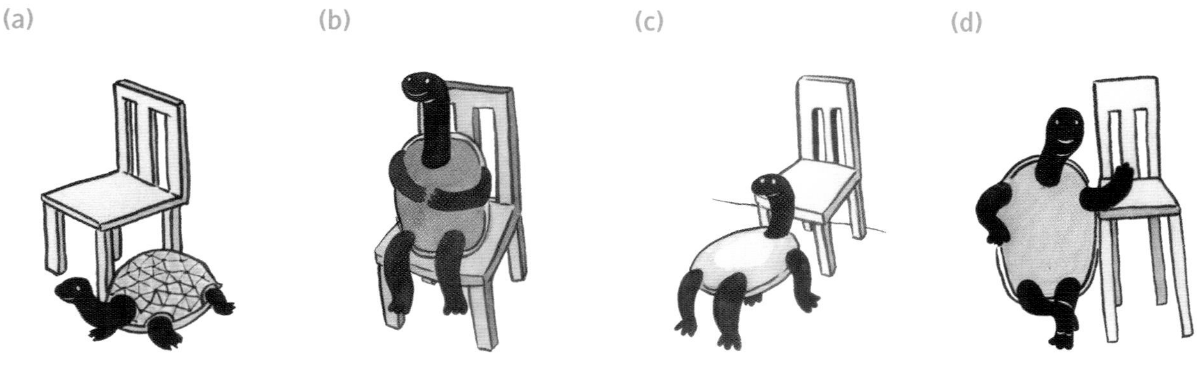

La tortue est près de la chaise.

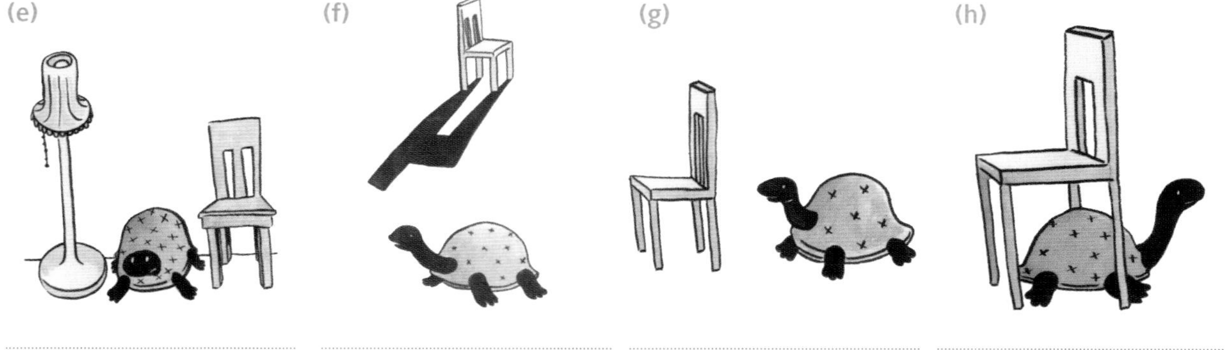

Où est la tortue ? Écris une phrase pour chaque image au-dessus.
Where is the turtle? Write a sentence for each of the above images.

7.6 Les tâches ménagères

La mère de Nicole *fait le ménage*. Elle *passe l'aspirateur* dans le salon. Nicole n'aime pas *les tâches ménagères* mais elle *fait le repassage* pour sa mère.

7.6 A Travaillez avec un/une camarade de classe. Identifiez les tâches ménagères.

Work with a partner. Match the chores to the illustrations.

~~faire des courses~~	*passer l'aspirateur*	*faire la vaisselle*	*faire le repassage*
faire la cuisine	*faire un gâteau*	*faire la lessive*	*faire le lit*

(a)

Faire des courses

(b)

(c)

(d)

(e)

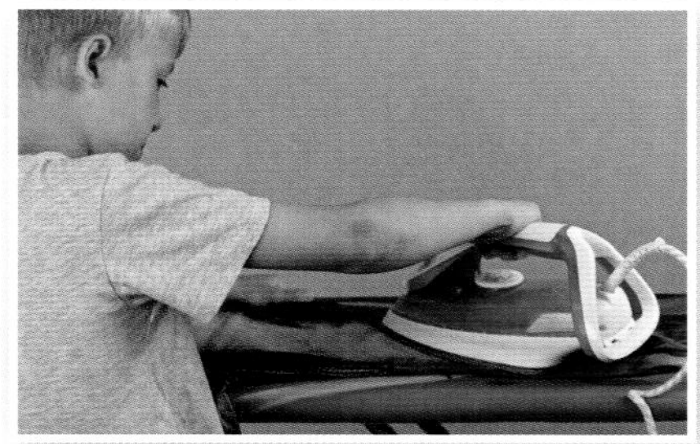

(f)

(g)

(h)

7.6 B Trois jeunes parlent des tâches ménagères. Écoute et réponds en français aux questions.

Listen and answer the questions in French.

Bernard

(a) Qu'est-ce qu'il fait le samedi matin ?

(b) Qu'est-ce qu'il n'aime pas faire ?

(c) Qui fait la lessive ?

Manon

(a) Où habite-elle ?

(b) Quand est-ce qu'elle fait la cuisine ?

(c) Qu'est-ce qu'elle fait le vendredi soir ?

Alice

(a) Qu'est-ce qu'elle n'aime pas faire ?

(b) Qui fait la vaisselle ?

(c) Quand est-ce qu'elle passe l'aspirateur ?

7.6 C Que font-ils ? Pose la question à ton/ta camarade de classe.

What are they doing? Ask your classmate.

(a)

Que fait-elle ?

Elle fait le repassage.

(b)

(c)

(d)

(e)

(f)

(g)

(h)

Que font-ils ? Écris une phrase pour chaque image au-dessus.

What are they doing? Write a sentence for each of the above images.

7.6 D Parlons ! Prépare tes réponses dans ton Journal de bord.

Prepare your responses in your learning diary.

Chez toi ! Pose les questions à un/une camarade de classe.
Ask your classmate about his/her chores. You may use the questions below to guide your conversation.

(a) Est-ce que tu fais le ménage chez toi ?
(b) Quelles tâches ménagères fais-tu ?
(c) Quand est-ce que tu fais les tâches ménagères ?
(d) Quelles sont les tâches ménagères que tu n'aimes pas faire ?
(e) Est-ce que tes parents te donnent de l'argent pour faire le ménage ? Combien ?
(f) Qui fait la plupart des tâches ménagères chez toi ?

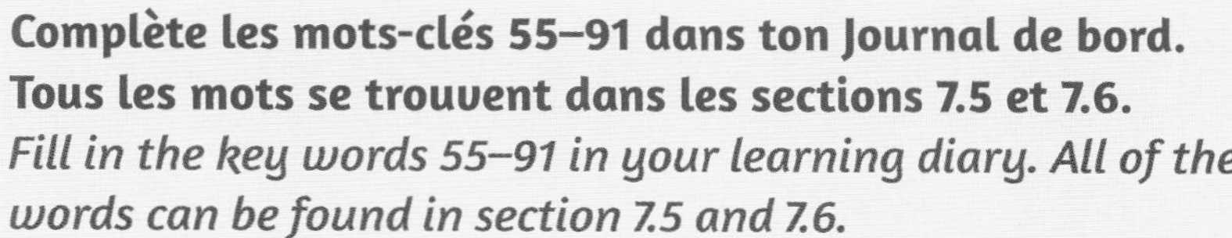

Complète les mots-clés 55–91 dans ton Journal de bord. Tous les mots se trouvent dans les sections 7.5 et 7.6.
Fill in the key words 55–91 in your learning diary. All of the words can be found in section 7.5 and 7.6.

7.7 Tu es prêt à pratiquer ? Allons-y !

7.7 A Lis la description d'un appartement à Montréal et réponds aux questions en anglais.
Read the description of an apartment for exchange in Montréal and answer the questions in English.

Bonjour et bienvenue au Canada.

Notre appartement est situé sur une rue résidentielle tranquille, au coeur de Montréal, près du centre-ville. Pas besoin de voiture : tout se fait à pied, en vélos ou avec les transports en commun ! L'appartement est près du parc Laurier. Vous trouverez tous les magasins et les commerces à moins de cinq minutes à pied. À dix minutes à pied, il y a une piscine municipale, des terrains de tennis et des restaurants.

L'appartement est entièrement rénové avec la climatisation, cuisine équipée, lave-vaisselle, WiFi, télévision HD et une petite salle de bains. Notre appartement peut accueillir 4 personnes (1 chambre + sofa-lit au salon) La chambre comporte un lit double.

À l'extérieur, il y a un balcon avec des chaises et un BBQ.

Nous avons un chien adorable et intelligent.

Nous aimerions faire un échange au mois de juillet pour un appartement en Europe (Allemagne, Royaume-Uni ou Italie)

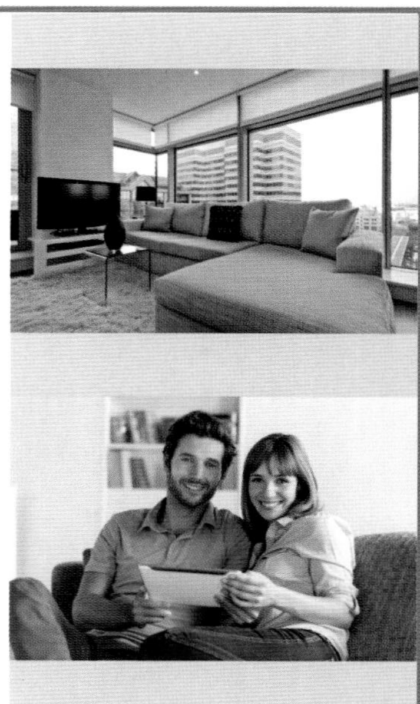

(a) Where exactly is the apartment situated?

(b) What can you find within a five minute walk of the apartment?

(c) What can you find within a ten minute walk of the apartment?

(d) Describe the facilities.

(e) How many bedrooms are there and how many people can comfortably sleep there?

(f) What pet do the owners have?

(g) During what month would they like to organise a home exchange?

(h) Where would they like to go?

7.7 B Ta famille veut faire un échange de maison avec Caroline et François. Écris un e-mail et décris ta maison ou appartement.

Your family wishes to exchange homes with Caroline and François. Write an email to them in your learning diary describing your house or apartment.

7.7 C Complète les phrases avec les verbes entre parenthèses.

Fill in the blanks with the correct form of the verbs in brackets.

(a) Nous .... (attendre) le bus.

(b) Je .... (descendre) les escaliers.

(c) Elles .... (entendre) chanter les oiseaux dehors.

(d) Mon frère .... (perdre) le match de foot !

(e) Nous .... (rendre) visite à notre grand-père.

(f) Christelle ne .... (répondre) pas aux questions en classe.

(g) Je .... (vendre) mon vélo.

(h) Nous .... (attendre) la cloche.

(i) Tu .... (descendre) la montagne ?

(j) Vous ne .... (perdre) pas le match de tennis.

(k) Il .... (entendre) le son des cloches.

(l) Ils .... (vendre) la voiture.

(m) Les filles ne .... (répondre) pas à la question.

(n) Serge .... (rendre) visite à ses cousins.

(o) Vous .... (vendre) vos livres ?

7.7 D Complète les phrases avec les verbes entre parenthèses.

Fill in the blanks with the correct form of the verbs in brackets.

(a) Yves .... (ÊTRE) allemande.

(b) Je .... (PARLER) anglais.

(c) Elles .... (AVOIR) quinze ans.

(d) Vous .... (CHOISIR) un film ?

(e) Vous .... (VOIR) le chien ?

(f) Paul et Françoise .... (ATTENDRE) le train.

(g) Elle .... (VENIR) d'Italie.

(h) Ils .... (ÉCRIRE) des e-mails.

(i) Nous .... (ÊTRE) très heureux.

(j) Tu .... (VENDRE) la maison ?

(k) Je .... (ALLER) au cinéma ce soir.

(l) Claire .... (FINIR) ses devoirs.

(m) Maman .... (LIRE) un roman.

(n) Mes cousins .... (HABITER) en Espagne.

(o) Vous .... (FAIRE) le repassage ?

7.7 E Écris un jeu de rôle avec ton/ta camarade de classe. Une personne est un agent immobilier, l'autre veut vendre sa maison.

Write a role-play with your partner. One of you is an estate agent; the other wants to sell his/her house. The estate agent should ask the vendor to describe the house. Use the Mots-Clés in your learning diary to help you.

7.7 F Écoute et réponds en anglais aux questions.

Listen and answer in English.

(a) In what region does Thomas live?

(b) What kind of house does he live in?

(c) What rooms are on the ground floor of his house?

(d) What rooms are on the first floor of his house?

(e) Name three things in his bedroom.

(f) What colour are the curtains in his bedroom?

7.7 G Lis les annonces et réponds aux questions.

Read the advertisements and answer the questions.

1 **Gîte à St-Julien-en-Born, Aquitaine. Idéale pour vos vacances en famille!**

Maison indépendante. Les plages à 7 kilomètres, les pistes cyclables toutes proches. Capacité 6 personnes, 3 chambres, cuisine équipée, salon, terrasse privée, lave linge, lave-vaisselle, télévision, micro-ondes.

Disponible du 1 mai au 30 septembre

Tarifs : 500€ par semaine (mai, juin, septembre)
650€ par semaine (juillet, août)

2 **Gîte à St-Jean-de-Sixt, Rhône-Alpes. Pour les amateurs de ski.**

Chaleureux chalet pour profiter de la montagne en été ou hiver. Station de ski à 4 kilomètres, pistes de fond à 300 mètres.

Capacité 4 personnes. 2 chambres, salon avec lecteur DVD, cuisine, internet, chauffage central, cheminée, équipement bébé, garage.

Disponible toute l'année

Tarifs : 950€ par semaine en hiver
675€ par semaine au printemps & en automne
825€ par semaine en été

Promotion : 10% pour 3 semaines

3 **Gîte à Saint-Babel, Auvergne. Dans une ferme.**

Dans un petit village très calme, nous vous accueillons à la ferme. Venez à déguster les produits de la ferme !

Capacité 10 personnes. 5 chambres, grand salon avec cheminée, cuisine équipée, jardin avec trampoline, table de ping-pong, barbecue et piscine. Sentiers de randonnées balisés au départ de la ferme. Parking privatif.

Disponible juillet et août

Tarifs : 720€ par semaine

Réponds en français.
Answer in French.

(a) Comment s'appelle la ville où se trouve le gîte en Aquitaine ?
(b) Quand est-ce que le gîte à St-Jean-de-Sixt coûte 825€ par semaine ?
(c) Quel sport d'hiver peut-on faire près de St-Jean-de-Sixt ?
(d) Qu'est-ce qu'il y a dans le jardin du gîte à Saint-Babel ?
(e) Quand est-ce que le gîte à Saint-Babel est disponible ?

Réponds en anglais.
Answer in English.

(a) Which gîte has equipment for babies?
(b) Which gîte is near the beach and near cycle lanes?
(c) Which gîte has the highest capacity?
(d) What is the total cost of a two week stay in the gîte in Auvergne?
(e) Which gîte would you prefer to stay in on holidays? Why?

Vrai ou faux.
True or false.

(a) Le gîte en Aquitaine coûte 650€ par semaine au mois de juin.
(b) Il y a trois chambres dans le gîte en Aquitaine.
(c) Le gîte à St-Jean-de-Sixt est disponible en été et en hiver.
(d) Il y a une station de ski à cinq kilomètres du gîte à St-Jean-de-Sixt.
(e) Le gîte à Saint-Babel n'est pas disponible en été.

7.7 H Ta famille veut passer les grandes vacances en France, donc vous cherchez une maison à louer. Rédige l'annonce pour une maison à louer dans ton Journal de bord.
Your family want to spend the summer in France and are looking for a house to rent. Design a property advertisement in your learning diary for a rental house that matches your needs. Use the advertisements in section 7.3 A to help you.

Unité 7 Mets tes connaissances à l'épreuve !

Classe tes connaissances de l'Unité 7 et évalue-toi dans ton Journal de bord.
In your learning diary, assess your learning from Unit 7 and see what you have learned.

Que sais-je ?			

I can describe my house and my bedroom.			
I can ask someone about their house.			
I can name rooms and label furniture.			
I can recognise different types of homes in France.			
I can identify the regions of France.			
I can use prepositions to describe where things are.			
I can use the present tense of verbs ending in –RE.			

Video

Bon appétit!

By the end of this Unit you will be able to...

- Say what foods you like or dislike
- Ask someone about the foods he/she likes to eat
- Ask how much something costs
- Name different food and drinks
- Recognise typical French dishes
- Investigate a traditional recipe from France
- Design a menu
- Write about the food you eat
- Write and enact a role-play set in a shop
- Express quantities and use the partitive article du, de la, de l', des
- Use the verbs MANGER and BOIRE to say what you eat and drink
- Use the verbs VOULOIR and ACHETER to discuss what you buy

Soupe à l'oignon

Student website

Visit www.edco.ie/caroule1 for interactive activities and quizzes based on this unit.

Cassoulet

Bœuf bourguignon

Coq au vin

Salade niçoise

Tarte tatin

8.1 La bouffe en France

8.1 A Nicole écrit un mél à Katie. Écoute et associe les mots en italiques avec les images.

Nicole writes an email to Katie. Listen and match the words in italics with the images.

De: nicoledubois@yahoo.fr

À: ktkenny123@eir.ie

Chère Katie,

Merci pour ton mél. Tu m'as demandé de te décrire comment on mange en France. Alors, je prends mon petit-déjeuner à sept heures et demie. Je ne mange pas beaucoup. Normalement, je mange *du pain* avec *du beurre* ou *de la confiture.* Je bois *un jus d'orange*. Mes parents aiment boire *un café* et ma sœur Louise boit *un chocolat chaud*. Le weekend, je mange *un croissant,* une brioche ou *un pain au chocolat* pour le petit déjeuner.

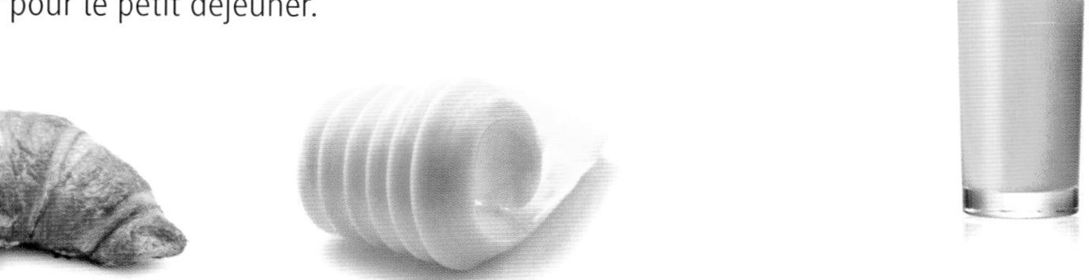

Je déjeune à la cantine de l'école à treize heures. Pour commencer, je mange une entrée comme, par exemple, *une salade,* et pour le plat principal, je prends un plat chaud comme, par exemple, *du poisson* ou *de la viande* avec *des légumes* ou *des pommes de terre.* Il y a toujours du pain et du fromage, aussi. Comme dessert, je mange *des fruits* ou *un yaourt*.

Le soir, je dîne en famille. Nous mangeons vers vingt heures. Pour le dîner, nous mangeons un repas chaud (comme le déjeuner) avec une entrée, un plat principal, *du fromage* et un dessert. Mes parents boivent *un verre de vin* avec le dîner. Ma sœur et moi buvons *de l'eau*. Ma mère aime cuisinier. Ses plats préférés sont *le bœuf bourguignon* et *le coq au vin*.

Et toi ? Qu'est-ce que tu manges en Irlande ? Quel est ton plat préféré ?

J'attends ta réponse avec impatience.

Nicole

8.1 B Écoute, vérifie tes réponses et répète le vocabulaire.

Listen, check your answers and repeat the vocabulary from above.

8.1 C Lis le mél de Nicole et complète le tableau avec les repas, la nourriture et les boissons.

Reread Nicole's email in section 8.1 A above and fill in the blanks in the table.

REPAS	HEURE	NOURRITURE / BOISSONS
P _ _ _ _ D _ _ _ _ _ _ _ _		
D _ _ _ _ _ _ _ _		une salade,
D _ _ _ _	20:00	

8.1 D Lis les textes et réponds aux questions.

Read the texts and answer the questions.

Tous les lundis matin
À partir de 9h30 et jusqu'à 11h00
Gratuit 1€
Petit-déjeuner
1 croissant, 1 verre de jus de fruit
et 1 boisson chaude au choix

Petit-déjeuner livré

6 euros/personne

café/thé

jus d'orange

3 mini-viennoiseries

Les viennoiseries sont les croissants, les pains au chocolat, les brioches et les pains au raisin. On achète les viennoiseries dans une boulangerie. *Brioche* is a bun or loaf of sweet bread.

Réponds en français.

Answer in French.

(a) Quel jour le petit-déjeuner est-il gratuit ?

(b) Combien coûte le petit-déjeuner, normalement ?

(c) A quelle heure est servi le petit-déjeuner ?

(d) En quoi consiste le petit déjeuner ? (Quelles boissons ? Quelle nourriture ?)

Le Village Pomme Épice
vous propose son petit-déjeuner
Composition
Viennoiseries
Pain
Café, Chocolat, Lait, Thé
Confiture, Beurre, Fromage
Jus-Fruit
La commande du petit-déjeuner
doit être passé 24h
à l'avance et payable par
Carte bancaire ou Espèces.
Le petit-déjeuner est servi de
7h30 à 9h30
Village
Pomme Épice

Réponds en anglais.
Answer in English.

(a) Name three drinks available with this breakfast.
(b) Name three food items available with this breakfast.
(c) Name two toppings for bread available with this breakfast.
(d) When is this breakfast available? (During what times?)

8.1 E Manon parle de nourriture. Écoute et réponds aux questions en français.

Listen to Manon talk about the food she eats and answer the questions in French.

(a) À quelle heure prend-elle son petit déjeuner ?
(b) Qu'est-ce qu'elle mange au petit-déjeuner ?
(c) À quelle heure prend-elle le déjeuner ?
(d) Qu'est-ce qu'elle prend pour le déjeuner ?
(e) Qui fait la cuisine chez elle ?
(f) Quel est son plat préféré ?
(g) Qu'est-ce qu'elle n'aime pas ?
(h) Quand va-t-elle au restaurant ?

8.1 F Katie répond à Nicole. Écoute et associe les mots en italiques avec les images.

Katie writes a response to Nicole. Listen and match the words in italics with the images.

De: ktkenny123@eir.ie
À: nicoledubois@yahoo.fr

Salut Nicole,

Merci pour ton mél. J'aimerais bien déjeuner dans ton collège ! En Irlande, nous avons un petit-déjeuner traditionnel avec *des saucisses*, *du bacon* et *des œufs.* J'adore ça, mais on ne mange pas comme ça tous les jours. Pendant la semaine, pour le petit-déjeuner, je mange *des céréales* avec *du lait* ou *du pain grillé*, et un jus d'orange ou *une tasse de thé*. En Irlande, la plupart des collèges ne proposent pas de plats chauds le midi. En général, je mange *un sandwich* et *une barre chocolatée* ou des fruits. Le plus gros repas de la journée, c'est le dîner. Le dîner traditionnel ici, c'est de la viande, des pommes de terre et des légumes. Ma famille et moi mangeons à dix-huit heures. Ma belle-mère n'aime pas cuisiner donc, c'est mon père qui fait la cuisine chez nous. Il aime préparer du *steak-frites* avec *des petits pois* ou *des spaghettis à la bolognaise*. J'adore la cuisine chinoise. De temps en temps, nous mangeons un plat chinois ou *une pizza* à emporter. Mon plat préféré, c'est *le curry au poulet* avec *du riz.*

Alors, j'ai faim maintenant ! Je vais dîner avec ma famille. Ce soir, nous mangeons du poisson avec des pommes de terre.

Réponds-moi vite,

Bisous,

Katie

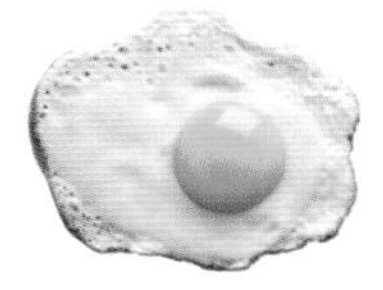

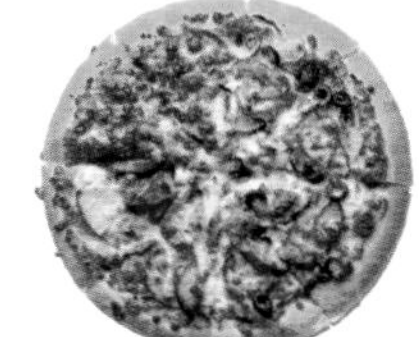

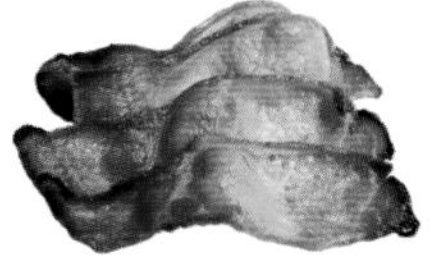

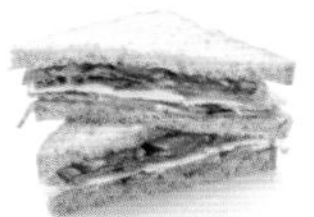

8.1 G Écoute, vérifie tes réponses et répète le vocabulaire.

Listen, check your answers and repeat the vocabulary from above.

8.1 H Lis le menu et réponds en anglais aux questions.

Read the school menu and answer the questions in English.

COLLÈGE PASTEUR – MENU DE LA SEMAINE DU 3 AU 10 MAI			
	POUR COMMENCER	**LE PLAT**	**ET POUR FINIR**
LUNDI	*Concombre* à la crème	Escalope de poulet aux *petits pois*	Yaourt vanille et *poire*
MARDI	Salade de riz niçoise	*Saumon* à la crème aux *carottes*	Fromage de chèvre et *banane*
MERCREDI	*Tomates* à la vinaigrette	Gratin de *bœuf* aux pommes de terre et épinards	Salade de fruits
JEUDI	Salade verte	*Jambon*, pommes de terre	Fromage blanc et confiture de *fraises*
VENDREDI	*Haricots verts* en salade	Rôti de *dinde* aux sauce tomate	Yaourt nature et *pomme*

(a) What is the starter on Thursday?
(b) On what day can you have goats cheese and a banana for dessert?
(c) What vegetable is served with the chicken on Monday?
(d) What is the dessert on Wednesday?
(e) What flavour is the yogurt for dessert on Monday?
(f) What vegetable is served with the main course on Tuesday?
(g) On what day is rice served as a starter?
(h) Find the words for *cucumber, tomatoes, green beans, peas, carrots,* and *spinach.*
(i) Find the words for *pear, banana, strawberries,* and *apple* (they are all desserts).
(j) What do the following words mean: *saumon*, *bœuf, jambon* and *dinde?*
(k) Quel est ton plat préféré du menu ? Réponds en français.

La Journée internationale de la Francophonie

Chaque année, le 20 mars, c'est la Journée internationale de la Francophonie. Les 274 millions de francophones sur les 5 continents fêtent leur langue commune et la diversité de la Francophonie à travers des concours autour des mots, des spectacles, des festivals de films, des rencontres littéraires, des expositions artistiques, des rendez-vous gastronomiques.

8.1 I Travaillez en groupes. Organisez une journée de la Francophonie dans votre école. Vous pouvez par exemple prévoir un petit-déjeuner ou un déjeuner français. Décidez ce que vous allez manger et boire. Faites une affiche avec le menu et la date.

Work in groups. Organise a day celebrating French culture in your school. You can celebrate by holding a French breakfast or a French lunch. Decide what you will eat or drink on the day. Make a poster advertising the day with your proposed "menu" and information about the date/time at which it will be held.

73

8.1 J Parlons ! Prépare tes réponses dans ton Journal de bord.

Prepare your responses in your learning diary.

Bon appétit ! Pose les questions à un/une camarade de classe.

Ask your classmate about the food he/she eats. You may use the questions below to guide your conversation.

(a) A quelle heure prends-tu le petit déjeuner ?
(b) Qu'est-ce que tu manges pour le petit-déjeuner ?
(c) Qu'est-ce que tu manges pour le déjeuner ?
(d) Quel est ton plat préféré ?
(e) A quelle heure manges-tu le dîner ?
(f) Est-ce que tu aimes les desserts ?
(g) Qu'est-ce que tu manges pour le dîner ?
(h) Vas-tu au restaurant ? Quand ?
(i) Est-ce que tu aimes les fruits ?
(i) Est-ce que tu manges des plats à emporter chez toi ?
(j) Es-tu végétarien/végétarienne ?

8.1 K Interviewe un/une camarade de classe.

Interview a classmate using the questions in 8.1 J. Record your interviews. In groups of four, listen to your interviews to correct each other's work. Identify two common mistakes and two questions everyone found easy to answer. Take a note of these points in your learning diary.

8.2 Les verbes MANGER et BOIRE

In Nicole's email to Katie in section 8.1 A, she writes « Je *mange* du pain… *je bois* un jus d'orange et ma sœur Louise *boit* un chocolat chaud ». Nicole is using the verbs MANGER (to eat) and BOIRE (to drink).

MANGER *(to eat)*		
je	mange	*I eat / I am eating*
tu	manges	*you eat / you are eating*
il/elle/on	mange	*he/she eats / he/she is eating*
nous	mang**e**ons	*we eat / we are eating*
vous	mangez	*you (plural / formal) eat / are eating*
ils/elles/on	mangent	*they eat / they are eating*

Exemples : Nous *mangeons* des frites. — We *are eating* chips.
Je *mange* une pomme. — I *am eating* an apple.
Ils ne *mangent* pas. — They *are not eating*.

BOIRE *(to drink)*		
je	bois	*I drink / I am drinking*
tu	bois	*you drink / you are drinking*
il/elle/on	boit	*he/she drinks / he/she is drinking*
nous	buvons	*we drink / we are drinking*
vous	buvez	*you (plural / formal) drink / are drinking*
ils/elles/on	boivent	*they drink / they are drinking*

Exemples : Tu *bois* un Coca. — You *are drinking* a Coke.
Elle *boit* du café. — She *drinks* coffee.
Vous ne *buvez* pas du thé ? — Do you not *drink* tea?

8.2 A Écoute et répète les verbes MANGER et BOIRE.

Listen to the verbs MANGER and BOIRE and repeat the pronunciation.

Complète les verbes MANGER et BOIRE dans ton Journal de bord.
Fill in the verbs MANGER and BOIRE on the irregular verb page in your learning diary.

8.2 B Complète les phrases avec la forme correcte des verbes MANGER ou BOIRE.

Fill in the blanks with the correct form of the verbs MANGER or BOIRE.

(a) Je **mange** beaucoup de fromage.

(b) Tu .... du chocolat chaud ? (BOIRE)

(c) Ils .... des saucisses. (MANGER)

(d) Vous .... du café ? (BOIRE)

(e) Nous .... dans un restaurant ce soir. (MANGER)

(f) Elle .... du coq au vin (MANGER)

(g) Serge et moi .... du jus d'orange. (BOIRE)

(h) Elles .... le petit-déjeuner. (MANGER)

(i) Christelle .... à la cantine. (MANGER)

(j) Il .... de la bière. (BOIRE)

(k) Sandrine et toi .... du cassoulet. (MANGER)

(l) Luc .... un Coca. (BOIRE)

(m) Je .... de l'eau. (BOIRE)

(n) Tu .... de la viande ? (MANGER)

(o) Marc et Bernard .... du vin avec le dîner. (BOIRE)

8.2 C Qu'est-ce que tu aimes manger ? Parlez-en groupes de trois ou quatre personnes. Utilisez les phrases et les images ci-dessous pour exprimer vos opinions. Écoutez les opinions des autres.

What do you like eating? Discuss the food and drinks using the images using the phrases and images below to help you express your opinions. Listen to the opinions of the others in your group and ask each other about them.

Exemple : *Ria, est-ce que tu aimes les frites ? Oui, j'adore les frites.*
Cillian, est-ce que Ria aime les frites ? Oui, elle adore les frites.

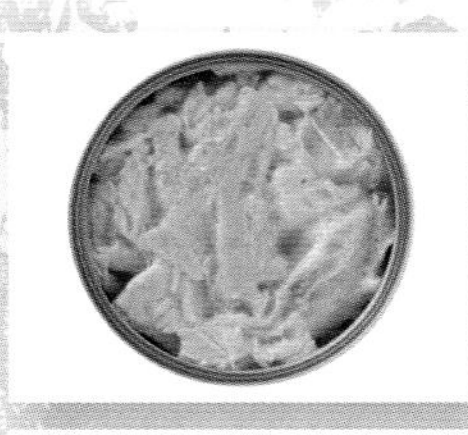

J'adore…
J'aime beaucoup…
J'aime bien…

J'aime…

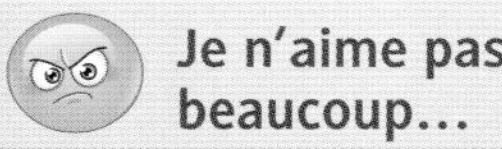

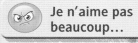

Je n'aime pas beaucoup…

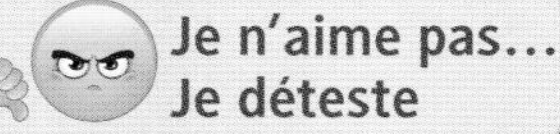

Je n'aime pas…
Je déteste

Maintenant, écris six phrases dans ton cahier avec les informations de tes camarades de classe.

Now write six sentences in your copy with the information from your classmates.

Exemple : *Ria adore les frites. Cillian n'aime pas beaucoup le saumon.*

Complète les mots-clés 1–57 dans ton Journal de bord. Tous les mots se trouvent dans les sections 8.1 et 8.2.

Fill in the key words 1–57 in your learning diary. All of the words can be found in sections 8.1 & 8.2.

Menu du Jour
à 14,50€
Salade Cathare
ou
Jambon de Pays
Cassoulet Maison au Confit de Canard
ou
Piéce de Boeuf grillée
ou
Steack de Thon
Fromage
ou
Dessert du Jour
ou
Crème glacé à la micheline

8.3 On va faire un cassoulet !

8.3 A Lis le menu et la bande dessinée et réponds aux questions avec un/une camarade de classe.

Read the menu and the comic strip and answer the questions with a classmate.

Aujourd'hui, c'est dimanche. Nicole et sa famille vont au restaurant pour le déjeuner. Regarde le menu du jour.

(a) What are the two options for starters?

(b) Name two options for main course

(c) Find the phrase meaning *tuna steak.*

(d) How many options are there for dessert?

(a) What does Nicole's brother Jérôme order?
(b) What does Nicole order?
(c) What does Nicole's mother Séverine want to drink?
(d) What does Nicole's sister Louise want to drink?

Le cassoulet est un plat traditionnel du sud de la France. On prépare le cassoulet avec de la viande de porc, des saucisses, et des haricots blancs.

8.3 B Lis et réponds aux questions.

Read and answer the questions.

Le cassoulet, c'est délicieux ! Je cherche la recette sur internet. Samedi prochain, c'est l'anniversaire de Papa. Je vais faire un cassoulet pour toute la famille.

Réalisation

Difficulté	Facile
Préparation	1 h 10 mn
Cuisson	2 h 50 mn
Temps Total	4 h

★★★★★ 5/5

Ingrédients
pour 6 personnes

- 250 g d'échine de porc
- 250 g de saucisses
- 100 g de saucisse fumée
- 2 oignons
- 3 tomates
- poivre
- sel
- $\frac{1}{2}$ cuillère à soupe d'huile
- 2 gousses d'ail
- 400 g de haricots blancs (ou 170 g de haricots blancs secs)
- 200 g de haricots rouges (ou 80 g de haricots rouges secs)
- 230 g de haricots géants (ou 100 g de haricots géants secs)
- 100 ml de vin blanc sec
- 2 feuilles de laurier
- 4 clous de girofle
- 2 cuillères à soupe de purée de tomate
- 2 cuillères à café de moutarde
- 1 cuillère à soupe de mélasse
- 2 tranches de pain blanc

Réponds en français.

Answer in French.

(a) La recette, c'est pour combien de personnes ?
(b) Combien de tomates y a-t-il dans la recette ?
(c) Quel type de vin est utilisé dans la recette ?
(d) Est-ce que c'est une recette difficile ?
(e) Combien de temps prend la préparation du cassoulet ?

Réponds en anglais.

Answer in English.

(a) How many grams of white beans are needed for this recipe?
(b) How many grams of red beans are needed?
(c) How many slices of white bread are needed?
(d) What is the total time needed to prepare AND cook the cassoulet?
(e) Find the words for *salt, pepper*, *soup spoon* and *slices.*

8.3 C Combien de...?

une bouteille de vin

un litre de lait

un kilo de sucre

un paquet de chips

un pot de confiture

une tranche de pain

un verre de vin

une boîte de chocolats

une douzaine d'œufs

une tasse de thé

8.3 D L'article partitif de/du/de la/de l'/des

L'article partitif *de* is used with food and drinks to mean *some* or *any*. In French, there are four forms because *de* changes depending on the gender and number of the noun that follows.

Before masculine singular nouns

de + le → du pain *some bread*

Before feminine singular nouns

de + la → de la glace *some ice-cream*

Before a vowel or silent 'h'

de + l' → de l'huile *some oil*

Before ALL plural nouns

de + les → des chips *some crisps*

8.3 E Complète les phrases avec l'article partitif.

Fill in the blanks with du/de la/de l'/des.

(a) Du pain

(b) .... glace à la vanille

(c) .... petits pois

(d) .... eau

(e) .... frites

(f) .... viande

(g) .... lait

(h) .... huile

(i) .... fromage

(j) .... haricots verts

(k) .... confiture

(l) .... jambon

8.3 F Classe la nourriture et les boissons dans les colonnes.

Classify the food and drinks into the correct columns.

~~la morue~~ | les petits pois | la dinde | la confiture | la poire | le thon | le jambon | le concombre | le thé | le bœuf | le fromage | les fraises | le vin | le saumon | le café | le pain | l'orange | la pomme | la carotte | les épinards | la banane | les haricots verts | les saucisses | le beurre | l'eau | le poulet | la truite | le chocolat | la sardine | les œufs

BOISSONS	VIANDE	POISSON	LÉGUMES	FRUITS	AUTRES
		la morue*			

*la morue means cod

8.3 G Complète les mots-croisés.

Complete the crossword.

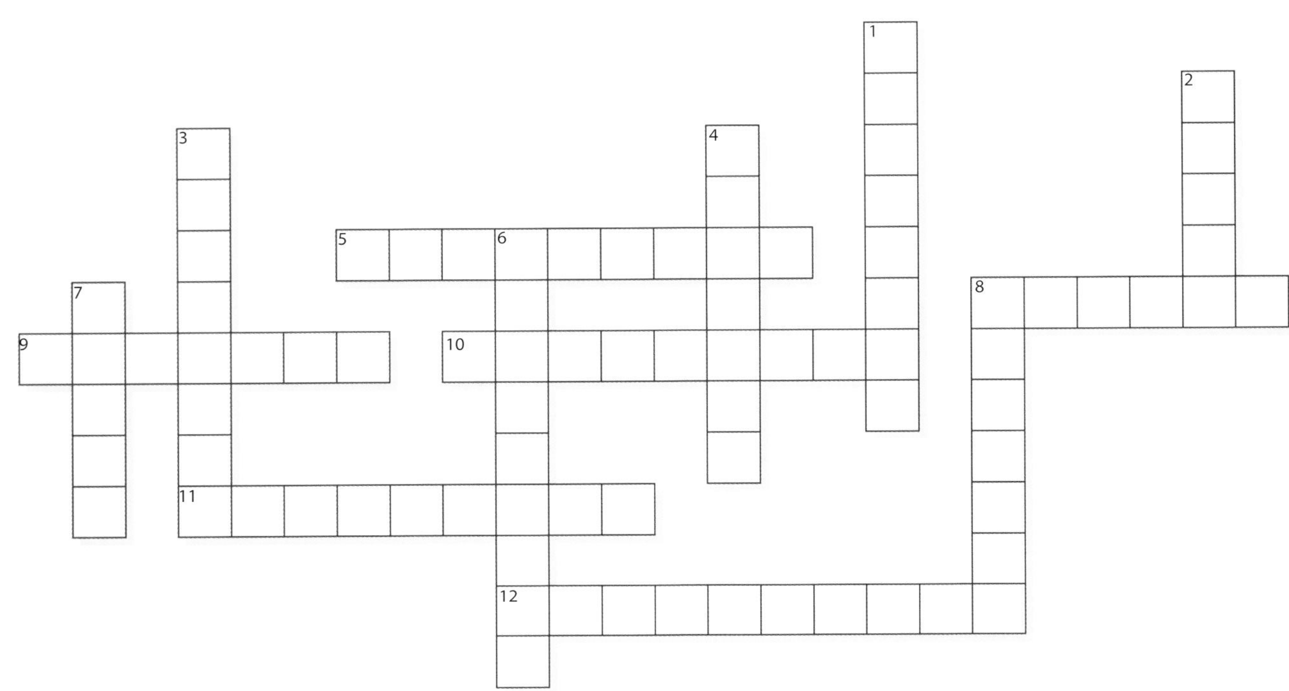

ACROSS

5. C'est un légume long de couleur vert qu'on mange en salade ou en sandwich.
8. C'est un fruit très petit de couleur rouge.
9. La morue et le saumon sont des types de _____.
10. Pour le petit-déjeuner, je prends du pain avec de la _____.
11. On les mange pour le petit-déjeuner typique en Irlande.
12. 'Food' en français, c'est la _____.

DOWN

1. Le repas du midi s'appelle le _____.
2. Je fais une omelette avec des _____.
3. Le thé, le vin, l'eau, et le jus d'orange sont des _____.
4. C'est un légume de couleur orange.
6. C'est une viennoiserie qu'on mange au petit-déjeuner.
7. Type de viande.
8. C'est fait avec du lait. On le mange à la fin du repas en France.

8.3 H Lis le texte et réponds aux questions.

Read the text and answer the questions.

Réponds en français.

Answer in French

(a) Comment s'appelle le restaurant ?

(b) Où se situe le restaurant ?

(c) Combien coûte le plat du jour ?

(d) Jusqu'à quelle heure le Brunch du dimanche est-il servi ?

(e) Quand y a-t-il un concert ?

(f) Quel ligne de bus prend-on pour aller au restaurant ?

Réponds en anglais.

Answer in English

(a) What type of food does the restaurant serve?

(b) Who is Brice Corbineau?

(c) Name three events the restaurant caters for.

(d) For what do they recommend reserving in advance?

(e) Who is Nadège Marceau?

(f) What services does the restaurant offer?

RESTAURANT 1789

Situé en plein cœur de Marseille, à côté du célèbre Vieux Port, le restaurant 1789 est un lieu où il fait bon vivre ! Le restaurant vous propose une cuisine française « fait maison » pleine d'authenticité. Tous les produits sont choisis selon le marché et sont préparés par le chef Brice Corbineau qui a évolué au côté de grands chefs étoilés.

- Nous proposons un plat du jour à partir de 11€.
- Nous organisons vos anniversaires, fêtes, baptêmes et communions.
- Brunch du dimanche 11h30-15h30. Réservation fortement recommandée.
- Concert le 07 octobre à 21h15: Nadège Marceau présente et lance son nouvel album « Serge et les flics »

Cuisine - Française
Type de lieu - Restaurant traditionnel
Services - Wifi gratuit, Climatisation
Transports - Métro: Gare Saint-Charles, Bus: 36

Complète les mots-clés 58–86 dans ton Journal de bord. Tous les mots se trouvent dans la section 8.3.

Fill in the key words 58–86 in your learning diary. All of the words can be found in section 8.3.

8.4 Faire les courses

Maman, tu vas au supermarché aujourd'hui ?

Oui, Nicole. Tu veux quelque chose ?

Oui, Maman, les ingrédients du cassoulet. J'ai écrit une liste de six choses à acheter. C'est sur la table dans la cuisine.

D'accord, Nicole. Je vais au supermarché ce soir. À plus tard.

Merci, Maman.

88 **8.4 A Écoute et complète la liste des courses de Nicole.**
Listen and fill in Nicole's shopping list.

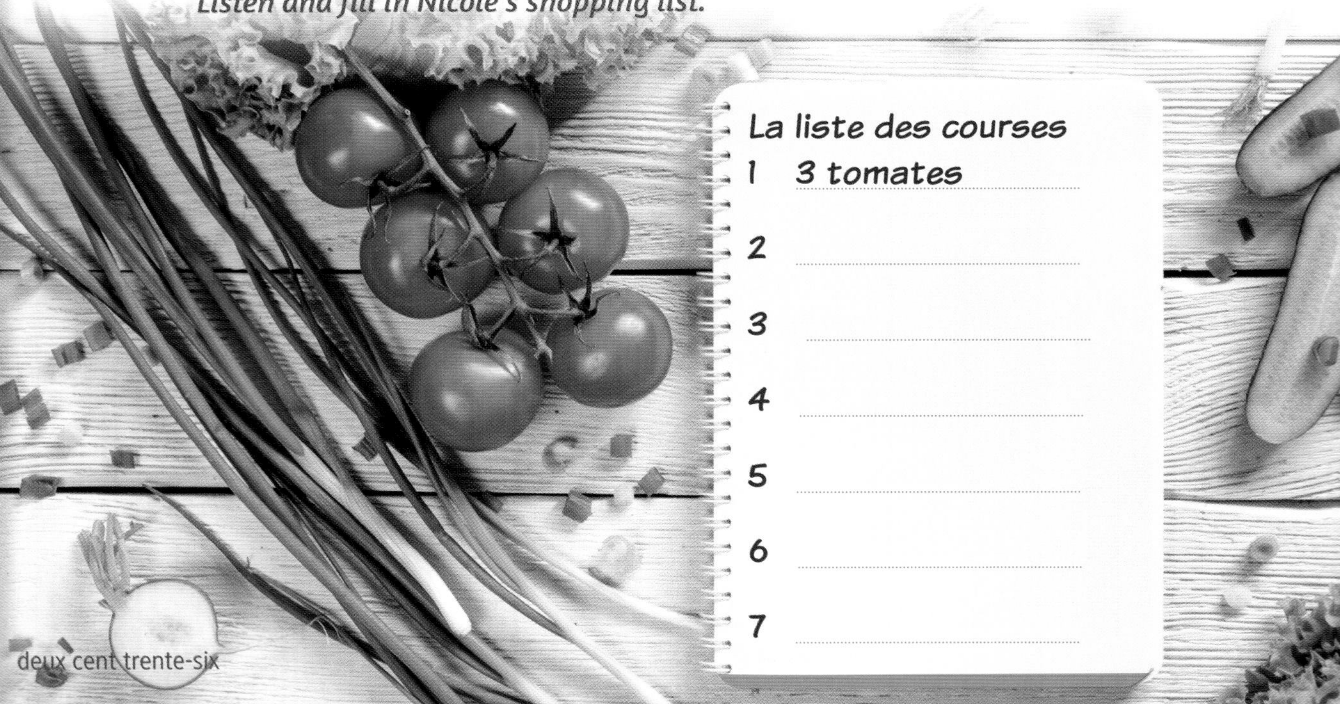

La liste des courses
1 3 tomates
2
3
4
5
6
7

8.4 B Écoute et complète les listes de courses.

Listen and fill in the blanks of the shopping lists.

Liste 1

1 du r........................
2 ....
3 ....
4 ....
5 du brocoli
6 ....

Liste 2

1 ....
2 4 c........................
3 ....
4 ....
5 ....
6 un c.......... - f..........

Liste 3

1 ....
2 ....
3 2 melons
4 ....
5 6 p.................... s
6 ....

Liste 4

1 ....
2 des f...... m...... s...... s
3 ....
4 ....
5 6 oranges
6 1 l........................

les raisins

un citron

une framboise

une prune

un chou-fleur

une laitue

8.4 C La mère de Nicole a fait les courses. Qu'est-ce qu'elle a acheté ?
Nicole's mother has done the shopping. What did she buy? Tell your partner in French what she bought. Too easy? Study the image for two minutes before closing your books and see how many items you can remember!

Voici les supermarchés français

Il y a beaucoup de petits commerces partout en France. Les Français aiment acheter leur pain, les gâteaux et les viennoiseries à la boulangerie-pâtisserie.

A boulangerie specialises in all types of breads while a pâtisserie specialises in cakes and pastries. They are usually found in partnership in the same shop.

A la boucherie, on achète de la viande : le porc, le poulet, l'agneau ou le bœuf.

Les Français vont souvent au marché. Une ou deux fois par semaine, il y a un marché dans presque tous les villes et villages français. On trouve beaucoup de produits frais au marché comme les fruits, les légumes et les fleurs.

8.4 D Classe les produits selon les magasins.

Classify the products in the correct shop.

~~des viennoiseries~~ | un stylo | une pomme | du saumon | du riz | du pain | du porc | une tarte aux pommes | un gâteau | un livre | des carottes | une baguette | du beurre | un roman | une truite | de l'agneau | un crayon | un éclair au chocolat | une bande dessinée | de la morue | des pommes de terre | du jus d'orange | un cahier | du bœuf

LA BOULANGERIE	LA PÂTISSERIE	LA POISSONNERIE	LE SUPERMARCHÉ
des viennoiseries			
LA PAPETERIE	**LA LIBRAIRIE**	**LE MARCHÉ**	**LA BOUCHERIE**

C'est l'anniversaire de ton ami et tu fais les courses pour la fête. Qu'est-ce que tu achètes dans chaque magasin ? Choisis le magasin et écris ce que tu y achètes.

It's your friend's birthday and you are shopping for the party. What will you buy in each shop? Choose the shop and write a sentence saying what you will buy there.

Exemple : *Pour acheter un gâteau, je vais à la pâtisserie.*

Quels magasins y a-t-il dans ta ville ou dans ton quartier ? Comment s'appellent-ils ? Qu'est-ce que tu y achètes là ?

What shops are in your town or your neighbourhood ? What are they called? What do you buy there?

Dans mon quartier / ma ville, il y a ...
La boucherie s'appelle...
La boulangerie s'appelle...
J'achète... à la boulangerie

8.4 E Écoute les dialogues et complète les exercices.

Listen to the dialogues and answer the questions.

Vendeur : Bonjour madame.

La cliente : Bonjour monsieur. Je voudrais un kilo de carottes et cinq pommes, s'il vous plaît.

Vendeur : Voici les carottes et les pommes. C'est tout ?

La cliente : Oui, merci. Ça fait combien ?

Vendeur : Ça fait quatre euros vingt, s'il vous plaît.

La cliente : Merci, monsieur.

Vendeur : Merci, madame. Au revoir.

Vendeuse : Bonjour, monsieur.

Le client : Bonjour, madame. Je voudrais deux baguettes et six croissants, s'il vous plaît.

Vendeuse : Voilà, monsieur.

Le client : Merci, madame. Vous avez des tartes aux pommes ?

Vendeuse : Oui, bien sûr. Elles sont délicieuses !

Le client : Bon, je vais prendre une tarte aux pommes aussi. Ça fait combien ?

Vendeuse : Ça fait douze euros trente-cinq, s'il vous plaît.

Le client : Merci, madame.

Vendeuse : Merci, monsieur. À bientôt.

Le client : Au revoir.

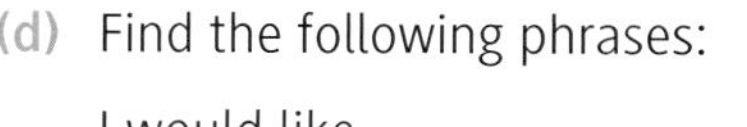

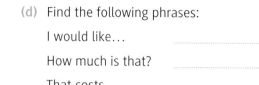

(a) Where do you think each conversation takes place?

(b) What items were purchased in each conversation?

(c) What was the price for these items?

(d) Find the following phrases:

I would like... ....

How much is that? ....

That costs... ....

There you go! ....

8.4 F Écoute les quatre dialogues et pour chaque dialogue, réponds en français.

Listen to these four dialogues and answer the questions in French for each one.

(a) Où est le client ? ....

(b) Qu'est-ce que le client achète ? ....

(c) Combien coûtent les produits ? ....

8.4 G Tu es en vacances avec ta famille dans un gîte près de Quimper, en Bretagne. Vous allez en ville pour faire les courses. Écris trois jeux de rôle dans ton Journal de bord.

You are on holidays with your family staying in a gîte near Quimper in Brittany. You go into the town to go shopping. Write three short role-plays in your learning diary.

Le centre-ville, Quimper

Travaillez à deux. Pratiquez vos jeux de rôle.

Work in pairs. Practise your role-plays with your partner.

Complète les mots-clés 87–114 dans ton Journal de bord. Tous les mots se trouvent dans la section 8.4.

Fill in the key words 87–114 in your learning diary. All of the words can be found in section 8.4.

8.5 Les verbes ACHETER et VOULOIR

In the comic strip in section 8.3 A, Jérôme says « *Je* ***veux*** *le jambon* », Nicole's father asks « *Tu* ***veux*** *du vin ?* », and Nicole's mother asks « *Qu'est-ce que vous* ***voulez*** *boire ?* ». *Veux* and *voulez* are both from the verb VOULOIR (to want). In section 8.4 D, we used the verb ACHETER (to buy). Let's take a closer look at these two verbs now.

VOULOIR *(to want)*		
je	veux	*I want*
tu	veux	*you want*
il/elle/on	veut	*he / she wants*
nous	voulons	*we want*
vous	voulez	*you (plural / formal) want*
ils/elles/on	veulent	*they want*

Exemples : Tu *veux* une banane ? — Do you *want* a banana?
Je *veux* un verre d'eau. — I *want* a glass of water.
Nous *voulons* du pain. — We *want* some bread.

★ Note that VOULOIR is often followed by an action verb in the infinitive form.

Exemples : Je *veux aller* en ville. — I *want to go* into town.
Elles *veulent acheter* du vin. — They *want to buy* some wine.

ACHETER *(to buy)*		
j'	ach**è**te	*I buy / I am buying*
tu	ach**è**tes	*you buy / you are buying*
il/elle/on	ach**è**te	*he/she buys / he/she is buying*
nous	ach**e**tons	*we buy / we are buying*
vous	ach**e**tez	*you (plural / formal) buy / are buying*
ils/elles/on	ach**è**tent	*they buy / they are buying*

Exemples : J'*achète* un gâteau. — I *am buying* a cake.
Elle *achète* du café. — She *buys* coffee.
Nous n'*achetons* pas de viande. — We don't *buy* meat.

8.5 A Écoute et répète les verbes VOULOIR et ACHETER.

Listen to the verbs VOULOIR and ACHETER and repeat the pronunciation.

Complète les verbes VOULOIR et ACHETER dans ton Journal de bord.
Fill in the verbs VOULOIR and ACHETER on the irregular verb page in your learning diary.

8.5 B Complète les phrases avec la forme correcte des verbes VOULOIR ou ACHETER.

Fill in the blanks with the correct form of the verbs VOULOIR or ACHETER.

PowerPoint

(a) Je *veux* du thé.
(b) Tu .... beaucoup de fruits ? (ACHETER)
(c) Ils ne .... pas manger le gâteau. (VOULOIR)
(d) Vous .... du poisson ? (ACHETER)
(e) Nous .... aller à la boulangerie. (VOULOIR)
(f) Elle n' .... pas des croissants. (ACHETER)
(g) Océane et moi .... acheter une tarte aux pommes. (VOULOIR)
(h) Hugo .... des prunes au marché. (ACHETER)
(i) Il .... trois poires et deux bananes. (VOULOIR)
(j) Vous .... du vin ? (ACHETER)
(k) Inès .... un Coca. (VOULOIR)
(l) Je .... de l'eau. (VOULOIR)
(m) Tu .... les légumes au supermarché ? (ACHETER)
(n) Sylvie et Marie ne .... pas aller à la pâtisserie. (VOULOIR)

8.5 C Associe les pronoms personnels avec les verbes.

Match the personal pronouns to the corresponding verb form.

(a) Ils / Elles
(b) Tu
(c) Il / Elle
(d) Je
(e) Vous
(f) Nous

(1) avez
(2) fais
(3) buvons
(4) veut
(5) achètent
(6) es

8.5 D Ajoute les pronoms personnels.

Fill in the subject pronouns.

(a) .... sommes
(b) .... achètent
(c) .... as
(d) .... mangez
(e) .... veut
(f) .... boivent
(g) .... voulons
(h) .... êtes
(i) .... suis
(j) .... vont
(k) .... avons
(l) .... manges
(m) .... ai
(n) .... vient
(o) .... faites
(p) .... boit

8.6 La cuisine française

8.6 A Nicole écrit un mél à Katie. Complète les phrases avec les mots ci-dessous.

Nicole writes an email to Katie. Fill in the blanks with the words below.

De: nicoledubois@yahoo.fr

À: ktkenny123@eir.ie

Coucou Katie,

Merci pour ton mél. Aujourd'hui, c'est (1) .... de mon père. Je fais un cassoulet pour toute la famille. C'est mon plat préféré. J'ai trouvé une (2) .... facile sur internet et ma mère va m'aider. Hier soir, elle a acheté tous les (3) .... au (4) ...., comme des saucisses, des oignons, (5) .... et des tomates.

La recette n'est pas très difficile, mais la (6) .... prend plus d'une heure, alors je ne fais pas de surf ce matin ! Ma mère prépare l'entrée - une salade (7) .... avec des concombres. Après le cassoulet, nous mangeons du (8) .... et le dessert.

Mon frère, Jérôme, et ma sœur, Louise, vont à la (9) .... pour acheter un gâteau au (10) .... Nous (11) .... le gâteau avec de la crème Chantilly pour le dessert. Miam ! Mes grands-parents, mes oncles, mes tantes et mes cousins (12) .... chez nous cet après-midi pour faire la fête. Aujourd'hui, nous buvons un petit (13) .... de champagne ! Les enfants prendront de l'eau.

Je te laisse. Je vais commencer les préparations.

Bon weekend !

Ton amie,

Nicole

supermarché	*verre*	*fromage*	*recette*	*verte*
mangeons	*ingrédients*	*chocolat*	*l'anniversaire*	*des haricots*
	pâtisserie	*préparation*	*viennent*	

Réponds aux questions en français.
Reread the email and answer in French.

(a) Qu'est-ce que la famille fête aujourd'hui ?
(b) Où Nicole a-t-elle trouvé la recette du cassoulet ?
(c) Qu'est-ce qu'ils prennent comme entrée ?
(d) Où vont Jérôme et Louise ?
(e) Quel type de gâteau achètent-ils ?
(f) Qui vient chez Nicole pour la fête ?

8.6 B La cuisine française. Associe les photos avec les descriptions.
French food. Match the photos to the descriptions.

1 C'est un plat de Bourgogne avec du bœuf et du vin rouge.
2 Très populaires en Belgique et en France. On les mange sucrées ou salées, surtout à la fête de la Chandeleur (le 2 février).
3 Une soupe traditionnelle à base d'oignon.
4 Un plat traditionnel marseillais, à base de poisson
5 Une spécialité de Nice avec des aubergines, des courgettes, des poivrons et des tomates.
6 Autre plat niçois avec du thon, des olives et de la laitue.
7 Une tarte aux pommes renversée.
8 On met des tranches de pain dans un mélange de lait et d'œuf avant de les cuire. C'est ce qu'on appelle 'French Toast' en anglais.
9 Une pâtisserie d'origine française avec de la crème au chocolat ou au café.

(a) la soupe à l'oignon

(b) l'éclair

(c) la tarte tatin

(d) le bœuf bourguignon

(e) le pain perdu

(f) la ratatouille

(g) les crêpes

(h) la salade niçoise

(i) la bouillabaisse

Le 2 février, c'est la Chandeleur en France. C'est une fête religieuse chrétienne qui est célébrée chaque année quarante jours après Noël. On mange traditionnellement des crêpes ce jour-là.

Lis les paroles de la chanson traditionnelle *La Veille de la Chandeleur*.
Read the lyrics to this traditional song La Veille de la Chandeleur.

La veille de la chandeleur
L'hiver se passe ou prend vigeur.

Si tu sais bien tenir la poêle,
A toi l'argent en quantité.

Mais gare à la mauvaise étoile
Si tu mets la crêpe à côté.

76

8.6 C Choisis un des plats de l'exercice 8.6 B et recherche la recette sur internet. Écris la recette dans ton Journal de bord.
Choose one of the dishes in exercise 8.6 B and search for the recipe on the internet. Write the recipe in your learning diary. You may write difficult instructions in English, but try to list your ingredients in French.

8.6 D Présente ta recette favorite à la classe.
Make a presentation to the class about your favourite recipe. Consider the questions below to guide your presentation.

D'où vient la recette ?

Quels sont les ingrédients ?

Combien de temps dure la préparation ?

77

8.6 E Écris un mél à Nicole dans ton Journal de bord sur tes plats préféré.
In your learning diary, write an email to Nicole about your favourite food.

PRIX DU CAFÉ EN TERRASSE
"UN CAFÉ" ....7€
"UN CAFÉ, S'IL VOUS PLAIT"....4,25€
"BONJOUR, UN CAFÉ, S'IL VOUS PLAIT"....1,40€

Complète les mots-clés 115–123 dans ton Journal de bord. Tous les mots se trouvent dans les sections 8.5 & 8.6.
Fill in the key words 115–123 in your learning diary. All of the words can be found in sections 8.5 & 8.6.

Imagine que tu as un café ou un restaurant, que ferais-tu pour persuader les clients d'entrer? Regarde ce qu'un café en France a fait pour attirer des clients.

What do you think is the message of this sign?

8.7 Tu es prêt à pratiquer? Allons-y!

8.7 A Mathilde fait les courses. Écoute et écris sa liste des courses en français.

Mathilde is going shopping. Listen and write out her shopping list in French.

8.7 B Gabriel parle de nourriture. Écoute et réponds aux questions en français.

Gabriel talks about food. Listen and answer the questions in French.

(a) À quelle heure Gabriel prend son petit-déjeuner?
(b) Que prend-il pour le petit-déjeuner?
(c) Où est-ce qu'il mange à midi?
(d) Qu'est-ce qu'il boit au déjeuner?
(e) Quel est son dessert préféré?
(f) À quelle heure est-ce qu'il dîne?
(g) Quel est son plat préféré?
(h) Quand va-t-il au marché?
(i) Quel sont ses fruits préférés?
(j) Qu'est-ce qu'il n'aime pas?

8.7 C Écris les questions pour ces réponses.

Write the questions for these answers.

Exemple: Je m'appelle Jean-Marc. *Comment tu t'appelles?*

(a) Je mange des céréales et du pain grillé pour le petit-déjeuner.
(b) Mon plat préféré, c'est la bouillabaisse.
(c) Je ne vais pas souvent au restaurant.
(d) Non. Je n'aime pas les haricots.
(e) Je dîne à sept heures et demie le soir.
(f) Oui, j'ai faim!
(g) Non. Je n'aime pas la cuisine chinoise.

8.7 D Complète les phrases avec de/d'/du/de la/de l'/des.

Fill in the blanks with de/d'/du/de la/de l'/des.

(a) Christelle va acheter .... viande.

(b) C'est un kilo .... sucre.

(c) Tu veux .... eau ?

(d) Ils mangent .... pain grillé.

(e) Vous voulez .... vin ?

(f) Paul achète .... légumes.

(g) Je mange un pot .... yaourt chaque matin.

(h) Tu achètes .... huile ?

(i) Nous mangeons .... pommes frites.

(j) Papa boit .... bière.

(k) Est-ce que tu manges .... fromage ?

(l) Je prends du poulet avec .... petits pois.

(m) Elle n'a pas .... œufs.

(n) Claude et Manon mangent des fraises avec .... crème.

(o) Tu manges beaucoup .... pain !

8.7 E Lis le texte et réponds aux questions en anglais.

Read the text and answer the questions in English.

Les crêpes

Une recette facile pour huit personnes

Temps de préparation : 10 minutes

Temps de cuisson : 3 minutes

Ingrédients :

250 g de farine

50 g de sucre

3 œufs

2 cuillères à soupe de beurre fondu

½ litre de lait

1 pincée de sel

Préparation :

1. Mélange la farine, le sucre et le sel.
2. Ajoute les œufs et mélange bien.
3. Ajoute le lait petit à petit.
4. Faire cuire les crêpes dans le beurre à feu doux.

(a) For how many people is this dish?

(b) How long does it take to cook this dish?

(c) How many eggs are needed for this recipe?

(d) Apart from eggs, name three ingredients in the recipe.

(e) What two ingredients are mixed with the flour in the first step of the preparation?

(f) How should the milk be added to the mixture?

(g) Can you figure out the meaning of the verbs *MÉLANGER* and *AJOUTER*?

8.7 F **Trouve dix fruits ou légumes dans les mots-cachés.**

Find ten fruits or vegetables in the wordsearch.

W	Y	U	B	G	C	L	F	H	E	T	M	R	T	M
D	N	B	A	Y	P	J	Y	D	F	R	A	I	S	E
A	C	I	N	U	E	D	N	R	F	N	R	V	D	Y
N	W	U	A	V	T	D	P	O	M	M	E	D	I	H
H	J	N	N	G	I	L	H	I	N	E	N	Y	T	Y
F	Y	C	E	C	T	T	F	G	H	D	V	B	M	F
R	C	O	B	G	P	R	T	N	H	H	C	R	W	B
A	D	N	Y	Y	O	M	N	O	D	B	M	L	T	D
M	E	C	W	V	I	V	I	N	U	T	W	Y	V	C
B	B	O	M	C	S	N	V	B	H	H	M	B	T	Y
O	J	M	N	L	U	Y	C	A	R	O	T	T	E	U
I	I	B	Y	T	G	H	D	J	G	C	D	U	H	T
S	L	R	C	H	O	U	F	L	E	U	R	W	U	F
E	G	E	M	W	Y	H	B	G	F	J	M	N	H	C
L	H	A	R	I	C	O	T	S	V	E	R	T	S	T

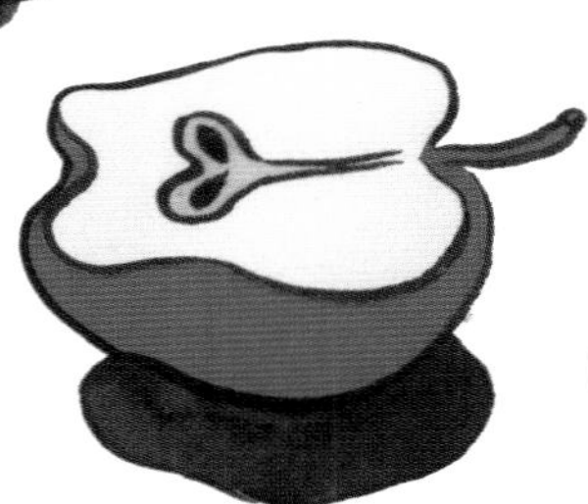

8.7 G Lis les textes et réponds aux questions.

Read the texts and answer the questions.

COLLÈGE JEAN GIONO – MENU DE LA SEMAINE DU 17 AU 21 AVRIL			
	POUR COMMENCER	LE PLAT	ET POUR FINIR
LUNDI	Salade tomates feta menthe	Côte de porc avec sauce dijonnaise	Emmental & une pomme
MARDI	Salade mixte	Sauté de veau et brocoli	Fromage à tartiner & apfelstrudel
MERCREDI	Soupe à l'oignon	Spaghetti au saumon	Camembert & une poire
JEUDI	Salade de maïs	Omelette au fromage avec des légumes	Yaourt aux fruits
VENDREDI	Salade verte vinaigrette	Rôti de boeuf, sauce tartare & pommes de terre	Éclair au chocolat

Réponds en français.

Answer in French.

(a) Quel jour est-ce qu'on mange du boeuf comme plat principal?

(b) Quel est le plat principal le jeudi ?

(c) Combien de jour est-ce qu'on commence avec de la salade ?

(d) Quel est le dessert du vendredi ?

(e) Quel légume est-ce qu'on mange le mardi ?

(f) Quel sorte de fromage est-ce qu'on mange le mercredi ?

(g) Quel jour est-ce qu'on mange du poisson ?

Réponds aux questions en français avec des phrases complètes.

Answer in French with full sentences.

(a) Où Christophe veut-il aller?

(b) Où se trouve la crêperie ?

(c) Explique pourquoi Nicole ne peut pas y aller samedi matin.

(d) Où va Élodie ce weekend ?

(e) Que fait Christophe dimanche matin ?

(f) À quelle heure vont-ils à la crêperie ?

Allô ?
Salut, Nicole. C'est moi, Christophe.
Salut, Christophe. Quoi de neuf ?
Il y a une nouvelle crêperie en ville. Est-ce que tu veux aller ?
Oui ! J'adore les crêpes. Quand veux-tu aller ?
Samedi midi ? C'est au coin de Rue Gaston Larré.
Samedi midi, je ne peux pas y aller. Je vais faire du surf avec Jérôme. Est-ce que tu peux aller dimanche après-midi ?
Oui, d'accord.
Élodie vient avec nous ?
Non. Elle va chez ses cousins à Toulouse, ce weekend.
Dommage... Alors, à quelle heure dimanche ?
À seize heures ? Ça te va ? Dimanche matin, j'ai un match de foot avec l'équipe du collège, donc, je ne peux pas aller plus tôt.
C'est parfait. À dimanche !
Ciao !

Unité 8 Mets tes connaissances à l'épreuve !

Classe tes connaissances de l'Unité 8 et évalue-toi dans ton Journal de bord.
In your learning diary, assess your learning from Unit 8 and see what you have learned.

Que sais-je ?			

I can ask somebody about what food they like to eat.			
I can understand basic recipes and menus.			
I can recognise typical dishes from France.			
I can ask for items in a shop and ask for the price.			
I can express quantities.			
I can use the partitive article *du, de la, de l', des*.			
I can use the verbs MANGER and BOIRE.			
I can use the verbs VOULOIR and ACHETER.			

Video

Mes loisirs

Unité 9

"LE POLAR DE L'ANNEE"
LE FIGARO
UN CERTAIN REGARD
ENTRE LE MARTEAU
ET L'ENCLUME
PAR LE SCÉNARISTE DE
SICARIO
JEFF BRIDGES CHRIS PINE BEN FOSTER
UN FILM DE DAVID MACKENZIE

By the end of this Unit you will be able to...

- Say what you like to do in your free time
- Ask someone about his/her hobbies
- Invite a friend to go out
- Name different sports, musical instruments and leisure activities
- Sing a French song
- Recognise some well-known characters from French popular culture
- Profile your favourite group or singer
- Use the irregular verbs POUVOIR and SORTIR
- Use reflexive verbs

Student website

Visit www.edco.ie/caroule1 for interactive activities and quizzes based on this unit.

Le rugby

Le Grand Prix de Monaco

Les jeux vidéo

Le cinéma

Le foot

9.1 Es-tu sportif ?

Nicole regarde un match de rugby avec ses parents. Le rugby est très populaire dans le sud de la France. Quelques vedettes de l'équipe nationale irlandaise, comme Johnny Sexton, ont joué pour les équipes françaises. Est-ce que tu joues au rugby ? Quel est ton sport préféré ?

Jérôme, Louise et leur grand-père jouent à la pétanque au parc. La pétanque est un jeu traditionnel français qui est populaire surtout entre les hommes. On joue à la pétanque sur les places, dans les parcs ou sur un terrain de boules. L'objectif du jeu est de marquer des points en plaçant ses boules plus près du but que son adversaire.

9.1 A Associe les mots avec les images.

Match the words to the images.

Le foot | Le tennis | Le ping-pong | La pétanque / les boules

Le hockey | Le rugby | Le volley | Le golf | Le basket

....

....

....

....

....

....

....

....

....

! We use *jouer à* to say we play a team sport *(un sport d'équipe)*.
Exemples : Je *joue au* basket. Patrick *joue* à la pétanque. Ils *jouent aux* boules.

9.1 B Écoute et répète le vocabulaire.

Listen and repeat the vocabulary.

9.1 C Complète les phrases avec la forme correcte du verbe JOUER et au/à la/aux.

Fill in the blanks with the correct form of the verb JOUER and au/à la/aux.

(a) Je *joue au* hockey.
(b) Nous .... pétanque.
(c) Lucien et Manon .... foot.
(d) Tu .... golf.
(e) Vous .... jeux-vidéo.
(f) Yannick .... tennis.
(g) Je .... basket.
(h) Rémi et moi .... volley.
(i) Ils .... boules.
(j) Tu .... ping-pong.

9.1 D Associe les sports avec les images.
Match the vocabulary to the images.

~~la planche à voile~~, le cyclisme, la gymnastique, l'escalade, la plongée sous-marine, le ski, l'équitation, le jogging, la natation, le surf, la voile, l'athlétisme, le karaté, le patin à glace, la pêche

1 ....

2 la n..................

3 ....

4 ....

5 la planche à voile

6 la v..................

7 ....

8 la p..................

9 ....

10 l'é..................

11 ....

12 ....

13 ....

14 le p..................

15 l'..................

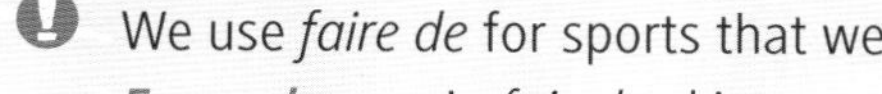

We use *faire de* for sports that we *do* rather than *play*.

Exemples : Je *fais du* ski.
Nous *faisons de la* voile.
Tu *fais de l'*athlétisme.

9.1 E Écoute et répète le vocabulaire.

Listen and repeat the vocabulary.

9.1 F Complète les phrases avec la forme correcte du verbe FAIRE de la préposition de/du/de la/de l'.

Fill in the blanks with the correct form of the verb FAIRE and the preposition de/du/de la/de l'.

(a) Je fais du vélo.
(b) Vous .... gymnastique.
(c) Tu .... karaté.
(d) Elles .... plongée sous-marine.
(e) Vous .... athlétisme.
(f) Yvette .... ski.
(g) Je .... voile.
(h) Maxime et moi .... équitation.
(i) Tu .... surf.
(j) Christelle et Océane .... natation.

9.1 G Un sondage sur le sport

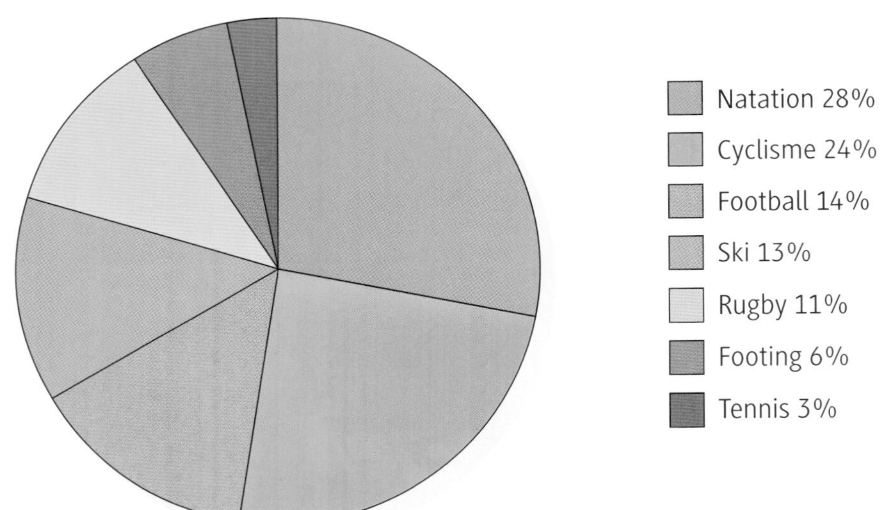

Source : Résultats de l'enquête menée en 2010 par le ministère en charge des Sports et l'Institut National du Sport, de l'Expertise et de la Performance.

Écoute trois conversations et complète les phrases.

Listen to three conversations among your classmates and fill in the blanks.

Daniel: Tu es sportive, Sabine?

Sabine: Oui, j'adore le sport. Je joue au (a) .... Je suis membre de l'équipe du collège. Nous nous entraînons le mardi après les cours et nous avons un (b) .... chaque samedi matin. J'aime bien jouer au (c) .... avec mon frère et je fais du (d) .... avec ma mère le dimanche matin. Et toi, Daniel? Tu aimes le sport?

Daniel: Oui, je suis assez sportif. Je fais du (e) .... dans un club, le weekend. J'ai un vélo bleu. Je fais de la (f) .... aussi. J'ai de la chance parce qu'il y a une piscine dans mon collège.

Valérie: Est-ce que tu aimes le sport, Sébastien?

Sébastien: Oui, je suis très sportif. Je joue au (g) .... et je fais du (h) ...., aussi. En hiver, je fais du (i) .... avec ma famille. Nous avons un petit appartement dans les Alpes.

Valérie: Génial! C'est super chouette ! Moi, je ne suis pas très sportive. Ce n'est pas mon truc.

Sébastien: Tu ne fais pas de sport, alors?

Valérie: En été, je fais des sports nautiques quand je vais à la plage avec mes amis. Nous faisons du (j) .... ou de la (k) .... Mais, je déteste les sports d'équipe.

Fabrice: Quel est ton sport préféré, Hélène?

Hélène: Mon sport préféré, c'est le (l) .... Je joue deux fois par semaine. Le weekend, je fais de l' (m) .... aussi. Et toi, Fabrice? Quel est ton sport préféré?

Fabrice : Mon sport préféré, c'est le (n) .... Je suis membre d'un club et nous nous entraînons trois fois par semaine. De temps en temps, je joue au (o) .... avec mon père et mon oncle aussi.

Réponds en français.

Answer in French.

(a) Qui aime le foot ? ....

(b) Qui fait du cyclisme ? ....

(c) Qui n'est pas très sportive ? ....

(d) Qui est membre d'un club de rugby ? ....

(e) Qui fait du surf ? ....

(f) Qui est membre d'une équipe de basket ? ....

Réponds en anglais.

Answer in English.

(a) On what day does Sabine have training after school? ....

(b) On what day does she play matches? ....

(c) Where do Sébastien's family have an apartment? ....

(d) When and where does Valérie do water sports? ....

(e) How many times per week does Hélène play tennis? ....

(f) Who does Fabrice sometimes play golf with? ....

Que veut dire ?

(a) Je suis membre de l'équipe du collège. ....

(b) Nous nous entraînons le mardi après les cours. ....

(c) C'est super chouette ! ....

(d) Ce n'est pas mon truc. ....

(e) Je ne suis pas très sportif. ....

(f) Je suis membre d'un club. ....

(g) Mon sport préféré, c'est le foot. ....

(h) Nous nous entraînons trois fois par semaine. ....

Dans ta classe

(a) Quel est le sport le plus populaire parmi tes camarades de classe ? ....

(b) Combien de personnes font du sport régulièrement (deux fois par semaine ou plus) ? ....

(c) Combien de personnes ne font jamais de sport ? ....

Dessine deux graphiques circulaires avec les réponses de tes camarades de classe.

Make two pie charts with the answers from your clasmates. One should include the answers to question (a) above, while the other should include the answers to (b) and (c).

9.1 H Nicole et Christophe parlent de sport. Écoute la conversation.

Nicole and Christophe talk about sport. Listen to the conversation.

Quel est ton sport préféré ?

Mon sport préféré, c'est le foot.

Es-tu membre d'un club ou d'une équipe ?

Oui. Je joue dans un club. Nous nous entraînons le mercredi et nous avons des matchs le dimanche matin.

Quels sports aimes-tu regarder à la télé ?

J'adore regarder les matchs de foot à la télé. J'aime regarder le tennis aussi.

Quels sports est-ce que tu n'aimes pas ?

Je n'aime pas le ski. C'est trop difficile !

Moi, je déteste le jogging. C'est barbant !

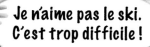

9.1 I Pose les questions suivantes à trois camarades de classe et complète le tableau.

Ask three classmates the following questions and then fill in the table.

1. Quel est ton sport préféré ?
2. Es-tu membre d'un club ou d'une équipe ? De quoi ?
3. Quels sports aimes-tu regarder à la télé ?
4. Quels sports est-ce que tu n'aimes pas ?

Nom	Sport préféré	Membre d'un club ou d'une équipe	Le(s) Sport(s) que tu aimes regarder à la télé	Le(s) Sport(s) que tu n'aimes pas
Nicole	Le surf	Non	Le rugby	Le jogging La pêche
Christophe	Le foot	Oui, club de foot	Le foot Le tennis	Le ski

9.1 J Mots mêlés : Trouve dix sports.

Find ten sports in the wordsearch.

Y	Y	P	X	Z	U	N	I	I	E	T	A	X	É	T
B	A	S	K	E	T	N	O	O	W	L	D	Q	B	P
O	X	O	Z	E	Z	R	T	I	O	W	U	X	K	E
X	M	U	C	D	A	N	A	J	T	I	R	V	U	U
G	E	M	S	I	L	C	Y	C	T	A	E	Y	Z	Q
J	Y	J	P	W	F	Z	V	A	V	A	T	V	F	N
I	Y	M	G	Ê	Z	G	T	V	O	T	Z	A	X	A
J	D	J	N	C	C	I	D	E	I	H	B	G	N	T
Z	E	I	N	A	O	H	D	B	L	L	Q	Z	O	É
C	D	U	J	N	S	A	E	J	E	É	S	I	L	P
G	Y	F	J	B	L	T	S	K	L	T	E	V	C	K
F	A	P	U	A	V	I	I	M	C	I	J	M	B	R
A	S	D	C	K	D	U	Y	Q	Y	S	T	I	I	D
O	E	S	E	N	V	I	E	K	U	M	U	V	S	W
G	E	B	E	E	L	J	G	N	Y	E	O	T	T	E

9.1 K Lis le texte et réponds aux questions. Read the text and answer the questions

THIERRY HENRY

Thierry Henry (surnommé Titi) est un footballeur français, d'origine antillaise, né le 17 août 1977 aux Ulis dans l'Essonne.

Sa carrière

Thierry Henry débute dans le club de sa ville natale, puis intègre le centre de préformation de Clairefontaine. En 1989, il rejoint le centre de formation de l'AS Monaco. Depuis, Thierry Henry a connu une carrière ascendante en étant considéré comme l'un des meilleurs attaquants de sa génération et l'un des meilleurs joueurs à avoir évolué dans le championnat d'Angleterre, au sein du club d'*Arsenal*. Thierry Henry est à ce jour considéré comme l'un des meilleurs buteurs de l'histoire du club d'*Arsenal*. Thierry Henry a également une statue en bronze à son effigie depuis décembre 2011 près de l'*Emirates Stadium*. Après son passage en Angleterre, Thierry Henry a évolué au sein du FC Barcelone. Au sein de l'équipe de France, Thierry Henry est le seul à avoir disputé 4 Coupes du monde.

Equipe de France

Thierry Henry s'est fait remarquer principalement en inscrivant le but victorieux pendant la finale du Championnat d'Europe de football des moins de 18 ans. Et grâce à ses performances exceptionnelles avec son club de **foot**, il est convoqué pour rejoindre la sélection de l'équipe de France. Pour la Coupe du monde 98 avec l'équipe des Bleus, il porte le numéro 12 lorsqu'il gagne contre le Brésil. Il reçoit des mains de Jacques Chirac la distinction de Chevalier de la **Légion d'honneur.**

Depuis le 16 décembre 2014, Thierry Henry est à la retraite. Après 20 ans passés sur les terrains, l'ancien Bleu est devenu consultant pour la chaîne de télévision anglaise *Sky Sports*.

Source: http://www.staragora.com/star/thierry-henry

Réponds en français.

Answer in French.

(a) Quelle est la date de naissance de Thierry Henry? ....

(b) Comment s'appelle le club anglais pour lequel il a joué? ....

(c) Où se trouve la statue en bronze de Thierry Henry? ....

(d) Quel est le métier de Thierry Henry maintenant? ....

Réponds en anglais.

Answer in English.

(a) What is Thierry Henry's nickname? ....

(b) Which club did Thierry Henry play for after he left England? ....

(c) What number jersey did he wear during the World Cup in 1998? ....

(d) When did Thierry Henry retire from football? ....

9.1 Ⓛ Colorie les maillots des équipes de foot français dans ton Journal de bord.

In your learning diary, colour in the football jerseys from French football clubs. You can revise the colours in section 6.7 A.

Complète les mots-clés 1–36 dans ton Journal de bord. Tous les mots se trouvent dans la section 9.1.

Fill in the key words 1–36 in your learning diary. All of the words can be found in section 9.1.

9.2 J'adore la musique !

9.2 A Lis la bande dessinée et réponds aux questions en français.

Read the above cartoon and answer the questions in French.

(a) Quel genre de musique aime Nicole? ....

(b) Quel est son groupe préféré? ....

(c) Comment s'appelle la chanson préférée d'Élodie? ....

(d) Est-ce qu'Élodie joue d'un instrument? Lequel? ....

(e) Qui joue de la clarinette dans un orchestre? ....

(f) Qui chante dans une chorale? ....

Comment dit-on en français? Trouve les expressions dans la bande-dessinée.
Find the expressions in the comic-strip.

(a) My favourite band is...

(b) I download all their songs

(c) I love music

(d) My favourite song is...

(e) I play the guitar

(f) I don't play an instrument

(g) An orchestra

(h) A choir

9.2 B Cherche sur internet la chanson préférée d'Élodie, « Un Monde Parfait », et réponds aux questions avec ton/ta camarade de classe.

Search Youtube.com for Élodie's favourite song, 'Un Monde Parfait', and answer the questions with a classmate.

Un Monde Parfait

Ce matin j'imagine un dessin sans nuage
Avec quelques couleurs comme vient mon pinceau
Du bleu, du rouge je me sens sage comme une image
Avec quelques maisons et quelques animaux

Ce matin j'imagine un pays sans nuage,
Où tous les perroquets ne vivent plus en cage
Des jaunes, des verts, des blancs, je fais ce qui me plaît
Car c'est comme ça que j'imagine un monde parfait...

(Refrain)

Un oiseau, un enfant, une chèvre
Le bleu du ciel, un beau sourire du bout des lèvres
Un crocodile, une vache, du soleil
Et ce soir je m'endors au pays des merveilles
Un oiseau, un crayon, une chèvre
Le bleu du ciel, un peu de sucre, un peu de sel
Un crocodile, quelques fleurs, une abeille
Et ce soir je m'endors au pays des merveilles

Ce matin j'imagine un dessin sans étoile
De toute les couleurs un dessin sans contour
Quand ça m' plaît plus j'efface tout et je recommence
Avec d'autres maisons et d'autres animaux

Ce matin j'imagine un pays sans nuage,
Où tous les perroquets ne vivent plus en cage
Des jaunes, des verts, des blancs, je fais ce qui me plaît
Car c'est comme ça que j'imagine un monde parfait...

(au Refrain)

Ohhh c'est beau ça, ah ouais,
C'est comme ça que t'imagine un monde parfait
Ah avec un oiseau, un enfant, une chèvre,
Un crocodile, une vache, du soleil
Moi aussi ce soir je m'endors au pays des merveilles...

(a) Find five colours mentioned in the song.
(b) Find four animals mentioned in the song.
(c) What does the title of the song mean?
(d) What do you think this song is about?

9.2 C Travaillez en groupes de trois ou quatre personnes. Cherchez une chanson française que vous aimez sur internet. Choisissez des images qui vont bien avec la chanson et faites une présentation avec les images et la chanson. Passez-la en classe.

Work in groups of three or four. Find a French song online that you all like. Choose images that suit your song and put together a presentation with the song and images. Play it for the class.

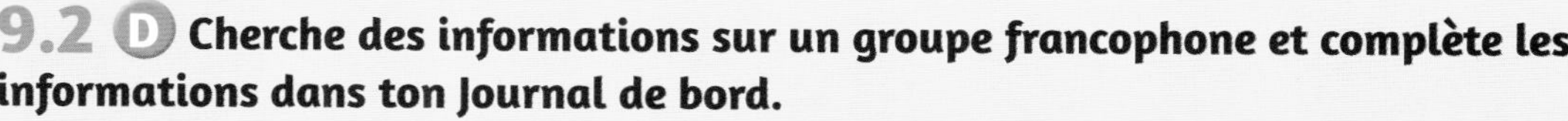

9.2 D Cherche des informations sur un groupe francophone et complète les informations dans ton Journal de bord.

Research a French-speaking group and fill in the information in your learning diary.

9.2 E Associe les mots avec les images.

Match the words to the images.

Les instruments

Élodie joue de la guitare. Est-ce que tu joues d'un instrument ?

Jouer à ou jouer de ?

Did you notice we use *jouer à* to play a sport but *jouer de* to play an instrument?

Exemples : Je joue **au** tennis.
Je joue **du** piano.
Je joue **de la** guitare.

9.2 F Écoute et complète le tableau.

Listen and fill in the chart.

	1	2	3	4	5
NOM	Nadège	Luc	Serge	Héloise	Marc
AGE	16				
DATE DE NAISSANCE	24 avril				
VILLE	Rennes				
PERSONALITÉ	timide et sportive				
SPORT	hockey basket				
INSTRUMENT	piano				

9.2 G Lis le blog de Katie. Elle décrit son chanteur préféré.

Read Katie's blog describing her favourite singer.

J'écoute de la musique pop. Mon chanteur préféré est Ed Sheeran. Son anniversaire est le dix-sept février. Ed vient de Halifax dans le Yorkshire. Ses parents sont d'origine irlandaise. Son frère, Matthew, est compositeur de musique classique. Ed a les cheveux roux et les yeux bleus et il a beaucoup de tatouages. Il joue de la guitare. J'ai tous ses albums et ma chanson préférée, c'est Thinking Out Loud. Je vais à un concert d'Ed Sheeran à Dublin cet été. J'attends le concert avec impatience !

Réponds en français.

Answer in French.

(a) Quand est l'anniversaire d'Ed Sheeran ?

(b) D'où vient-il ?

(c) De quel couleur sont ses yeux ?

(d) Quand est son concert ?

(e) Trouve les phrases suivantes dans le blog

I listen to pop music

I'm really looking forward to the concert

9.2 H Écris un paragraphe sur ton chanteur, ta chanteuse ou ton groupe préféré(e) dans ton Journal de bord.
Write a paragraph about your favourite singer or group in your learning diary.

9.2 I Lis le texte et réponds aux questions.
Read the text and answer the questions.

Coldplay : en concert à Lyon et à Paris avec NRJ !

La tournée du groupe britannique passera bien par la France avec deux dates au programme. On vous dit tout !

Bonne nouvelle pour les fans français de Coldplay ! Le groupe britannique sera de retour en France l'année prochaine … Une tournée de concerts qui passera par la France avec deux dates prévues à Paris et à Lyon. Le groupe se produira au Stade olympique lyonnais et au Stade de France avec NRJ.

Commencée au mois de mars dernier, la tournée a conquis plus de deux millions et demi de spectateurs en Amérique Latine, aux Etats-Unis et en Europe. Coldplay s'est notamment produit lors de quatre dates historiques dans l'enceinte mythique du Wembley Stadium à Londres.

Chris Martin et sa bande font partie des nombreux artistes nommés aux NRJ Music Awards. Ils sont en lice dans la catégorie «Groupe/Duo international». Vous avez jusqu'au 6 novembre pour soutenir vos artistes préférés en votant sur le site officiel des NRJ Music Awards. Rendez-vous le 12 novembre en direct de Cannes pour découvrir le palmarès complet de la cérémonie.

(a) Where will Coldplay perform their two concerts in France next year? ....

(b) In what month did they start their world tour? ....

(c) Name two locations outside France where they performed as part of their tour. ....

(d) Until what date can you vote for your favourite artists for an NRJ music award? ....

(e) Where and when will the NRJ music award ceremony take place? ....

(f) Would you go to a Coldplay concert? Why or why not? ....

9.2 J Cherche un concert d'un groupe ou d'un chanteur/d'une chanteuse que tu aimes. Fais un poster en français avec les informations pour les touristes français.
Find out when a group or singer you like are having a concert in your area. Draw a poster with all the information about the concert for French tourists. What time is the concert? Where? How can you get there? What type of music is it, etc.

Complète les mots-clés 37-48 dans ton Journal de bord. Tous les mots se trouvent dans la section 9.2
Fill in the key words 37-48 in your learning diary. All of the words can be found in section 9.2.

9.3 Quels sont tes loisirs ?

9.3 A Lis le blog de Nicole et complète les exercices.
Read Nicole's blog and complete the exercises.

www.monblog.fr/nicolex

www.monblog.fr/nicolex

MES LOISIRS !

Salut ! Ma passion, c'est le surf. Je fais du surf chaque samedi matin. J'ai de la chance parce que la plage se trouve à cinq minutes de chez moi à Biarritz. J'adore les grandes vacances car je peux faire du surf tous les jours. C'est super cool ! Je suis fan de rugby aussi. Biarritz Olympique est mon équipe préférée et mon joueur préféré de l'équipe française est Morgan Parra. De temps en temps, je regarde des matchs au stade avec mon père et mon frère. J'aime aussi aller au cinéma, le weekend. J'adore les comédies et les films d'horreur. Dans mon temps libre, j'aime écouter de la musique pop. Mon groupe préféré est Daft Punk. J'aime la musique de David Guetta aussi. J'adore les jeux-vidéo. Je joue aux jeux vidéo en ligne ou avec mes amis. Mon jeu favori est Minecraft. C'est chouette !

Réponds en français.
Answer in French.

(a) Quel sport fait Nicole ?
(b) Qui est Morgan Parra ?
(c) Avec qui Nicole va-t-elle aux matchs de rugby ?
(d) Quel type de films aime-t-elle ?
(e) Quel est son groupe préféré ?
(f) Comment s'appelle son jeu vidéo préféré ?

Comment dit-on en français ? Trouvez les expressions dans le blog.
Find the expressions in the blog.

(a) My passion is surfing.
(b) I'm really into rugby.
(c) My favourite player is…
(d) I like to go to the cinema at weekends.
(e) In my free time…
(f) I love video-games.

Nicole aime les jeux vidéo. Et toi ? Est-ce que tu aimes les jeux vidéo ? Elle a d'autres loisirs aussi. Lesquels aimes-tu ? Quels sont tes autres loisirs ?

9.3 B Écoute quatre jeunes Français qui parlent de leurs loisirs.
Listen to four young people talking about their hobbies.

Clément : Pour me détendre, je regarde la télé. J'adore la télé-réalité, donc, chaque samedi soir, je regarde *Secret story* et *Danse avec les stars*. Ma soeur préfère les séries comme *La Stagiaire*, mon petit frère adore les dessins animés et mes parents aiment regarder les documentaires. Mes parents sont abonnés à Netflix et de temps en temps, nous regardons les films ensemble. C'est génial parce que nous pouvons regarder des films sur notre Smart TV. J'adore les films d'action.

Sophie : Je ne suis pas très sportive et je n'écoute pas de musique, mais j'aime beaucoup lire. Je suis un vrai rat de bibliothèque ! J'adore les BD. J'ai tous les albums d'*Astérix* et des *Les Aventures de Tintin*. Je lis chaque soir avant de me coucher. Mon passe-temps préféré est sans doute la lecture. J'adore aussi la mode. Le weekend, j'aime aller en ville avec mes copines pour faire du lèche-vitrines. J'achète tous les magazines de mode. C'est mon truc !

Léa : Le sport est ma passion. Je suis très sportive. Je suis membre de l'équipe de foot du collège et nous nous entraînons tous les mercredis. Nous avons des matches le samedi matin aussi. Mon équipe préférée est le Paris St-Germain. Le dimanche, j'aime nager avec mes amis. Il y a une piscine municipale dans le village. En été, je fais de la voile sur la Côte d'Azur avec mes parents. Nous avons une résidence secondaire à Antibes. En hiver, nous faisons du ski dans les Pyrénées. C'est super ! J'adore les sports d'hiver. Pour me détendre, j'aime bien surfer sur internet et tchatter avec mes amis en ligne.

Enzo : J'adore la musique. Je télécharge de la musique sur mon smartphone. Je joue du piano et de la guitare, et je chante dans une chorale. J'aime assister aux concerts de mes groupes préférés. Je suis fan de Zaz, Julien Doré et Christine and the Queens. Le samedi soir, j'aime sortir avec mes copains et ma copine Inès. Nous allons en discothèque en ville où on bavarde et on danse. J'adore tous les de genres musique, le hip-hop, le jazz, le rock, le rap, mais c'est la pop que je préfère.

Zaz

1 Vrai ou faux ? Corrige les réponses fausses.

True or false? Correct the false statements.

(a) Clément aime regarder des documentaires.

(b) Clément adore les films d'action.

(c) Sophie est très sportive.

(d) Sophie aime aller en ville avec ses parents.

(e) Léa joue au foot.

(f) Léa fait de la natation, le samedi.

(g) Enzo joue de la guitare.

(h) Enzo est membre d'une chorale.

2 Réponds en français.

Answer in French.

(a) Quel est la passion de Clément ?

(b) Quand Clément regarde-t-il *Danse avec les stars* ?

(c) Quand Sophie lit-elle ?

(d) Que fait Sophie le weekend ?

(e) Quelle est l'équipe préférée de Léa ?

(f) Où se trouve la résidence secondaire de sa famille ?

(g) Où va Enzo le samedi soir ?

(h) Qui est Inès ?

3 Comment dit-on en français ? Trouve les expressions dans les textes.

Find the expressions in the texts.

(a) I love reality TV.

(b) My little brother likes cartoons.

(c) My parents subscribe to Netflix.

(d) I'm a bookworm.

(e) I like going into town with my friends to go window shopping.

(f) I like surfing the Net and chatting to my friends online.

(g) I like to go out with my friends.

(h) I prefer pop music.

4 Comment dit-on en anglais ?

What does... mean?

(a) les séries ....

(b) les documentaires ....

(c) les dessins animés ....

(d) la lecture ....

(e) la mode ....

(f) les sports d'hiver ....

(g) la piscine municipale ....

(h) la discothèque ....

Les jeux vidéo sont très populaires en France. Huit Français sur dix ont joué à un jeu vidéo au cours des douze derniers mois ! La France est le deuxième producteur de jeux vidéo au monde, après les États-Unis. Les jeux populaires comme *Assassins Creed* et *Just Dance* sont d'origine française.

Les Français regardent les mêmes émissions de télé-réalité que nous. *Secret Story* est une adaption française de *Big Brother,* et *Danse avec les stars* est une adaption de *Strictly Come Dancing*. *Top Chef* ressemble à *Masterchef Professionals.*

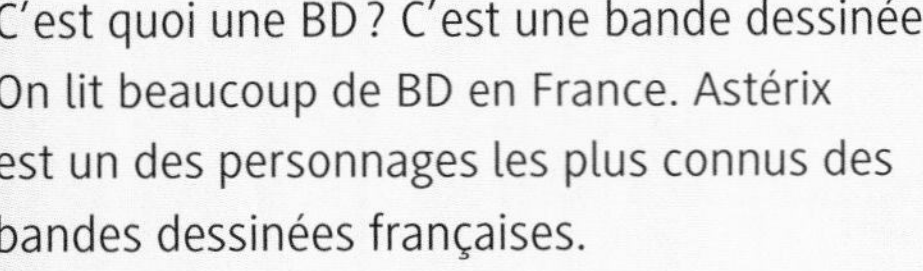

C'est quoi une BD ? C'est une bande dessinée. On lit beaucoup de BD en France. Astérix est un des personnages les plus connus des bandes dessinées françaises.

9.3 C Les verbes POUVOIR et SORTIR

*In Nicole's blog in section 9.3A, she says « je **peux** faire du surf », and in section 9.3 B, Clément says « nous **pouvons** regarder des films sur notre Smart TV ». Peux and pouvons are both from the verb POUVOIR (to be able to). POUVOIR is very similar to VOULOIR that we studied in Unit 8.*

POUVOIR *(to be able to)*		
je	peux	*I can*
tu	peux	*you can*
il/elle/on	peut	*he/she can*
nous	pouvons	*we can*
vous	pouvez	*you can*
ils/elles	peuvent	*they can*

In section 9.3 B, Enzo says « *j'aime **sortir** avec les copains* ». SORTIR is the verb to go out.

SORTIR *(to go out)*		
je	sors	*I go out / I am going out*
tu	sors	*you go out / you are going out*
il/elle/on	sort	*he/she goes out / he/she is going out*
nous	sortons	*we go out / we are going out*
vous	sortez	*you (plural/formal) go out / you (plural/formal) are going out*
ils/elles	sortent	*they go out / they are going out*

Exemples : Elle *sort* à huit heures. — She *is going out* at eight o'clock.
Tu ne *peux* pas fumer ici. — You *can't* smoke here.
Je *sors* avec Luc ce soir. — I'm *going out* with Luc tonight.
Est-ce que vous *pouvez* sortir ? — *Can* you go out?

★ Note that POUVOIR is followed by an action verb in the infinintive form.

Exemples : Il *peut aller* au concert. — He *can go* to the concert.
Elles *peuvent venir* chez-moi. — They *can come* to my house.

★ Questions with pouvoir are formed as usual with inversion or *est-ce que*, but *je peux* becomes *puis-je* when it is inverted.

Exemples : *Pouvez-vous* venir chez-moi ? — *Can you* come to my house?
Est-ce que tu peux sortir ce soir ? — *Can you* go out this evening?
Puis-je aller avec vous ? — *Can I* go with you?

9.3 D Écoute et répète les verbes POUVOIR et SORTIR.

Listen to the verbs POUVOIR and SORTIR and repeat the pronunciation.

Complète les verbes POUVOIR et SORTIR dans ton Journal de bord.
Fill in the verbs POUVOIR and SORTIR on the irregular verb page in your learning diary.

9.3 E Complète les phrases avec la forme correcte du verbe POUVOIR ou SORTIR.

Fill in the blanks with the correct form of the verbs POUVOIR or SORTIR.

(a) Je peux faire du ski demain.

(b) Vous .... venir au concert ce soir ? (POUVOIR)

(c) Elle ne .... pas aller au cinéma. (POUVOIR)

(d) Papa et moi .... faire du ski demain. (POUVOIR)

(e) Est-ce que tu .... avec Claude ce soir. (SORTIR)

(f) .... -je aller aux toilettes ? (POUVOIR)

(g) Céline .... avec Michel ce soir. (SORTIR)

(h) Vous ne .... pas fumer ici. (POUVOIR)

(i) Claire et Hugo ne .... pas ensemble. (SORTIR)

(j) Tu ne .... pas acheter du vin ? (POUVOIR)

9.3 F Quels sont tes loisirs ? Écoute et réponds aux questions en français.

What are your hobbies? Listen and answer the questions in French.

Thomas

(a) Quels sont ses loisirs ? (mentionne 3)

(b) Que fait-il le samedi soir ?

Mathilde

(a) Quels sont ses loisirs ? (mentionne 3)

(b) Qu'est-ce qu'elle regarde à la télé ?

(c) Quand va-t-elle au cinéma ?

Jean-Marc

(a) Qui est Sandrine ?

(b) Quand font-ils du ski nautique ?

Héloise

(a) Quels genres de musique aime-t-elle ?

(b) Que fait-elle le dimanche matin ?

9.3 G Parlons ! Prépare tes réponses dans ton Journal de bord.

Prepare your responses in your learning diary.

9.3 H Interroge un/une camarade de classe.

Interview a classmate. Use the questions below and record your interviews. In groups of four, listen to your interviews to correct each other's work. Identify two common mistakes and two questions everyone found easy to answer. Take a note of these points in your learning diary.

(a) Que fais-tu de ton temps libre ?

(b) Est-ce que tu fais du sport ? Lequel ?

(c) Est-ce que tu joues d'un instrument ?

(d) Aimes-tu la musique ? Quel genre de musique aimes-tu ?

(e) Est-ce que tu as un groupe ou un chanteur/chanteuse préféré ?

(f) Vas-tu en discothèques ? Quand ?

(g) Aimes-tu les jeux vidéo ? As-tu un jeu préféré ?

(h) Est-ce que tu aimes aller au cinéma ?

(i) Est-ce que tu regardes la télévision ? Quand ?

(j) Comment s'appelle ton émission préférée ?

(k) Aimes-tu la lecture ? As-tu un livre préféré ?

PowerPoint

9.3 I Complète les mots croisés.

Fill in the crossword.

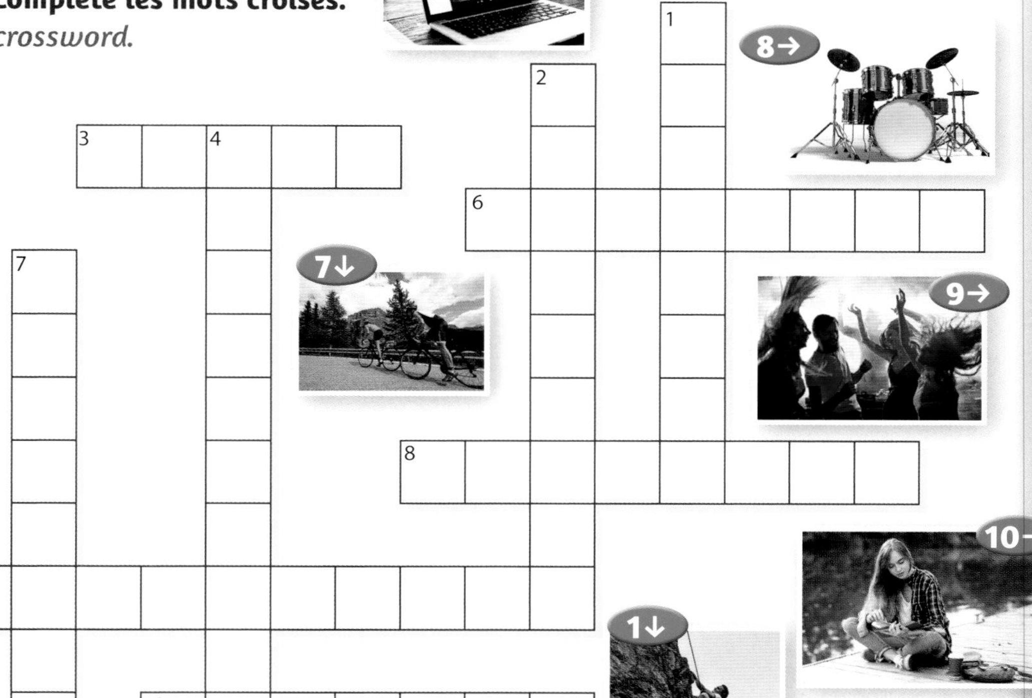

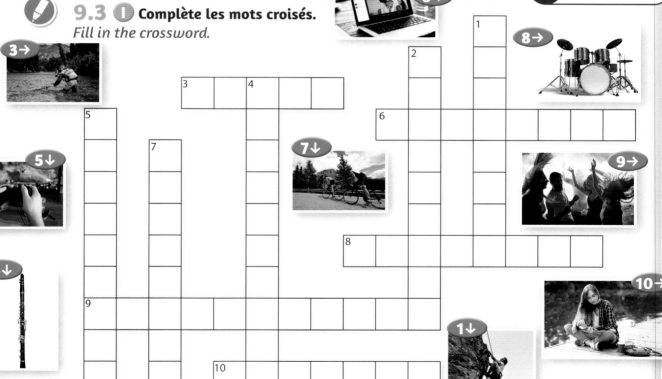

Complète les mots-clés (49–63) dans ton Journal de bord. Tous les mots se trouvent dans la section 9.3.

Fill in the key words (49–63) in your learning diary. All of the words can be found in section 9.3.

9.4 Les verbes pronominaux

9.4 A Les verbes pronominaux

In section 9.3 A Léa says « nous nous entraînons tous les mercredis ».

Nous nous entraînons is from the verb S'ENTRAÎNER (to train). S'ENTRAÎNER is an example of a reflexive verb. Look at the following reflexive verbs in the infinitive form:

SE LAVER
SE COUCHER
S'ENTRAÎNER

What do you notice about each of the infinitive forms?

They all have *se* (or *s'*) before them. *Se* is a reflexive pronoun, *un pronom réfléchi*. Reflexive verbs describe actions done to oneself, for example, *je me lave* (I wash myself). Reflexive verbs follow the following pattern :

SE LAVER	*to wash oneself*
Je **me** lave	*I wash myself*
tu **te** laves	*you wash yourself*
il/elle/on **se** lave	*he/she washes him/herself*
nous **nous** lavons	*we wash ourselves*
vous **vous** lavez	*you wash yourselves*
ils/elles **se** lavent	*they wash themselves*

S'ENTRAÎNER	*to train*
Je **m'**entraîne	*I train*
tu **t'**entraînes	*you train*
il/elle/on **s'**entraîne	*he/she trains*
nous **nous** entraînons	*we train*
vous **vous** entraînez	*you train*
ils/elles **s'**entraînent	*they train*

★ You may have noticed that both verbs in the table above are –ER verbs, so both verbs use the usual –ER verb endings.

★ The reflexive pronouns *me, te, se, nous, vous, se*, are the equivalent of *myself, yourself, himself/herself/oneself, ourselves, yourselves* and *themselves* in English.

★ Negative reflexive verbs are formed by sandwiching the *ne* and *pas* around the reflexive pronoun AND the verb, as in the following examples:

SE LAVER
Je ne **me** lave pas
tu ne **te** laves pas
il/elle/on ne **se** lave pas
nous ne **nous** lavons pas
vous ne **vous** lavez pas
ils/elles ne **se** lavent pas

S'ENTRAÎNER
Je *ne* **m'**entraîne *pas*
tu *ne* **t'**entraînes *pas*
il/elle/on *ne* **s'**entraîne *pas*
nous *ne* **nous** entraînons *pas*
vous *ne* **vous** entraînez *pas*
ils/elles *ne* **s'**entraînent *pas*

LES VERBES PRONOMINAUX	
S'AMUSER	*to have fun*
SE BROSSER (les dents)	*to brush (one's teeth)*
SE COIFFER	*to do one's hair*
SE COUCHER	*to go to bed*
SE DOUCHER	*to shower*
S'ENTRAÎNER	*to train*
S'HABILLER	*to get dressed*
S'INTÉRESSER à	*to be interested in*
SE LAVER	*to wash*
SE LEVER	*to get up*
SE MAQUILLER	*to put on makeup*
SE PROMENER	*to go for a walk*
SE RASER	*to shave*
SE RETROUVER	*to meet up*
SE RÉVEILLER	*to wake up*

9.4 B Écoute et répète les verbes SE LAVER and S'ENTRAÎNER.
Listen to the verbs SE LAVER, to wash oneself, and S'ENTRAÎNER, to train, and repeat the pronunciation.

Complète les verbes pronominaux dans ton Journal de bord.
Fill in the reflexive verbs in your learning diary.

9.4 C Complète le verbe S'HABILLER.
Fill in the chart with the correct form of the verb S'HABILLER, to dress oneself.

S'HABILLER *(to get dressed)*	la forme négative
Je **m'**habille.	Je **ne** m'habille **pas.**

9.4 D Complète les phrases avec les pronoms réfléchis.

Fill in the blanks with the correct reflexive pronoun.

(a) Vous **vous** couchez à dix heures.

(b) Je .... habille dans la salle de bains.

(c) Paul .... réveille tôt.

(d) Tu .... promènes dans le parc.

(e) Nous .... intéressons à la musique.

(f) Les filles .... maquillent avant de sortir.

(g) On .... amuse bien à la discothèque.

(h) Je .... brosse les dents.

(i) Marie et Bernard .... lèvent à sept heures.

(j) Nous .... lavons.

9.4 E Complète les phrases avec la forme correcte du verbe pronominal entre parenthèses.

Fill in the blanks with the correct form of the verb in brackets. Remember, you need to put a reflexive pronoun AND a form of the verb in each answer space!

(a) Nous **nous amusons** (S'AMUSER) au concert de Justin Bieber.

(b) Je .... (SE COUCHER) à onze heures du soir.

(c) Michelle .... (SE DOUCHER) dans la salle de bains.

(d) Je .... (S'HABILLER) dans ma chambre.

(e) Thomas .... (S'INTÉRESSER) à la mode.

(f) Nous .... (SE LAVER) après le match.

(g) Ils .... (SE LEVER) très tôt le matin.

(h) Vous .... (SE PROMENER) dans le parc ?

(i) Je .... (SE MAQUILLER) pour aller à la discothèque.

(j) Vous .... (S'AMUSER) ce soir ?

9.4 F Que fait-elle aujourd'hui ? Écris une phrase pour chaque image.

What is the dog doing? Write a sentence for each image.

(a)

Elle se réveille à six heures.

(b)

(c)

(d)

(e)

(f)

(g)

(h)

9.4 G Serge parle de ce qu'il fait le dimanche. Lis le texte et réponds aux questions.

Serge talks about his typical Sunday. Read the text and answer the questions.

Le dimanche matin, je me réveille vers neuf heures. Je me lève, je m'habille, je me brosse les dents et je prends mon petit déjeuner. Je mange des viennoiseries avec un café et un jus d'orange. À onze heures, je vais au club de foot avec mes amis. Nous sommes membres d'une bonne équipe de foot - nous nous entraînons le mardi et le jeudi soir et nous faisons des matchs le dimanche matin. Après le match, je me douche et je rentre chez moi. Je déjeune avec ma famille. Normalement, nous mangeons une salade, et puis, comme plat principal, nous mangeons du poisson ou de la viande avec des légumes. Pour finir, nous mangeons du fromage et, en dessert, un yaourt ou de la glace. Le dimanche après-midi, je me promène avec ma copine Iseult au bord de la mer. Nous buvons un chocolat chaud dans un petit café près de la plage. Vers huit heures, je rentre chez moi et je dîne. Après le dîner, je tchatte sur internet avec Iseult ou je vais sur Facebook. De temps en temps, je regarde la télé. J'aime les dessins animés et les séries. Je lis un peu avant de me coucher. J'adore les BD et les romans policiers. Je me couche à dix heures et demie.

Réponds en anglais.

Answer in English.

(a) At what time does Serge wake up on Sunday mornings? ....

(b) Name four things he does immediately after waking up. ....

(c) What does he have for breakfast? ....

(d) At what time does he go to the football club? ....

(e) On what days does his football team train? ....

(f) What does his family typically eat for Sunday lunch? ....

(g) Who is Iseult? ....

(h) What does Serge do after dinner? ....

(i) What does he like to read? ....

(j) Underline eight examples of reflexive verbs in the text.

9.4 H Christelle parle de ce qu'elle fait le dimanche. Écoute et réponds en français aux questions.

105

Christelle talks about her typical Sunday. Listen and answer the questions in French.

(a) Elle se réveille à quelle heure ? ....

(b) Que fait-elle dans la salle de bains ? ....

(c) Où va-t-elle après le petit déjeuner ? ....

(d) À quelle heure prend-elle le déjeuner? ....

(e) Que prend-elle pour le déjeuner? ....

(f) Que fait-elle le dimanche après-midi? ....

(g) Quelle genre de film aime-t-elle? ....

(h) Elle se couche à quelle heure? ....

9.4 Ⓘ Que fais-tu le dimanche? Écris un paragraphe dans ton Journal de bord.
What do you do on Sundays? Write a paragraph in your learning diary.

Complète les mots-clés 64-79 dans ton Journal de bord. Tous les mots se trouvent dans la section 9.
Fill in the key words 64-79 in your learning diary. All of the words can be found in section 9.4.

9.5 On se sort ce soir?

9.5 A Choisis la bonne réponse.

Choose the correct answer.

1 Christophe veut aller *à un match / à la discothèque / en ville / au théâtre* ce soir.

2 Nicole va *à un match / à la discothèque / en ville / au cinéma* ce soir.

3 Elle va à *huit heures / huit heures et demie / neuf heures moins le quart / neuf heures.*

4 Nicole sort avec *Élodie et sa cousine / Élodie / Élodie et sa sœur / Élodie et sa mère.*

9.5 B Les invitations

Christophe invite Nicole à aller au cinéma. Regarde sa question « Tu veux aller au cinéma ? »

Tu veux aller au cinéma ce soir ?

Ça te dit d'aller au cinéma ce soir ?

On va au cinéma, ce soir ?

Tu peux aller au cinéma ce soir ?

On se retrouve où ?

Ça marche !

Ça me dit bien !

Génial !

Super ! Je suis libre.

Oui, d'accord !

Non, je ne peux pas.

Désolé(e), ce n'est pas possible.

Ça ne me dit rien.

Quel dommage ! Je ne suis pas libre.

9.5 C Associe les questions et les réponses.

Match the questions to the answers.

(a) Ça te dit d'aller au concert de Zaz ce soir ?
(b) On se retrouve où ?
(c) Tu veux aller au cinéma avec moi demain ?
(d) On va au restaurant ?
(e) Tu peux aller au match du PSG ce soir ?
(f) On va à la discothèque, samedi ?
(g) À quelle heure ?

1 À huit heures et demie.
2 Oui. J'ai faim.
3 Non, ça ne me dit rien.
4 Devant le cinéma à neuf heures.
5 Demain, je ne suis pas libre. Quel dommage !
6 Ça marche ! J'adore danser.
7 Non, merçi. La musique, ça ne m'intéresse pas.

9.5 D Mets les conversations dans le bon ordre et écris-les dans ton cahier.

Put the dialogues in the right order and write them in your copy.

(a)

J'ai beaucoup de devoirs ce soir.

Désolé. Je ne peux pas y aller.

Ça te dit d'aller au cinéma avec moi ce soir?

Dommage! Pourquoi?

(b)

Devant la boulangerie à huit heures et demie.

Alors, on se retrouve où?

C'est à neuf heures, samedi soir

Oui, j'adore le foot. C'est à quelle heure?

Tu veux aller au match du PSG, samedi?

D'accord. À samedi!

(c)

Chez moi. Mes parents organisent un barbecue dans le jardin.

D'accord. À vendredi alors!

À sept heures du soir.

Tu veux venir à ma fête d'anniversaire, vendredi prochain?

Génial. C'est loin d'ici?

Merci. Il aime les fêtes d'anniversaire! C'est à quelle heure?

À vendredi!

Oui, bien sûr. C'est où la fête?

Non. C'est à cinq minutes. J'habite près du supermarché. Tu peux venir avec ton frère, si tu veux.

9.5 E Nicole t'invite à un match de rugby. Écris un jeu de rôle.

Imagine Nicole has invited you to a rugby match. Write a short role-play. Who is playing? When is it? What time? Where are you meeting?

9.5 F Travaillez à deux. Pratiquez vos jeux de rôle.

Work in pairs. Practise your role-plays with your partner.

9.5 G Nicole, Christophe, Élodie et sa cousine vont au cinéma. Lis les détails sur chaque séance de cinéma.

Nicole, Christophe, Élodie and Élodie's cousin are going to the cinema. Here are the film screenings.

Cinéma Mega CGR

Allée de Glain, 64100 Bayonne, France, 0892 68 85 88

Brigid Dunnes' Baby VOSTF
2H02 | Comédie | TP
Renée Zellweger, Patrick Dempsey, Colin Firth
T.L.J. : 15:45 | 17:00 | 18:15 | 19:30 | 20:45 | 22:05

La Lumière dans la Mer VOSTF
2H13 | Drame | TP
Alicia Vikander, Florence Clery, Scott Will, Michael Fassbender
T.L.J. : 13:10 | 16:00 | 19:10 | 22:00

Les Hommes Magnifiques VOSTF
2H13 | Action | TP
Chris Pratt, Denzel Washington
T.L.J. : 16:50 | 19:40 | 22:00

Kudo et l'Épée VF
1H42 | Animation | TP
Animation de Travis Knight
T.L.J. : 20:20 | 22:25
Jeu-Ven-Lun-Mar : 11:50 | 14:00 |16:10

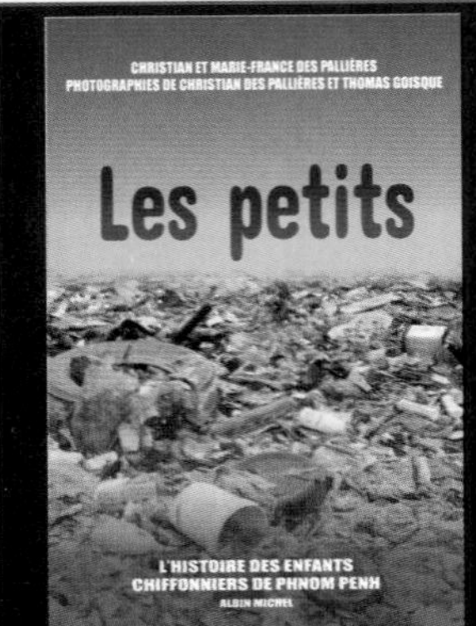

Les Petits VF
1H28 | Documentaire | TP
T.L.J. 18:00 | 20:00 | 22:00
Ven-Sam-Dim : 14:00 | 16:00

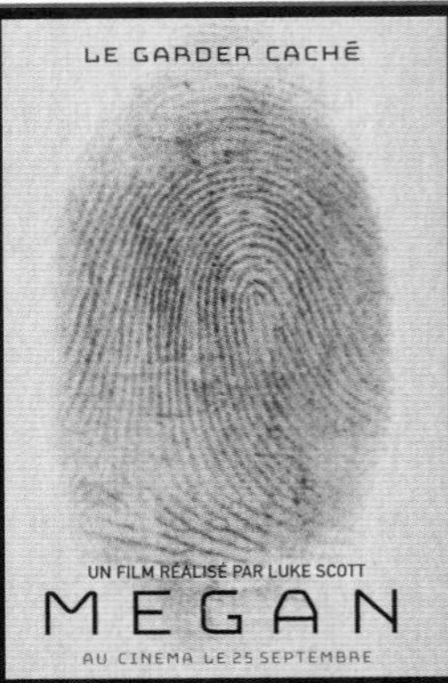

Megan VOSTF
1H32 | Science-fiction | +12
Kate Mara, Anya Taylor-Joy, Toby Jones
T.L.J. : 18:35 | 20:45 | 22:30

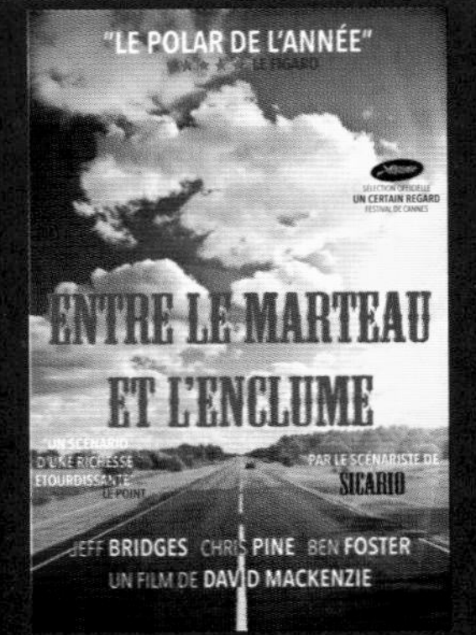

Entre Le Marteau et L'Enclume
1H42 | Thriller | +12
Jeff Bridges, Chris Pine, Ben Foster, Katy Mixon
19:00 | 21:30

Les Cris
1H51 | Horreur | +12
Neve Campbell, Courtney Cox, David Arquette
Ven 31 Octobre 21:15

Réponds en français.
Answer in French.

(a) Quel genre de film est *Les hommes magnifiques* ? ....

(b) À quelle heure peut-on voir le film *Les Cris* ? Quelle jour ? ....

(c) Combien de temps dure le film *Brigid Dunnes' Baby* ? ....

(d) Comment s'appelle le documentaire qu'on peut voir ? ....

(e) Comment s'appelle le film avec Jeff Bridges et Chris Pine ? ....

(f) Qui sont les acteurs principaux dans le film *La lumière dans la mer* ? ....

(g) Quel est le titre du film de science fiction ? ....

(h) Quel genre de film est *Kubo et l'Épée* ? ....

TP = Pour **T**ous **P**ublics
VOSTF = **V**ersion **O**riginale **S**ous-**T**itrée en **F**rançais (original version, not dubbed, with French subtitles)
VF = **V**ersion **F**rançaise (dubbed into French)
T.L.J. = **T**ous **l**es **j**ours

Complète les mots-clés 80-91 dans ton Journal de bord. Tous les mots se trouvent dans la section 9.5.
Fill in the key words 80–91 in your learning diary. All of the words can be found in section 9.5.

9.6 Tu es prêt à pratiquer ? Allons-y !

9.6 A Écoute les trois conversations et réponds en anglais aux questions.
Listen to three conversations and answer the questions in English.

1

(a) What type of film do both of the boys like? ....

(b) Who is acting in the film they choose? ....

(c) What time does the film start? ....

(d) Where and when will they meet? ....

2

(a) What activity does Bruno suggest for this afternoon? ....

(b) Why can Aurélie not go this afternoon? ....

(c) Why can she not go tomorrow afternoon? ....

(d) When do they decide to meet? ....

3

(a) Who bought the tickets to the match? ....

(b) Where will the match take place? ....

(c) What day is the match on? ....

(d) What time will the boys meet? ....

9.6 B Pose les questions suivantes à cinq camarades de classe.

Ask five classmates the following questions and fill in the chart.

1. Quel genre de musique aimes-tu ?
2. Est-ce que tu joues d'un instrument ?
3. As-tu un groupe ou chanteur préféré ?
4. Quel genre de film aimes-tu ?
5. As-tu un acteur préféré ou actrice préférée?

Nom	Genre de musique préféré	Instruments	Groupe ou chanteur préféré	Genre de film préféré	Actrice ou acteur préféré

un documentaire
une comédie
un dessin animé
une série / un feuilleton
les informations
la télé-réalité
un film d'action
un film policier
un film de science-fiction
un film d'horreur

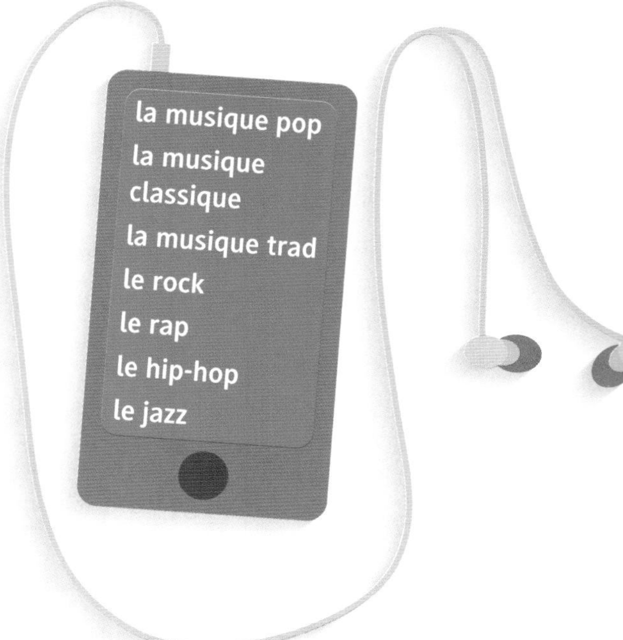

la musique pop
la musique classique
la musique trad
le rock
le rap
le hip-hop
le jazz

9.6 C Lis le tweet et réponds aux questions.

Read the tweet and answer the questions.

Equipe de France @equipedefrance · Oct 7
Les Bleus se sont entraînés une dernière fois au @StadeFrance avant #FRABUL (20h45 sur @TF1)!
Les dernières places po.st/FRABUL

France-Bulgarie, ce soir au Stade de France et TF1 (20h45)

4 142 278

Réponds en français.

Answer in French.

(a) Contre quel pays la France va-t-elle jouer ce soir? ....

(b) Où se déroule le match? ....

(c) Le match est à quelle heure? ....

Réponds en anglais.

Answer in English.

(a) Find the name of the TV channel that will show the match. ....

(b) Find the nickname for the French team. ....

(c) Why do you think they have this nickname? ....

9.6 D Combien de... ? Écris les nombres en lettres.

How many... ? Write the numbers in French.

(a) Combien de joueurs y a-t-il dans une équipe de foot ? *Onze*

(b) Combien de joueurs y a-t-il dans une équipe de rugby ? ....

(c) Combien de joueurs y a-t-il dans une équipe de football gaélique ? ....

(d) Combien de joueurs y a-t-il dans une équipe de basket ? ....

(e) Combien de joueurs y a-t-il dans une équipe de hockey? ....

(g) Combien de joueurs y a-t-il dans une équipe de volley ? ....

(h) Quelle est la distance en kilomètres d'un marathon ? ....

9.6 E Complète les phrases avec la forme correcte du verbe entre parenthèses.

Fill in the blanks with the correct form of the verb in brackets.

1: LES VERBES RÉGULIERS

(a) Mes parents .... (parler) anglais.
(b) Je .... (choisir) un film.
(c) Nous .... (perdre) le match.
(d) On .... (jouer) au basket ce soir ?
(e) Vous .... (finir) les exercices ?
(f) Tu .... (vendre) ton vélo ?
(g) Je .... (chanter) dans une chorale.
(h) Pierre .... (aimer) lire.
(i) Yvette et Cécile .... (regarder) la télévision.
(j) Tu .... (jouer) du piano ?

2: LES VERBES IRRÉGULIERS

(a) Vous .... (avoir) soif après le match ?
(b) Je .... (faire) du jogging avec Paul.
(c) Elles .... (être) très sportives.
(d) Tu .... (sortir) le weekend ?
(e) Nous .... (lire) les BD.
(f) Christine .... (venir) à la fête chez Claire.
(g) Je .... (pouvoir) aller au concert ce samedi.
(h) Enzo et Claude .... (aller) au match du PSG.
(i) Tu .... (vouloir) venir au cinéma avec moi ce soir ?
(j) Mes amies .... (écrire) des méls à Luc.

3: LES VERBES PRONOMINAUX

(a) Maxime .... (se doucher) après le match de foot.
(b) Vous .... (s'entraîner) cet après-midi ?
(c) Je ne .... (s'intéresser) pas aux jeux vidéo.
(d) Nous .... (se coucher) très tard le weekend.
(e) Tu .... (s'habiller) dans ta chambre ?
(f) On ne .... (s'amuser) pas beaucoup.

(g) Inès .... (se maquiller) pour aller à la discothèque.

(h) Tu .... (s'amuser) bien ?

(i) Yannick et moi ne .... (se réveiller) pas tôt.

(j) Je .... (se promener) à la plage le samedi matin.

9.6 F Associe les images avec les phrases.

Match the sentences to the images.

(a) Dans mon temps libre, je tchatte avec mes amis.

(b) Le weekend, je joue à la pétanque.

(c) J'écoute de la musique.

(d) Mon passe-temps, c'est la plongée.

(e) J'adore l'équitation.

(f) Je joue du violon dans un orchestre.

1

2

3

4

5

6

9.6 G Écris un mél à Nicole dans ton Journal de bord. Décris tes loisirs et ce que tu fais pendant ton temps libre.

Write an email to Nicole in your learning diary. Describe your hobbies and tell her what you do in your free time.

9.6 H Lis la brochure et réponds aux questions.

Read the brochure and answer the questions.

VACANCES STUDIEUSES
Langue et sport

11-15 ans

Stage anglais et voile

Île d'Oléron/Dolus Charente-Maritime

Quoi de mieux qu'enrichir son anglais et prendre les voiles dans un cadre exceptionnel ? Fun, grand air et dépaysement !

Votre séjour

Niveau scolaire conseillé : 6ᵉ, 5ᵉ, 4ᵉ, 3ᵉ.
27 unités de cours de 50 min durant le séjour.
12 à 15 éléves par groupe niveau.
Activités linguistiques assurées par des **professeurs britanniques** diplômés pour apprendre l'anglais à des étrangers. Ils s'appuient sur une pédagogie éprouvée : compréhension et expression orales, écrites, descriptions, phonologie, vocabulaire...Les animateurs bilingues s'adressent essentiellement aux jeunes en anglais (consignes de sécurité et explications techniques en français). L'anglais occupe une place prépondérante engageant les participants à s'exprimer le plus possible en anglais !
Vaile : au sein d'une école FFV, 4 séances de voile sur catamaran. Maîtrise du vent et de l'engin, jeux et courses.
Autres activités : baignades, vélo, volley-ball, football, basket-ball, jeux d'orientation, soirées animées, feu de camp, bowling...
Excursion : 1 journée à l'île d'Aix avec tour du fort Boyard, sortie au parc aquatique de Dolus et visite du port de la Cotinière.
Effectif de groupe : 25 jeunes.

Cadre et mode de vie

Hébergement au centre **"Les Heures joyeuses"** : en chambres de 4 à 6 lits avec sanitaires complets. Patio couvert de glycine, cour intérieure et jardin clos. Nombreuses sailes d'activités.
Capacité d'accueil totale du centre : 90 participants.
Document obligatoire : brevet de natation.

Été 2016 *Prix par participant par séjour*

RÉF : 100 116 01

13 jours

06/07-18/07 ; 18/07-30/07 02/08-14/08 ; 14/08-26/08	995

Premier repas inclus : diner. Dernier repas inclus : déjeuner.

Suppléments transport

Villes		Tarif
Amiens	train	150
Lille	train	170
Paris	train	120
Saint-Pierre-des-Corps	train	100
Surgères	car	17

Train jusqu'a Surgères + car.

Réponds en français.
Answer in French.

(a) Quel sport et quelle langue apprend-on dans cette colonie de vacances? ....

(b) C'est pour les jeunes de quel âge? ....

(c) Combien d'enfants y a-t-il par groupe? ....

(d) Quelles sont les autres activités possibles? (mentionne 5) ....

(e) La colonie se déroule pendant quels mois? ....

Réponds en anglais.
Answer in English.

(a) Where does this summer camp take place? ....

(b) Where are the language teachers from? ....

(c) How many beds are in each room of the accommodation? ....

(d) What is the price per student for 13 days at the camp? ....

(e) How much does it cost to come to the camp from Lille by train? ....

9.6 Travaillez en petits groupes. Réalisez une brochure pour une colonie de vacances en France.

Work in small groups. Make a brochure for a summer camp in France. Include the dates, city, sports and activities, plus some images.

En France, il est fréquent que les enfants et les jeunes partent en colonie de vacances en été. Mais, c'est quoi une colonie de vacances? C'est un séjour sans les parents, où les enfants font des activités comme le sport, la musique, le théâtre ou bien apprennent une langue étrangère. C'est similaire à *the gaeltacht* en Irlande.

9.6 Fais un exposé sur tes loisirs pour tes camarades de classe.

Present your hobbies to your classmates.

- Fais-tu du sport? Lesquels? Quand est-ce que tu t'entraînes? Joues-tu avec dans un club ou une équipe?
- Joues-tu d'un instrument? Es-tu membre d'un orchestre ou d'une chorale? Quel genre de musique aimes-tu? Tu chantes?
- Aimes-tu aller au cinéma? Quel genre de film aimes-tu? Quand vas-tu au cinéma?

Unité 9 Mets tes connaissances à l'épreuve !

Classe tes connaissances de l'Unité 9 et évalue-toi dans ton Journal de bord.

In your learning diary, assess your learning from Unit 9 and see what you have learned.

Que sais-je ?			

I can describe my hobbies and pastimes.			
I can ask someone about what they do in their free time.			
I can identify a number of sports and leisure activities.			
I can invite someone out and respond to an invitation to go out.			
I can follow a game of boules.			
I can say what types of films I like.			
I can identify a number of musical instruments.			
I understand and can use reflexive verbs.			
I can use the verbs POUVOIR and SORTIR.			

CDs: La liste des pistes

Unité 1 : Coucou !

1.2 B	Page 6	Audio 2	CDA Track 2
1.2 C	Page 6	Audio 3	CDA Track 3
1.3 B	Page 8	Audio 4	CDA Track 4
1.3 D	Page 9	Audio 5	CDA Track 5
1.4 A	Page 11	Audio 6	CDA Track 6
1.4 C	Page 11	Audio 7	CDA Track 7
1.5 A	Page 13	Audio 8	CDA Track 8
1.5 C	Page 13	Audio 9	CDA Track 9
1.5 E	Page 13	Audio 10	CDA Track 10
1.7 A	Page 16	Audio 11	CDA Track 11
1.8 B	Page 20	Audio 12	CDA Track 12
1.8 E	Page 21	Audio 13	CDA Track 13
1.10 B	Page 23	Audio 14	CDA Track 14

Unité 2 : Appelle-moi !

2.1 B	Page 30	Audio 15	CDA Track 15
2.1 E	Page 31	Audio 16	CDA Track 16
2.1 F	Page 31	Audio 17	CDA Track 17
2.1 H	Page 32	Audio 18	CDA Track 18
2.2 B	Page 33	Audio 19	CDA Track 19
2.3 B	Page 35	Audio 20	CDA Track 20
2.3 C	Page 35	Audio 21	CDA Track 21
2.4 F	Page 36	Audio 22	CDA Track 22
2.7 C	Page 48	Audio 23	CDA Track 23
2.7 G	Page 50	Audio 24	CDA Track 24

Unité 3 : On y va !

3.1 E	Page 56	Audio 25	CDA Track 25
3.2 B	Page 60	Audio 26	CDA Track 26
3.3 B	Page 63	Audio 27	CDA Track 27
3.3 D	Page 64	Audio 28	CDA Track 28
3.3 E	Page 64	Audio 29	CDA Track 29
3.4 D	Page 68	Audio 30	CDA Track 30
3.5 B	Page 69	Audio 31	CDA Track 31
3.5 C	Page 70	Audio 32	CDA Track 32
3.5 F	Page 71	Audio 33	CDA Track 33
3.7 C	Page 77	Audio 34	CDA Track 34
3.7 E	Page 77	Audio 35	CDA Track 35
3.7 G	Page 78	Audio 36	CDA Track 36

Unité 4 : Où habites-tu ?

4.2 B	Page 89	Audio 37	CDA Track 37
4.2 D	Page 90	Audio 38	CDA Track 38
4.2 F	Page 91	Audio 39	CDA Track 39
4.3 B	Page 93	Audio 40	CDA Track 40
4.6 B	Page 100	Audio 41	CDA Track 41
4.7 B	Page 104	Audio 42	CDA Track 42
4.7 C	Page 104	Audio 43	CDA Track 43
4.9 E	Page 111	Audio 44	CDA Track 44

Unité 5 : Voici ma famille

5.2 A	Page 120	Audio 45	CDA Track 45
5.2 C	Page 122	Audio 46	CDA Track 46
5.4 A	Page 126	Audio 47	CDA Track 47
5.4 C	Page 127	Track 48	CDA Track 48
5.4 F	Page 129	Audio 49	CDA Track 49
5.4 H	Page 130	Audio 50	CDA Track 50
5.5 B	Page 132	Audio 51	CDA Track 51
5.5 C	Page 132	Audio 52	CDA Track 52
5.5 F	Page 133	Audio 53	CDA Track 53
5.6 E	Page 140	Audio 54	CDA Track 54
5.7 A	Page 143	Audio 55	CDA Track 55
5.7 D	Page 145	Audio 56	CDA Track 56
5.8 H	Page 148	Audio 57	CDA Track 57
5.8 J	Page 149	Audio 58	CDB Track 1

Unité 6 : À l'école

6.1 C	Page 155	Audio 59	CDB Track 2
6.1 D	Page 155	Audio 60	CDB Track 3
6.1 F	Page 156	Audio 61	CDB Track 4
6.2 E	Page 161	Audio 62	CDB Track 5
6.2 H	Page 163	Audio 63	CDB Track 6
6.3 A	Page 164	Audio 64	CDB Track 7
6.4 B	Page 167	Audio 65	CDB Track 8
6.5 B	Page 171	Audio 66	CDB Track 9
6.6 A	Page 173	Audio 67	CDB Track 10
6.7 B	Page 177	Audio 68	CDB Track 11
6.7 G	Page 179	Audio 69	CDB Track 12
6.8 D	Page 182	Audio 70	CDB Track 13
6.9 A	Page 183	Audio 71	CDB Track 14

Unité 7 : Toc-toc !

7.1 B	Page 195	Audio 72	CDB Track 15
7.1 C	Page 196	Audio 73	CDB Track 16
7.2 C	Page 199	Audio 74	CDB Track 17
7.4 B	Page 203	Audio 75	CDB Track 18
7.5 A	Page 206	Audio 76	CDB Track 19
7.5 B	Page 207	Audio 77	CDB Track 20
7.5 C	Page 208	Audio 78	CDB Track 21
7.5 D	Page 208	Audio 79	CDB Track 22
7.6 B	Page 211	Audio 80	CDB Track 23
7.7 F	Page 215	Audio 81	CDB Track 24

Unité 8 : Bon appétit !

8.1 A	Page 221	Audio 82	CDB Track 25
8.1 B	Page 223	Audio 83	CDB Track 26
8.1 E	Page 224	Audio 84	CDB Track 27
8.1 F	Page 224	Audio 85	CDB Track 28
8.1 G	Page 226	Audio 86	CDB Track 29
8.2 A	Page 228	Audio 87	CDB Track 30
8.4 A	Page 236	Audio 88	CDB Track 31
8.4 B	Page 237	Audio 89	CDB Track 32
8.4 E	Page 240	Audio 90	CDB Track 33
8.4 F	Page 241	Audio 91	CDB Track 34
8.5 A	Page 242	Audio 92	CDB Track 35
8.6 A	Page 244	Audio 93	CDB Track 36
8.7 A	Page 247	Audio 94	CDB Track 37
8.7 B	Page 247	Audio 95	CDB Track 38

Unité 9 : Mes loisirs

9.1 B	Page 256	Audio 96	CDB Track 39
9.1 E	Page 258	Audio 97	CDB Track 40
9.1 G	Page 258	Audio 98	CDB Track 41
9.1 H	Page 261	Audio 99	CDB Track 42
9.2 F	Page 268	Audio 100	CDB Track 43
9.3 B	Page 271	Audio 101	CDB Track 44
9.3 D	Page 275	Audio 102	CDB Track 45
9.3 F	Page 276	Audio 103	CDB Track 46
9.4 B	Page 279	Audio 104	CDB Track 47
9.4 H	Page 282	Audio 105	CDB Track 48
9.6 A	Page 287	Audio 106	CDB Track 49